# 制造贫困

## 一个美国问题

POVERTY,
BY AMERICA

Matthew Desmond

[美]马修·德斯蒙德 著　董孟渝 译

图书在版编目（CIP）数据

制造贫困：一个美国问题/（美）马修·德斯蒙德著；董孟渝译. -- 北京：中信出版社，2024.5
书名原文：Poverty, by America
ISBN 978-7-5217-6460-4

Ⅰ.①制… Ⅱ.①马… ②董… Ⅲ.①贫困问题－研究－美国 Ⅳ.① F171.247

中国国家版本馆 CIP 数据核字（2024）第 072308 号

Copyright © 2023 by Matthew Desmond
Published by arrangement with Calligraph LLC, through The Grayhawk Agency Ltd
Simplified Chinese translation copyright © 2024 by CITIC Press Corporation
ALL RIGHTS RESERVED

制造贫困：一个美国问题
著者：　［美］马修·德斯蒙德
译者：　董孟渝
出版发行：中信出版集团股份有限公司
（北京市朝阳区东三环北路 27 号嘉铭中心　邮编　100020）
承印者：　河北鹏润印刷有限公司

开本：660mm×970mm 1/16　　印张：19.5　　字数：342 千字
版次：2024 年 5 月第 1 版　　印次：2024 年 5 月第 1 次印刷
京权图字：01-2024-1682　　书号：ISBN 978-7-5217-6460-4
定价：79.00 元

版权所有·侵权必究
如有印刷、装订问题，本公司负责调换。
服务热线：400-600-8099
投稿邮箱：author@citicpub.com

谨以此书献给德瓦

我们认为,他们的痛苦是一回事,而我们的生活则是另一回事。

——列夫·托尔斯泰

# 目录　Contents

田　丰 | **推荐序一**　III
消除贫困是进步和发展的前提

熊易寒 | **推荐序二**　IX
为什么贫穷是一种昂贵的生活？

马　亮 | **推荐序三**　XVII
美国式贫困的根源与出路

前　言　XXVII

**1** 第一章　001
贫困意味着什么

**2** 第二章　017
减贫为什么原地踏步

**3** 第三章　033
我们是如何剥削劳动者的

**4** 第四章　055
我们是如何强迫穷人多花钱的

| | | |
|---|---|---|
| **5** | **第五章**<br>我们是怎么吃福利的 | **073** |
| **6** | **第六章**<br>我们如何用钱换取机会 | **095** |
| **7** | **第七章**<br>为结束贫困而奋斗 | **111** |
| **8** | **第八章**<br>让穷人拥有权力 | **131** |
| **9** | **第九章**<br>拆掉高墙 | **153** |

| | |
|---|---|
| 结　语 | 175 |
| 致　谢 | 183 |
| 译后记 | 189 |
| 注　释 | 195 |

**推荐序一**

**消除贫困是进步和发展的前提**

人类社会迄今为止，贫困是一个亘古不变的议题。在历史上有记录的所有社会类型中，只要人与人之间存在着不平等，贫困就难以彻底消除，只不过是贫困的标准和类型不同。随着社会生产力提高带来物质丰沛程度不断提升，从严格意义上讲，《制造贫困：一个美国问题》一书中所表述的贫困更多的是相对贫困，而非绝对贫困，故而作为全世界经济体量最大的国家，美国式贫困产生的根源并不是物质生产的不足，而是分配不均。作者马修·德斯蒙德敏锐地把握了这一点，"美国的贫困并不是因为缺少资源，而是因为缺少了一些其他东西"——不仅是寡要患不均，富也患不均。正因如此，"要理解贫困产生的原因，我们不能只盯着穷人本身"。进而，作者讨论了社区、社会福利体系、移民政策、单亲家庭、最低工资标准、零工经济、税收、房租、住房贷款、公共服务、政治权力等因素如何直接影响贫困问题。其中虽有些因素是老生常谈，但也有值得我们借鉴和思考之处，比如单亲家庭、住房贷款和零工经济。

　　作者观察到，今天美国大多数贫困儿童都出生在单身母亲家庭，但若细究贫困与单亲家庭的关系，美国的情况并未在其他富裕的民主国家出现，使单身家长和他们的孩子陷于贫困是社会的选择。"我们的日托机构和暑期学校变得越来越私有化，等于把这些现代必需品留给了有钱人。这样的做法使许多单身家长无法继续学习或维持全职工作。"单身母亲为了照顾孩子而丧失了通过自我提升和发展摆脱贫困的机会，进而形成贫困的代际传递。由于离婚率升高，中国可能也会产生大量单亲家庭，中国是否会出现与美国类似的情况呢？现在还无法给出准确的答案，但中国有另外一个参照群体：留守儿童家庭。留守儿童家庭的父母为了获取更好的收入而外出务工，为了节约生活成本又被迫将孩子留在农村，这使得留守儿童家庭也需要"日托机构和暑期学校"等服务，否则无法改变留守儿童因缺乏父母教育和监管在学业上的颓势，只能走上父母的老路，继续外出打工，形成了社会阶层的再生产。当然，如果将贫困的影响再放大一些的话，还可以看到陷入贫困和感知到贫困的风险，会降低人们的结婚和生育意愿。可见，尽管社会现实存在差异，但不论在哪个国家，只有让社会中下阶层真正受益的普惠型公共服务，才对改变贫困、改变人生际遇、改变结婚生育意愿、改变代际流动有现实意义。甚至可以说，穷人所需要的普惠型公共服务是他们改变命运的关键所在，是现代社会真正的必需品。

如果说普惠型公共服务的缺失是大家都能意识到的造成贫困的原因之一，那么作者针对房租和贷款的分析则有不少新意。"美国并非只有一个银行业，而是有两个：一个面向穷人，另一个面向我们其他人。同样的，美国也有两个房地产市场和劳动力市场。美国社会的双重性让我们这些既得利益者容易忘记一个道理：穷人之所以成为被剥削的劳动者、被剥削的消费者和被剥削的借款人，正是因为我们从体系中获利。我们社会的许多功能并非支离破碎，只是二元分化了。对一些人而言，房屋创造了财富；而对另一些人而言，房屋耗尽了财富。"经济学家经常告诉人们，房屋是一种投资品，却很少有人说出房屋是穷人生命的消耗品的真相。看来，无论在美国还是中国，贫困的人们都会在房屋上消耗完自己一生积累的财富。但即便是被剥削，一些身陷困境的穷人也没有贷款的资格。从这个视角来看，银行毫无疑问成了制造贫困的"帮凶"，利息则是穷人的紧箍咒，富人的聚宝盆，同样的东西，对处于不同社会经济地位的人们而言有着完全不一样的意义，这应该也是大家熟知的马太效应形成的原因之一。

作者更有意义的分析是关于房租的，众所周知，低廉的房租是贫困人口在大城市维系生存的基本条件，多数时候，研究者关注的不是贫困人口房租的高低和房东的收益多寡，而是贫困人口的居住环境和生活条件，而作者用翔实的数据证明了房东把房子租给穷人反而能赚得更多。这一发现似乎违背常识，仔细一想却又那么真实，看一下一些大城市城中村的"牵手楼""接吻楼"，就知道贫困人口的生存底线要远远低于其他社会阶层，只要价格足够低，住房面积和居住环境就不那么重要了。对于房东而言，把同样住房面积的房子拆成多个隔间，创造出来的收益远远大于整租，这才会催生大城市的格子间、胶囊公寓。可是谁又能想到，同样的房子能在穷人那里赚到更多钱，准确地说，穷人所能忍耐的生存底线越低，房东和二房东的操作空间就越大，利润成了突破人类底线的最原生动力。其实，房租问题在中国社会屡屡被提及，但很少与对贫困问题的研究联系在一起，其原因是房租高企的现象主要集中在大城市。中国大城市里白领精英们的收入水平肯定高于贫困线，所以不属于贫困人口范畴，可是，他们的感觉是接近一致的——怎么努力却都赚不到钱的感觉，用网络流行语来说，就是打工者越努力越贫困的"穷忙"。可见，在住房体系中，如果缺少合理的制度设计，房租就会成为盘剥和压榨劳动者享受生活权力的工具，这导致了美国在大萧条时期兴起租户运动，进而促使美国国会建立了公共住房体系。那么，适合中国大城市打工人的住房体系应该是什么样的呢？这仍是一道难题。

打工人也是有区别的，尤其是近些年来零工经济在全球范围内的兴起，看似是白领精英的工作，实则充斥着缺少充分保障的外包工，这增加了普通劳动者掉入贫困陷阱的风险。以数字经济为代表的新经济形态带来新就业模式，在不少方面突破了传统就业体系的制度约束和法律监管，由此带来了一系列的新现象和新问题，凸显出企业、平台和资本对利润攫取的欲望，如若不加以监控，它就会绕过法律规制伤害到普通劳动者的利益，比如美国的优步司机和中国的滴滴司机就面临着近乎一样的困境。这说明，新经济形态穿透了社会制度的壁垒，打破了劳动者的防护罩，或许，这就是资本的力量。实际上，新经济的蛋糕由少数富人分享，而新经济的代价则由多数劳动者来承担，新经济带来新发展的同时，也为新的贫困埋下导火索。

无论是过去还是现在，贫困带来的伤害总是显而易见的，作者不断强调"贫困意味着痛苦，生理上的痛苦""贫困意味着创伤""贫困意味着生命和人格的矮化"……但最有价值的是指出"贫困会改变人的思维方式，让你无法释放自己的全部潜能"。前几年互联网上的热词之一就是"穷人思维"，而我们似乎将穷人思维看作穷人的主观意愿，但作者在这本书里证明了，穷人思维并不是主动选择，而是被迫缴纳的"精力税"。当一个人忙于维持生计的时候，又怎么能埋怨他不上进、鼠目寸光呢？对于中国这样一个人口大国来说，我们需要思考，如何让人们不陷入穷人思维，充分挖掘人力资本的潜能，这样才能真正提升中国的国力和潜力，这就是中国式脱贫的意义。

国家与贫困的联系，更直接地说，是作者提到的，只有一个看得到苦难和贫穷的国家，才可能真正地实现进步和发展。这句话其实少了半句，看到且消除贫困才是进步和发展，故而消除贫困并不是噱头，而是需要持之以恒的关注，消除贫困不应该是进步和发展的目标，而应该是进步和发展的前提。

《制造贫困：一个美国问题》这本书也存在着一些美国式局限，比如它过度强调种族问题，对阶层和代际的关注不足。而对于美国之外的其他国家而言，人们对阶层和代际的关注度会更高一些，比如日本学者藤田孝典写的《贫困一代：被社会囚禁的年轻人》。

总体而言，马修·德斯蒙德在这本书中表达的深刻洞见和董孟渝的高水平翻译，不仅加深和拓宽了我们对贫困的认识，而且给读者带来了一本旁求博考的精品图书。

田丰
中国社会科学院社会发展战略研究院研究员

## 推荐序二

## 为什么贫穷是一种昂贵的生活？

普林斯顿大学社会学教授马修·德斯蒙德是我非常喜欢的一位社会学家，他长期关注美国的贫困问题、住房问题和种族问题，而这几个问题又是交织在一起的。作为一名政治学教授，我也长期关注中国的阶层问题、贫困问题，我与马修不仅有着相近的研究兴趣，而且年龄相仿、经历相似。读马修的文字，很容易让我产生情感上的共鸣；他对底层生活的细节描述，更让我感觉似曾相识。

马修的前著《扫地出门：美国城市的贫穷与暴利》获评2016年美国国家图书奖和《纽约时报》年度十佳图书，2017年普利策非虚构类作品奖，2018年出版的中文版也在国内学术界引起了广泛关注。马修不是一个书斋里的学者，而是一个行走在底层社会，"用脚底板做学问"的民族志研究者。现在摆在读者面前的这本《制造贫困：一个美国问题》不同于其以往的民族志作品，可以说是一本散文风格的学术随笔，但又比一般意义上的随笔更加系统，书中没有烦琐的叙事，取而代之的是单刀直入的犀利，信手拈来的故事，读来振聋发聩。通过这样的写作，马修想要问的是：为什么在美国这样一个富裕的国家，有那么多的穷人？为什么在美国这样一个强调机会平等的社会里，穷人难以翻身？

**"做穷人是一件极其昂贵的事"**

马修在书中引用了美国黑人作家詹姆斯·鲍德温的名言："做穷人是一件极其昂贵的事。"乍一听，这观点似乎有点反常识——穷人住的是贫民窟，吃的是粗茶淡饭，没有私家车，出行靠便宜的公共交通，穿不起名牌，更别说奢侈品，一旦有意外的花销便捉襟见肘，需要东挪西借，他们的生活难道还不廉价吗？

马修用充分的事实告诉我们：并不是这样，穷人的生活成本往往比富人更高。

美国有两个银行业：一个面向穷人，另一个面向其他人。银行对富人是友好的，因为他们有抵押物和良好的信用，因此富人的融资成本往往更低；而穷人不得不向非主流银行业寻求贷款，这些贷款的年利率高达 40%~80%。每年穷人都要支付超过 110 亿美元的透支费，16 亿美元的支票兑现费，以及高达 98 亿美元的发薪日贷款费用。

美国也有两个房地产市场和劳动力市场。近 20 年，美国的房租飙升，租房者的收入却下降了。大多数收入低于贫困线的家庭需要花至少一半的收入用于租房，1/4 的家庭将 70% 的收入用于支付房租和水电。低收入租客被逐出家门是司空见惯的事情，美国每年平均发生 360 万起驱逐租客事件。2000—2016 年，每 17 个租房家庭中就会有 1 个家庭因付不起房租被房东驱逐。

穷人的生活常常充斥着暴力和危险。贫穷意味着创伤，由于社会没有为治疗这种创伤提供资源，穷人常常用自己的方式应对痛苦，譬如吸毒、滥用药物，用酒精麻醉自己。美国社会的双重性让既得利益者容易忘记：穷人之所以被剥削，是因为有人从他们的贫困中获利。

**私域奢靡，公域贫瘠**

穷人依赖公共服务，而富人想摆脱公共服务，越来越不愿意出钱支持公共服务，因为在他们看来公共服务是穷人专属，马修认为这就导致了"私域奢靡而公域贫瘠"的现象。

但实际上，富人并不像他们自认为的那样脱离公共服务。96% 的美国成年人都曾经依赖某些政府福利项目，只不过不同阶层依赖的福利项目有所不同。不仅如此，马修总结道，政府福利实际上就是场零和博弈，留给穷人的资源总是更少。而当日托机构和暑期学校变得越来越私有化，等于把这些现代必需品留给了有钱人。

富人和穷人都开始对公共设施表示不满，富人是因为被迫为自己不需要的东西付钱，而穷人是因为他们需要用的东西变得破败不堪。在美国，贫穷的一个明确标志是依赖公共服务，而富裕的一个明确标志则是远离公共服务。有足够的钱就能实现"经济独立"，这并不意味着从工作中独立出来，而是意味着从公共领域独立出来。

马修认为，美国的福利体系像一个漏水的桶，大量针对穷人的援助从未真正交到穷人手里。2020年，在全美范围内，"贫困家庭临时性援助"预算只有22%的钱直接分到了穷人家庭。穷人往往很难申请到残障保险，为了提高成功率，他们不得不聘请律师。律师会收取"风险代理费"，如果成功获批，最多会收取保险金的1/4。2019年，用于申请残障保险和其他福利的律师费多达12亿美元。若不是有关部门人为提高申请的难度，这笔钱原本可以进入穷人的口袋。

可见，最大额度的政府补贴并非旨在帮助贫困家庭摆脱贫困，而是用来确保富裕家庭能继续保持富裕。这就是为什么美国的反贫困政策总是力有不逮、成效不彰。

### 结构性的不道德

我曾经写过一篇题为《穷人心理学》的文章，而马修的这本书则告诉我们"富人心理学"，为什么富人一方面同情穷人，另一方面又认为穷人的生存境况是"不可避免"并且"与我无关"的。

马修一针见血地指出了"社会层面的剥削"，揭示"我们是如何剥削劳动者的"。人与人是相互联系的，既然我们作为一个共同体的成员共享这个国家和经济体，那么富人得到优势往往是以牺牲穷人的利益为代价的。人们实际上是以各种方式从他者的贫困中获益的，"一个人的贫困就是另一个人的利润"。

2015年10月14日，全球最大的零售商沃尔玛股价惨遭滑铁卢，截至收盘，沃尔玛股价下跌约10%至每股60.03美元，市值一天蒸发约200亿美元，这是沃尔玛历史上单日损失最大的一天。起因是沃尔玛在公众压力下计划将起薪提升至每小时9美元，结果投资者纷纷抛售股票。企业一提高工资，立马会受到华尔街投资人的打击。

"又快又便宜"，这是美国人追求的消费方式，但总要有人为此付出代价，穷人就是那个代价。工人低工资的受益者是谁呢？不仅仅是华尔街的金融人士，实际上超过一半的美国家庭在股市中有投资（虽然最富有的10%家庭持有80%以上的股票）。

由于穷人与富人之间存在着空间隔离，封闭的社区导致跨阶层的社交越来越少，这使得穷人的生活就好比是"远方的苦难"，富人很难对此产生共情，他们更愿意相信贫困的根源在于懒惰、愚笨或者不自律。富人与穷人就好像生活在两个平行宇宙，互相无法理解——"白天不懂夜的黑""从你的全世界路过"。

### 从"抽象的正义感"到"具体的行动"

面对贫困，人们往往有一种"抽象的正义感"。当有人告诉你，资质不凡的孩子因为贫困而无法进入好的学校，你会愤愤不平；然而，当有人问你，是否愿意让这个孩子跟你的孩子成为同学时，你又会面露难色。人们对于正义的态度，正如叶公好龙。因为正义从来不是免费的，正义的成本应该由谁来承担，这才是问题的根本。

美国历史上也曾有过资本主义与工人的蜜月时期，福特主义在一定程度上改变了"遍身罗绮者，不是养蚕人"的状况。然而，好景不长。20世纪80年代中期以来，美国顶层家庭所占收入份额急剧增加。2011年10月美国国会预算办公室公布的数据表明："1979—2007年，1%最高收入者的平均税后家庭实际收入攀升了275%，而中间3/5人口的收入只增长了不到40%"；"顶层20%人口的税后实际收入增长了10个百分点，其中绝大部分又流向了前1%的人群，其他各部分人群所占收入份额则下降了2~3个百分点"。美国政治学家罗伯特·帕特南将这一趋势称为"美国梦的危机"。

马修认为，资本主义的本质就是一场拉锯战，想争取更多报酬的工人与想尽量少付钱的企业主之间的拉锯战。随着制造业持续收缩，工会失去了传统的权力基础。企业的说客深入两党，把经济衰退归咎于工会，让政策制定者施压，削弱对工人的保护。当前，只有1/10的美国劳动者是工会成员，他们大多是消防员、护士、警察和其他公共部门的雇员，而94%的私营部门雇员并没有工会可加入。

随着工会的式微，企业开始削减20世纪中期的传统工作条件，包括稳定的雇佣关系、升职加薪的机会、体面的工资和福利。许多企业都把职位外包给独立承包商，即所谓派遣制。零工经济弱化了企业对雇员的义务。

企业不仅在很大程度上重塑了工作的性质，还改变了相关规范，将经济力量转化为政治影响力。2022年，美国商会投入3 500万美元来影响政策制定。在游说领域投入最多的100个组织当中，只有5个组织不是商业利益的代表。权力关系的失衡造成了美国不平等的加剧。

正如马修所言，"消除贫困需要个人和政治层面的努力"。他主张对国家的社会保障体系进行改革，对穷人进行赋权，这样才能使美国社会不平等加剧的趋势有所收敛。他呼吁政府应让公共服务像网购一样方便，增加在公立教育、公共住房、儿童保育和交通基础设施方面的投入；倡导社会运动和集体谈判，"让穷人拥有权力"；倡议人们"想办法在你的生活中与工人阶级和穷人建立关系"。

也许，你会觉得马修的这些观点都是"书生之见"，而我却认为，这些倡议充满了"天真的力量"。改变世界的并不一定是社会丛林中的最强者，恰恰可能是那些自不量力、知难而进的"行者"。

熊易寒

复旦大学国际关系与公共事务学院副院长

教育部长江学者特聘教授

## 推荐序三

## 美国式贫困的根源与出路[1]

美国社会学者马修·德斯蒙德所著的《扫地出门：美国城市的贫穷与暴利》曾广受赞誉。在此书中，他别出心裁地使用小说体记叙了美国密尔沃基市的穷人陷入的困境：他们因为被房东驱逐而流离失所，又因为被扫地出门而连带整个家庭厄运连连。

而在其最新出版的《制造贫困：一个美国问题》（Poverty, by America）一书中，德斯蒙德将视野从美国穷人面临的住房问题转向美国社会的贫困问题。此书延续了《扫地出门》的文风，作者追忆自己的童年、反思当下的生活，感慨贫困在撕裂社会，而富有在离间社会，唯有消除贫困才能真正推动美国社会的繁荣和发展。

---

[1] 本文首发于《澎湃新闻·上海书评》。

在德斯蒙德看来，美国式贫困是系统性的社会问题，根源在于赤裸裸的剥削与伪善的政治之间不可调和的矛盾。美国社会中一部分人的富有，是建立在另一部分人的贫困之上的。他提出，要想消除美国式贫困，必须通过这部分富人的参与、回馈乃至牺牲来实现。

**根深蒂固的贫富二元结构**

德斯蒙德指出，贫困是"社会弊病的死结"，与我们关心的一切社会问题都息息相关。他进而一针见血地指出：资本主义社会总是伪善地把贫困复杂化，而拒绝承认一个颠扑不破的简单道理——贫困不过是剥削的结果。

美国社会的贫困是一种"结构性不道德"，富人对穷人的剥削上升到了社会层面。德斯蒙德强调，美国穷人的贫困有三大原因：首先是穷人受到剥削，丧失各种权益；其次是富人受到优待，加剧马太效应；最后是排外的富有社区不断集聚财富，使在贫民窟的穷人失去翻身的希望和机会。换言之，美国的穷人由富人制造，富人得到，代价就是穷人失去。因此，只关注穷人本身，是无法帮助他们摆脱贫困的，必须将富人也纳入考量。

事实上，如果我们将视野放宽，就不难发现，古今中外的贫困问题往往都由剥削所致，概莫能外。例如，托尔斯泰搬到莫斯科之后发现，城市的穷人之所以贫穷，是因为富人的剥削，"这个道理在 19 世纪的俄国适用，在今天的美国同样适用。问题不在于'虽然'我们很富有，'但是'这个国家还存在很多贫困；

而在于'因为'我们很富有，'所以'这个国家还存在很多贫困"。韩国电影《雪国列车》则以寓言形式呈现出如下事实：哪怕到了世界末日，同样一辆列车上，末节车厢的穷人犹如奴隶一般挣扎过活，前面车厢的富人却醉生梦死依旧。

而在贫富二元结构之下，科技水平进步也好，生活水平提升也罢，并不能改变美国社会的贫困，因为贫困和资源投入多寡无关，只和资源如何利用、管理有关。当下美国，富人比以往任何时候都更富有，甚至超过了不少其他发达国家，却仍然无休止地索取；而美国穷人则不得不为美国富人的贪得无厌买单，恰恰是他们生活的凄惨无望，支撑着其他美国人的优渥生活。德斯蒙德提到，美国不是只有一个银行业，而是有两个——一个面向穷人，另一个面向其他人——就像美国也有两个房地产市场和劳动力市场一样。美国生活的二元性，使既得利益者很难记住穷人是遭受剥削的劳动者、消费者和借款人，因为他们恰巧不是穷人。美国社会的许多特征不是破碎的，而是割裂的。

**福利政策失灵与"私域奢靡而公域贫瘠"**

那么，美国的福利制度能否有效地帮助穷人呢？很遗憾，答案是否定的。

作为一个福利国家，美国的福利体系可以说就像一个"漏水的桶"，到头来只能竹篮打水一场空。1996年，克林顿总统改革福利制度，允许各州有自由裁量权来分配福利资金。此后，由于各州政府的不作为和非营利组织的舞弊，本应援助穷人的资金时常被挪作他用或是白白浪费。大量政府福利都流向了富人和中产阶级，而不是低收入人群。

令人齿冷的是，富人与中产阶级一方面通过种种手段牟取巨额政府福利，另一方面却不认为穷人也应该得到同样的援助。德斯蒙德指出，"政府援助其实是一场零和游戏。最大额度的政府补贴并非旨在帮助贫困家庭摆脱贫困，而是用来确保富裕家庭能继续保持富裕，这样一来，留给穷人的资源就更少了"，"美国政府给最不需要帮助的人提供了最多的帮助。这就是我们国家福利体系的本质……"。例如，残疾人申请福利救济往往难以成功，不得不多次申请，并委托律师来帮助申请，原本应由残疾人领取的救济金，会被律师攫取其中很大一部分。

美国经济学家约翰·肯尼思·加尔布雷思在 1958 年出版的《丰裕社会》（*The Affluent Society*）一书中指出，私人财富积累会加速超过公共服务投入。人们越是富有，对公共服务的依赖程度就越低，公共服务获得的投入也就越小；反过来，人们越是贫穷，对公共服务的依赖程度就越高，公共服务需要的开支也就越大。德斯蒙德说："在美国，贫穷的一个明确标志是依赖公共服务，而富裕的一个明确标志则是远离公共服务。"然而，美国的富人和穷人却不约而同地仇恨公共服务：富人仇恨公共服务，是因为他们要为此缴税，却无须使用它；穷人为公共服务而愤怒，是因为他们依赖公共服务，而它却每况愈下。

当下，美国公共财政收入的增长速度远远赶不上私人财富的增长速度，这就使得"私域奢靡而公域贫瘠"成为美国社会的关键特征之一，杜甫诗句中"朱门酒肉臭，路有冻死骨"的惨状，竟然成为美国城市随处可见的现象。公共服务均等化才能推动社会公平，而"机会的商品化"则扼杀了社会流动的希望，进一步加剧社会不公平。更糟糕的是，"私域奢靡而公域贫瘠"还会陷入自我强化的怪圈之中，不断撕裂社会。美国政府持续削减税收，这就意味着"私人得利，公众受损"，使得公共服务投入不断减少，加之公共服务的私营化，进一步拉大了贫富差距。由此带来的结果便是：中高收入人群得到了大量政府补贴，不仅不会心怀感激，甚至表现出反政府的政治立场，并更加积极地通过投票来抵制政府救济穷人；难以获得政府补贴的穷人却更加懂得感恩，对政府表现出更高的认可。这种政治上的反讽和悖论，是美国式贫困的真实写照。

**破除错误观念才能找到出路**

既然现行的福利政策是失灵的，出路又在何方呢？德斯蒙德强调，"如果我们看不见剥削是如何令人们陷入贫困的，我们最终设计的政策要么效果有限，要么干脆完全没用"。所以，重新全面、深入地思考和质疑那些我们过去认为不证自明的理论，才能树立真正正确的观念，制定真正正确的政策，进而走出当前的困境。

德斯蒙德说，美国人代代相传的口号是"解药（给穷人的援助）其实是毒药"，许多人真诚地相信，政府为穷人提供社会福利，会导致他们成为不劳而获的懒人。制定反贫困政策的前提，就是破除高福利有害论。正是因为不断有人鼓吹这种论调，久而久之让人们信以为真，将低福利视为理所当然，甚至因为获得高福利而自责不安。这种"稀缺思维"的形成，恰恰是上了那些别有用心的人的当。政客热爱人为制造稀缺性危机，并使之日趋常态化，在这种政治绑架之下，人们的认知会遭到扭曲，往往不敢表达自己的真实需求，甚至心甘情愿地接受低福利困境。"稀缺性让各个议题之间互相冲突，让邻里产生矛盾"，这种政治上的"稀缺性转移"，就像情感领域的"煤气灯效应"一样，会歪曲事实、混淆视听。

德斯蒙德特意澄清了美国社会流行的种种谬说。提高最低工资标准历来被认为会增加政府支出、抬升失业率，实际情况并非如此。人们高估了工会对经济的危害，却没有认识到工会对保障工人权利的重要性。工会的规模和力量越来越弱的结果是，工人的学历越来越高，实际工资却没有任何增长，年轻人的未来也一片黯淡。认同移民涌入和单亲家庭是贫困的主要原因这种观点，无异于倒果为因，因为经济稳定才是反贫困的有效手段。将贫困迁怒于其他国家争夺了美国制造业的工作机会，更是无稽之谈。不少看似反贫困的福利制度，实际上起到了反家庭的效果，人为离间家庭而不是推动家庭和谐。例如，相较于按家庭为单位，父母各自申请可以获得更多福利——是否离婚是个人自由，但公共政策设计不应使单亲家庭陷入困境。德斯蒙德喟叹道，"贫困持续存在是因为有些人听之任之，并且乐见其成"。

**全方位地帮扶穷人**

树立了正确的观念，应该如何帮扶穷人、消除贫困？德斯蒙德指出，为了根除贫困，要争取广泛的社会支持，重构社会安全网，坚持公平税负。

美国社会之所以无法摆脱贫困，就在于滋生贫困的政策难以推翻，而消除贫困的政策无法持续推行。比如，美国在新冠疫情期间推出的紧急租房援助计划，大大降低了穷人被扫地出门的风险。但是，当疫情结束后，因为政策得不到多方支持，穷人租房难的问题又卷土重来。所以，为有利于反贫困的政策争取更多支持，需要联合包括工会、媒体、学者在内的一切力量来协力推进，社会公众都应该参与其中。

因为最低工资保障不到位，美国不少州的最低工资低于联邦标准，甚至餐馆、酒店还出现支付"低于最低工资"薪水的现象。提高最低工资标准，可以让劳动者有更多时间休息，减轻身心压力，避免过劳死。这可以让人们从为生计而工作的奴隶，变成有安全感的人。

社会学家杰拉尔德·戴维斯认为，我们的祖辈有事业，我们的父辈有工作，而到了我们只有任务。企业越来越倾向于购买劳务派遣服务，这使大量工作成为临时性的，也导致工作条件恶劣、工资待遇越来越差。密薪制和竞业禁止条款等限制，也让人们在选择工作和职位晋升方面遭遇困难。工人和雇主之间的权力失衡，使剥削变本加厉。在人工智能技术的威胁下，"全民基本收入"理论在硅谷开始流行，这同面向穷人的社会福利是一脉相承的。因此，要通过工会把工人组织起来，提高他们集体行动的能力。德斯蒙德指出，旧有的工会组织早已无法代表工人维权，也没有吸纳服务性行业工作者（包括有色人种和新就业形态下的劳动者）。要改变工会的组织模式和抗争方式，使一个地区和行业的工人可以联合起来，共同维护工人权利，抵制剥削和不公平。

美国城市的房东抬高房租，欺压低收入家庭，让他们面临被驱逐的风险。相较于高中档住房，反倒是品质恶劣的低档住房获利最多，因为房租不会低太多，而开支却很低。房东赚得更多的同时，也意味着低收入家庭的房租负担更重。黑人往往被拒绝贷款买房，他们别无选择，只能租房，这就给了房东可乘之机。在住房市场，银行对为低收入社区提供按揭贷款没有兴趣，因为风险高而利润低。德斯蒙德建议，要打破当前的排他性区划，推动包容性区划，使低收入家庭负担得起住房，并促进社区多元化发展。政府应该介入援助，让穷人可以贷款买第一套住房。类似于合作公寓这样的集体尝试，也可以让穷人摆脱贪婪的房东，以更低的租金租房。

美国的传统银行和信用体系往往将穷人拒之门外，他们不得不诉诸当铺、钱庄等渠道融资，这可以说是一种"掠夺性纳入"。例如，银行为追求高回报而拒绝为黑人服务，黑人社区由此涌现出许多掠夺性的现金贷款服务。他们的服务倒是周到，却让黑人连一分钱也存不下来，还会导致黑人信用过低，丧失贷款买房的可能性。德斯蒙德建议，在金融市场要打击对穷人暴利放贷的机构，推动银行和其他公共部门为穷人提供融资服务，避免他们因为不知情而陷入债务缠身的悲惨境地。

美国个人所得税的征收实行累进税率，却被其他税种的累退税率抵消。这使得穷人和中产阶级的税率相差无几，而富人的税率最低，因为资本得利税的税率远低于薪资税。德斯蒙德估计，投入1 770亿美元就可以使美国全面脱贫，而这需要的不过是让偷税漏税的跨国公司和富人合法缴税。据美国国税局估计，这类人群每年偷税漏税额度高达一万亿美元。

总之，美国贫困的根源是对最富有的社会阶层偏袒太多，而使用"再分配"这样充满歧义的字眼来形容消除贫困所需要的政策，只会引发争议，导致重重阻力。美国真正需要的，是减少对富人的赞助，增加对穷人的帮扶。

### 消除贫困是每一个人的责任

毫无疑问，消除贫困的种种努力和政策，会让穷人以外的所有人付出代价，但是会让整个社会都感到更加安心、安全和自由。毕竟，"一个为结束贫困而努力的国家，就是真正地、执着地致力于自由的国家"。

然而，很多人虽然提倡社会公平原则，但是一旦落到具体政策上，却优柔寡断、迟疑不决，难以付诸行动去改变现状。为此，德斯蒙德发起"终结美国的贫困"（End Poverty in America）运动，呼吁人们行动起来。人们可以通过相关网站（https://endpovertyusa.org/）了解自己所在的州的贫困状况，参与附近社会组织的活动，力争成为"贫困废除主义者"。德斯蒙德说："贫困废除主义者是解决问题的人，是实干家。我们更看重具体的方案，而不是不切实际的空论；我们要实实在在的进步，而不是口头的胜利；我们更在意实用性，而非纯粹性。而且，我们必须团结起来。"

在他看来，每一个人都可以成为贫困废除主义者，也应该成为贫困废除主义者。例如，消费者在选购商品和服务时，需要考虑生态环境代价，以及由此带来的贫困代价：企业是否雇用童工，是否有偷税漏税前科，员工是否加入了工会，等等。而在购买股票时，也要规避"罪恶股票"，拒绝那些剥削员工的公司。在这个意义上，消费者的购买行为也是一种伦理行为。当然，这需要人们付出巨大的努力，德斯蒙德说："为所应为，这是一个非常麻烦、耗时甚至昂贵的过程，我明白这一点。我会去尝试，然后失败，然后再去尝试。这是我们为了修复人性必须付出的代价。"

最后，德斯蒙德意味深长地指出："每个人，每个企业，每个对贫困负有责任的机构，都有责任去改善它。消除贫困是一项值得我们提供支持、付诸行动和为之牺牲的事业，因为贫困会扼杀梦想和天赋，会浪费人类的潜能。贫困是一种苦难，是国家的耻辱，让任何爱国情怀都显得苍白无力。这个世界上最富裕国家的公民有能力也有责任终结贫困。"

马亮

中国人民大学公共管理学院教授

# 前　言

美国的贫困状况为什么如此严重？我写这本书，就是为了寻找这个问题的答案。成年以后，我大部分时间都用来研究和报道贫困问题。我曾在非常贫困的社区居住过，也曾与全国各地生活在贫困之中的人共度时光；我仔细研读统计数据和官方报告，聆听社区组织者和工会代表的心声，向他们学习；我起草公共政策，学习福利制度、城市规划和美国种族主义的相关历史，还在两所高校授课，讲授有关不平等问题的课程。即便如此，我仍然感到自己无法从根本上解释贫困这个问题。在这个富饶的国家，怎么会存在这么多的苦难？我给不出一个清晰而有说服力的解释。

我从小就开始关注贫困问题。小时候，我家住在亚利桑那州温斯洛郊外几英里①的地方，房子价值6万美元。温斯洛是一个小镇，66号公路从这里穿过，往西走是弗拉格斯塔夫市。房子

---

① 1英里≈1.609千米。——编者注

很小，是木质结构的；房子周围是压实的土地，杂草丛生。我很爱我的家，爱那个烧木柴的炉子，也爱那几株俄罗斯橄榄树。我们一家搬到这里来，是因为我父亲在附近的第一基督教会担任牧师。牧师收入不高，全靠信众的奉献。我爸常发牢骚，说镇上的铁路工人都比他挣得多。父亲能读懂古希腊文，但比不上铁路工人有工会。

如果家里什么东西坏了，我们要么学着自己去修，要么就凑合着用。有一次，我拿着一把红色莱德气枪把窗户打穿了，就一直没有修理；还有一次，我和家里的一位朋友在一个废品回收站淘来了适配的零件后，一起为我的第一辆皮卡车换了一台发动机。后来，父亲丢了工作，银行把我们的房子收走了，那时候这种事还不常见，于是我们学会了没有房子住也能凑合过日子。总的来说，我把这件事怪在了我爸头上。但有时候我也想不通，我们国家为什么要用这种方式来对待一个遇到难处的家庭呢？

为了能上大学，我申请了能申请的所有奖学金和学生贷款，最终进入亚利桑那州立大学学习。与此同时，我也勤工俭学：早晨在星巴克调过咖啡，还做过电话推销员，你能想到的工作我都干过。暑假期间，我就不声不响回到老家附近的一片林区，在那做荒地消防员；开学后，我就和校园周围那些无家可归的人待在一起——不是作为志愿者去帮他们准备餐食、送衣物，而是和他们坐在一起谈天说地。回想起来，这段经历帮助年少的我厘清了我所看到的世界，那就是：这世界有太多、太多的钱。在我的老家温斯洛，有的人比别人家境好一些，但不像这里的差距这么大。

我有同学开着宝马车和野马敞篷车上学，而我在大学期间基本没有车开，就算有，也只是一辆1978年的福特F-150皮卡。车的发动机是从废品回收站捡来的，车底板有几个大洞，开起来的时候能看到路面从车底飞速掠过。我的同学们去餐厅吃寿司，而我在宿舍里囤沙丁鱼罐头和苏打饼干。学校的主校区在凤凰城郊的小城镇坦佩，当地政府花费几亿美元在沙漠中央建造了一个长达两英里的人工湖，这个巨大的"水塘"每年都有2/3的水会蒸发掉。而和这里几条街之隔的地方，就有人在沿路乞讨。我不明白，这种程度的赤贫怎么能够和那样的丰饶与浪费同时存在？

我开始在课堂上追寻这个问题的答案，希望我选修的课程能帮助自己理解这个国家，去搞明白它为什么有着如此令人不解的、赤裸裸的不平等。后来在威斯康星大学读博期间（只有这个项目录取了我），我继续探究这个问题。我研究的课题是住房危机，为了尽量近距离了解自己的课题，我搬到了密尔沃基市，先住在一个移动屋营区[①]，然后搬进一处群租房里。我和一些被房东赶出来的家庭成了朋友，在之后几个月甚至几年的时间里追随着他们的足迹：我睡在他们住处的地板上，看着他们的孩子长大，和他们一起争吵、说笑；后来，我也参加过其中一些人的葬礼。

在密尔沃基市，我结识了几位老奶奶，她们住在没有暖气的房车里。当冬天来临，她们就裹着毛毯，祈祷自己的便携式取暖器千万别出毛病。我曾经见过一处公寓里住着好几个孩子，家里

---

[①] 移动屋又称活动房屋或拖车房，通常造价低廉，主要供低收入人群居住。移动屋营区是此类房屋集中的地区。——译者注

没有大人,孩子们在一个春雨绵绵的日子里被扫地出门。在母亲过世后,他们就继续住在这间房子里,直到警长上门将他们赶走。离开密尔沃基后,我在全国各地结识了许多贫穷的人,他们为了尊严和正义努力奋斗——也有人只是为了活下去而斗争,毕竟生存本身已经很艰难了:在新泽西州,有一些家庭保健护理员明明做着全职工作,却没有住处;在加利福尼亚州,快餐店员工努力抗争,只为争取到能维持生计的薪资;在明尼阿波利斯市,无证移民通过谷歌翻译软件与邻居们交流,组织起来争取平价住房。

这就是我们国家真实的样子:作为世界上最富有的国家,贫困问题却比任何其他发达民主国家都要严重。如果美国的贫困人口单独成立一个国家,这个国家的人口将比澳大利亚和委内瑞拉都多。美国有近1/9的人(包括1/8的儿童)生活在贫困之中;有超过3 800万人买不起基本生活必需品,多达1.08亿人年收入不超过5.5万美元,很多人挣扎在贫困和温饱之间。[1]

在美国公立学校就读的孩子当中,有100多万人无家可归,他们要么住在汽车旅馆,要么在车里、收容所和废弃的建筑物中过夜。许多人在进了监狱后,突然发现自己的健康状况有所好转——他们贫困的自由之身,过的生活还不如监狱里的条件好。美国有超过200万人家里没有自来水和抽水马桶。在弗吉尼亚州,有居民从被污染的溪流里汲取饮用水;在纳瓦霍原住民保留地,人们要带着水桶开好几个小时车去灌水回家。像钩虫病这种人们以为早就消灭了的热带病,又在美国乡村的那些贫困社区卷土重来,这往往是因为不达标的净水系统让孩子们接触了脏水。[2]

美国每年比中国多产出价值5.3万亿美元的商品和服务。我们的GDP（国内生产总值）比日本、德国、英国、印度、法国和意大利这些世界经济排名第三至第八的国家加起来还要高。仅加利福尼亚州的经济规模就超过了加拿大，纽约州的经济规模则超过了韩国。[3] 美国的贫困并不是因为缺少资源，而是因为缺少其他的东西。

描写贫困的书籍往往是围绕着穷人来书写的，过去100多年来都是如此。1890年，雅各布·里斯在《另一半人怎样生活》一书中描写了纽约贫民窟的恶劣条件，并用照片将那些在小巷中睡觉的脏兮兮的孩子们记录了下来。10年后，简·亚当斯描写了芝加哥移民工人悲惨的生活：来自俄罗斯的13岁女孩因为无法偿还3美元的贷款而自杀；刚生下孩子的妈妈被迫长时间工作，导致奶水浸透了衣衫。詹姆斯·阿吉和沃克·埃文斯有关大萧条时期的报道，以及多萝西娅·兰格的新闻摄影，都将风尘仆仆、颓废消沉的佃农形象深深地刻在我们的集体记忆中。1962年，迈克尔·哈灵顿出版了《另一个美国》，希望通过这本书让人们看到那几千万被"抛诸脑后"的人。两年后，美国总统林登·约翰逊和夫人克劳迪娅到访阿巴拉契亚地区，来到一户丢了工作的锯木工人的家，坐在用粗木制成的门廊上，身边围着几个衣衫褴褛、牙齿凌乱的孩子。[4]

这些作品帮我们看到了贫困的面貌，这一点至关重要。但是，它们并没有（也无法）回答最根本的问题，那就是：为什么？为什么美国的贫困问题如此严重？在我看来，这个问题需要另一种解法。要理解贫困产生的原因，我们不能只盯着穷人本身。我们这些拥有特权、过着丰裕生活的人，必须检视自己。我们——我们这些生活安稳、有保险、有住房、受过大学教育、受到保护、幸运的人，是否与他人遭受的这种毫无必要的痛苦之间有着联系？这本书试图回答这个问题，它是为"我们"所写的。因此，虽然这是一本关于贫困的书，但它不仅仅是关于穷人的。相反，它写出了"与另一半相对的那一半"是如何生活的，是一个关于一些人如何受到压制以便另一群人能够蓬勃发展的故事。

根据我自己多年的研究和报道，以及社会科学领域的其他研究，我在书里阐述了为什么美国存在这么严重的贫困问题，并提出了消除贫困的办法。当然，消除贫困需要新政策的出台，需要政治运动的重振；同时，还要求我们每个人以自己的方式成为"贫困废除主义者"，不要把自己的美好生活建立在邻居的苦难之上，不再在无意间成为穷人的敌人。

# 1

[第一章]

## 贫困意味着什么

Chapter One

新泽西州的纽瓦克法院大楼里，第十层是处理儿童保障案件的地方。不久前，我在那里待了一天，遇到了一名55岁的男子，他已为人父，在港口的仓库工作。刚工作了一整夜的他告诉我，他感觉自己的身体非常疲惫。需要连班工作的时候，他有时会吸食一种叫"速球"（speedball）的东西，是由可卡因、苯二氮䓬类和吗啡或海洛因混合在一起制成的。"速球"能帮他保持清醒或减轻疼痛。当局出具的毒理学报告把相关配方写得清清楚楚，让人一眼看上去就觉得他是职业瘾君子，但事实上，他只是疲于奔命的美国贫困劳工当中的一个。当局认定，这位父亲无法独立照顾三个孩子；而孩子们的母亲患有严重的精神疾病，并且吸食苯环己哌啶①，也不能照顾孩子。于是，这位父亲做了个冒险的选择，他把老大和老二交给自己的继母抚养，希望当局能允许他自己照顾最小的孩子。当局同意了，他的公设辩护人觉得这是一场漂亮的胜仗；在法庭外，他们紧紧拥抱，庆祝胜利。他放弃了两个孩子的抚养权，只为去争取挨着贫困独自把第三个孩子养育成人的机会——在纽瓦克法院大楼第十层，这就是胜利的样子。

严格来说，如果一个人负担不起生活必需品，比如食物和住房，那他就算是"穷人"。官方贫困衡量标准（也就是贫困线）是由社会保障管理局的行政人员莫莉·奥珊斯基设计的。奥珊斯基认为，如果我们把贫困的本质视为没有钱来满足基本生活需求，同时把食物算作最基本的生活需求的话，那么我们就能用以下这

---

① 这是一种具有麻醉作用的致幻类药物，又称"天使粉"。——译者注

两个指标来量化贫困：第一，一个家庭一年当中花在食物上的开销；第二，购买食物的开销占家庭总支出的比例。奥珊斯基认定，最基本的食物支出大约占一个美国家庭预算的1/3。比如说，在1965年一个四口之家需要花1 000美元吃饭，那么年收入少于3 000美元（换算到2022年初约为27 000美元）的家庭就是贫困家庭，因为他们吃饭的开销超过了总收入的1/3，为此需要放弃其他一些必需品。奥珊斯基在1965年1月发表了这项研究，她写道："这样一来，有5 000万人（其中2 200万是幼儿）在贫困线以下挣扎，或者是在其边缘徘徊。"这一数字让那些生活富足的美国人大吃一惊。[1]

直到今天，官方贫困衡量标准仍然是基于奥珊斯基的计算制定的，并且每年根据通胀情况进行调整。2022年，单身人士的贫困线定在年收入13 590美元，四口之家的贫困线则是年收入27 750美元。

我说过，想要理解美国的贫困问题为什么这么严重，我们的眼睛不能只盯着穷人的生活，但我们必须从这迈出第一步，才能更好地理解贫困究竟是什么，并把握其中的利害关系——因为贫困不仅仅是挣得少那么简单。借用诗人莱丽·朗·索尔杰的话说，那只是"冰山一角"而已。[2]

\* \* \*

在写上一本关于驱逐和美国住房危机的书时，我住在密尔沃基做研究。在那里，我认识了克里斯特尔·梅伯里。1990年的春天，她母亲在肚子里怀着她的时候遭遇抢劫，后背被刺了11刀，导致克里斯特尔早产，但母女俩都活了下来。她母亲之前也遭受过刀伤，从克里斯特尔记事起，父亲就一直虐待母亲。她父亲吸食快客可卡因，母亲和外祖母也一样。[3]

后来克里斯特尔的母亲设法离开了她父亲，不久后，父亲就开始了漫长的牢狱生涯。母亲带着克里斯特尔搬进了另一个男人和他父母的家，那个男人的父亲猥亵克里斯特尔，她对母亲说了，但母亲不相信她。就在克里斯特尔开始上幼儿园后不久，儿童保护服务局（负责保护儿童免受虐待的政府机构）介入了。于是，克里斯特尔被安置在了寄养机构，那年她5岁。

克里斯特尔陆续住过很多集体之家和寄养家庭。她和一位姨妈住了5年，后来姨妈又把她送回了寄养机构。在那之后，她在一个地方最长只住过8个月的时间。进入青春期后，克里斯特尔开始和集体之家的其他女孩子打架，并因此被指控犯有伤害罪，右脸的颧骨上还多了一道疤。她周围的人来了又去，与之相伴的还有这些人的房子、宠物、家具、餐具。只有食物是相对稳定的，于是克里斯特尔就开始靠吃东西寻找安慰。她开始发胖，并因此患上了睡眠呼吸暂停综合征。

16岁时，克里斯特尔不再读高中；17岁时，她接受了一名临床心理学家的检查，被诊断出患有双相情感障碍、创伤后应激障碍、反应性依恋障碍和边缘性智力功能障碍。满18岁后，克里斯特尔就不能再住在寄养家庭里了。因为患有精神疾病，她获批了补充保障收入（SSI），这是政府针对低收入的老人以及盲人等残障人士的一种补贴。她每个月可以获得754美元，一年就是9 000多美元。

因为之前在集体之家打架而被控犯有伤害罪，克里斯特尔在两年的时间里不得申请低收入住房。就算没有这个限制，她也要排队，排在她前面的人太多了，等待时间长达6年。克里斯特尔在私人租房市场上找到了她的第一间公寓，那是一个破旧的两居室，位于城市最贫穷的社区，周围多数居民是黑人；她自己也是黑人，之前在西班牙语裔和白人社区找房子都吃了闭门羹。房租占了她收入的73%，过了没多久，克里斯特尔就没钱按时交房租了。在搬进去几个月后，她第一次被房东扫地出门，这件事被记录在案，很可能导致她今后的住房援助申请被拒绝。被赶出去后，克里斯特尔在收容所认识了一名女子，两个人一起找到了另一间公寓。但后来有一次，她因动手把朋友的朋友从窗户推了出去，就又被房东赶走了。

克里斯特尔开始在收容所里过夜，要么就在朋友和教会成员家借宿。她学会了街头生存之道，懂得如何在夜里躲避危险，白天，她在公交车上和医院的候诊室里睡觉。她学会去依靠陌生人，有一次她在公交车站认识了一名女子，就和她一起住了一个月。克里斯特尔很讨人喜欢，她热情开朗又风趣，还有个可爱的小习惯——喜欢拍拍手，大笑着自我解嘲。她会在公共场合唱歌，唱的大多是福音歌曲。

她一直以为补充保障收入是稳定的，因为它不会炒你的鱿鱼，也不会克扣你的工时。她说："补充保障收入总会到账的。"然而有一天，钱没有到账。克里斯特尔获批补充保障收入的时候尚未成年，在她成年后，政府重新评估了她的申请，认定她没有资格获得这笔钱。于是，食品券成了她唯一的收入来源。她尝试过献血，但由于她的血管太细，没能成功。以前在教会和寄养家庭里认识的人渐渐都不和她来往了。过了几个月，补充保障收入还是没到账，克里斯特尔开始睡大街，开始卖淫。她以前从不愿早起，但现在她知道早起就能抓住上班路上的男人们，是最容易接活的时间。

* * *

　　对于克里斯特尔和与她状况相似的人们来说，贫困当然意味着没钱，但同时也意味着各种麻烦事堆积如山。

　　贫困意味着痛苦，生理上的痛苦——家庭保健护理员和注册护士助理往往遭受着背痛之苦，因为他们要弯下自己的身体，帮助老人和病人从床上和马桶上起身；收银员往往忍受着脚部和膝盖的痛楚，因为他们必须站着为我们点餐、帮我们结账；清洁工则往往饱受皮疹和偏头痛之苦，因为她们要使用含有氨和三氯生的产品清洁我们的办公大楼、家里和酒店房间。

　　在美国的肉类加工厂里，平均每周都会发生两起截肢事故：工人在使用带锯时，一不小心就会锯掉自己的手指或整只手。在亚马逊仓库里，分拣员可以从自动售货机上免费获取止痛药。在贫民窟的房子里，霉菌和蟑螂携带的过敏原会渗入孩子们的肺部和呼吸道，令他们患上哮喘；这些房子含铅量超标，对儿童幼小的中枢神经系统和大脑造成不可逆的损害。贫困意味着癌症，居住在石油化工厂和废物焚烧炉附近的人们体内更容易生成癌细胞。生活在贫困中的儿童大约 1/4 有蛀牙而未能获得医治，这可能会导致牙齿进一步龋坏，引起剧烈的疼痛，并可能感染整个面部甚至大脑。公共保险只覆盖很小部分的牙科护理费用，许多家庭根本没有钱定期去看牙医。在《平价医疗法案》出台 10 年后，仍有 3 000 万美国人完全没有保险。[4]

贫困意味着要用结肠造口袋和轮椅，意味着夜惊，意味着没有把人打死但致人伤残的子弹。在芝加哥，2020 年枪支暴力导致 722 人死亡，3 339 人受伤。据估计，全美有八成枪支暴力的受害者幸存下来，但往往被迫在痛苦中度过余生。穷人的生活里常常充斥着暴力，包括在儿童时期经历的暴力。从马萨诸塞州监狱释放的人当中选出的调查样本显示，超过 40% 的人在儿童时期目睹过谋杀；从被新泽西州儿童保护服务局调查过的父母当中选出的样本显示，超过 34% 的人小时候在家庭里经历过暴力，17% 受到过性侵。[5]

贫困意味着创伤，由于社会没有为治疗这种创伤提供资源，穷人常常用自己的方式应对痛苦。我的朋友斯科特在儿童时期被性侵，成年后开始嗑药，最终吸上了芬太尼，他每次花 20 美元，给自己买来一份安乐。斯科特在 40 多岁时戒了毒，维持了几年，然后又复吸，最终孤独地死在一家酒店的房间里。我的前室友金博尔（大家都叫他Woo）从未吸过毒，也很少饮酒。有一次，他在我们以前在密尔沃基市同住的一栋破旧的复式公寓里踩到了一根钉子，因为没钱去看病，就只能不去管这个伤口。Woo患有糖尿病，这加速了伤口的感染，最后导致他不得不接受小腿截肢手术，不然就要丢掉性命。[6]

除了痛苦之外，贫困还意味着颠沛流离。过去20年来，租金飙升，租房者的收入却下降了；然而，在那些符合联邦政府住房援助条件的家庭里，真正得到援助的只占1/4。大多数收入低于贫困线的家庭现在要花至少一半的收入来租房，1/4的家庭将70%的收入用于支付租金和水电。在这些因素的共同作用下，美国低收入租户被赶出家门成了司空见惯的事情，紧急事件变成了生活常态。美国平均每年有360万份驱逐文件被贴在租户门上或交到他们手里，大致等于2010年金融危机高峰期时银行收回的房屋数量。一旦租户被驱逐，就有搬运工负责把他们的家当搬走。在配枪法警的陪同下，在被扫地出门的家庭的注视下，搬运工手脚麻利地完成任务。他们会把一切都清走，淋浴帘、地板上的床垫、冰柜里冻着的肉、橱柜里的面包都包括在内，这些东西要么被锁在仓库里（如果不按时给仓库缴费，这些东西通常会被拉去垃圾填埋场），要么就被扔在人行道上。被扫地出门的人只能尽力重建自己的生活。[7]

如今，劳动力市场也越来越多地要求我们从头开始。在所有的新职位中，有一半不到一年就会被淘汰。过去那些有一定保障的工作，甚至是有工会资质的岗位，现在都变成了临时工。临时工不只包括开网约车的司机，还有在医院、大学和保险公司工作的人。很多人误以为制造业仍然能提供待遇良好、稳定的"铁饭碗"，但实际上制造业现在聘用了超过 100 万临时工。私营部门的长期岗位在逐步减少，特别是对于男性员工而言；未来几年中，临时岗位的增长预计将超过所有其他岗位。1970 年以来，收入的波动性（即薪水在短时间内增长或减少的幅度）已经翻了一番。对于许多美国劳动者来说，收入极不稳定，每年甚至每月、每周都有大幅度的波动。市场底层的"垃圾工作"越来越多，这些工作提供的薪酬低，没有福利，也很少有保障，而美国社会对此听之任之。零售、休闲娱乐和建筑等行业每年都有超过一半的员工流失。劳动者们很快就明白了，他们是可以被轻易取代的。刚毕业的年轻人则在充满深深不确定性的经济环境中进入劳动力市场。[8]

　　贫困意味着时刻担心情况会变得更差。美国有 1/3 的人生活没有什么经济保障，他们做着公交车司机、农民、教师、收银员、厨师、护士、保安、社工这样的工作。其中许多人并未正式被纳入贫困者的行列，但如果你住在迈阿密或波特兰这样的城市，一年挣 5 万美元，还要努力养大两个孩子，这不算贫困又算什么呢？如果你既没有资格获得房屋补助，又申不到贷款，这又算什么呢？或者你要花一半的工资去租房，再拿 1/4 的工资去还学生贷款，这又该怎么说？如果你这个月生活在贫困线以下，下个月又多挣了一点，但却一直稳定不下来，又该叫什么？在现实生活中，有大量生活在贫困线以上的人同样在经历贫困。[9]

收入远低于贫困线的就更不用说了。在这个自由之地，你可以一路自由下坠，坠入"破布无产者"①的行列。[10] 根据最新的国家数据，美国每18个人中就有一个人生活在"深度贫困"之中，也就是极端贫困。一个人的收入如果还不到贫困线水平的一半，就属于深度贫困。2020年，对于单身人士来说，年收入低于6 380美元就是深度贫困；对四口之家来说，这个数字是13 100美元。同年，美国有近1 800万人在这样的条件下生存。美国的儿童深度贫困率比其他发达国家都要高，有超过500万儿童处于这样的困境，我们对此同样听之任之。[11]

经济学家估计，在美国一个人每天大约需要4美元才能支付最低限度的生活必需品。相比之下，在印度和孟加拉国等生活成本较低的国家，这个数字为1.9美元，这是世界银行给这些国家划定的贫困线。用这个标准来衡量，诺贝尔经济学奖得主安格斯·迪顿在2018年写道，美国有530万人"按全球标准来看处于绝对贫困"，也就是每天的生存费用不超过4美元。迪顿写道，美国数百万人"面临的苦难，无论是拮据的物质状况还是恶劣的健康状况，都与非洲和亚洲的穷人一样，甚至更糟"[12]。在美国不再提供保障性现金福利之后的几年时间里，极端贫困以惊人的速度增长，与之相伴的还有其他严峻的指标。1995—2018年，接受"补充营养援助计划"（SNAP）的补助（也就是食品券）

---

① 破布无产者（lumpenproletariat），来自德语词汇"lump"（破布）和"proletariat"（无产阶级），也译为"流氓无产阶级"，常用来指代没有阶级意识的无产者。——译者注

但没有现金收入上报的家庭数量,从大约28.9万增加到120万,约占美国家庭总数的1/50。全国各地公立学校上报的无家可归的儿童人数,从2007年的794 617增加到2018年的130万。[13]有越来越多的证据显示,在美国生活着一个赤贫阶层,人们原以为这种程度的贫困只在别的地方存在——那里的人打着赤脚,挺着大肚皮,离我们很遥远。

贫困意味着自由的丧失。当代美国的监狱体系相比于其他任何国家或历史上的任何时期都是无与伦比的。平均每天有200万人被关在监狱和看守所里,另有370万人在缓刑或假释中。这个体系所象征的是一些模糊而抽象的概念,比如正义、法律和秩序,而在这些概念背后的现实则是美国的在押人员和刑满释放人员都非常贫困。在黑人男性这个群体中,如果没有读完高中,到35岁左右几乎七成进过监狱。监狱剥夺了人们的黄金岁月,不仅包括沉静倦怠的晚年,也包括斗志昂扬的壮年时代。犯人在押期间自然摆脱不了贫困。各州犯人工作的平均时薪为14美分到1.41美元不等。美国不仅把穷人藏在立交桥下和远离中央商业区的移动房屋营区里,还把他们藏在看守所和监狱里,使其销声匿迹:在大多数全国调查中,在押人员都不纳入统计之列,这导致美国体现在统计数据上的进步实际上并不能准确反映现实。关于贫困的统计指标不光排除了监狱和看守所在押人员,也排除了住在精神病院、中途之家①和流浪者收容所里的人。这意味着,美国有

---

① 中途之家是美国为有犯罪前科或药物成瘾的人设立的过渡性专门机构,帮助其重新适应社会。——译者注

千百万穷人并没有被官方纳入统计范畴。[14]

贫困意味着你感到政府不是站在你这边,而是和你对着干的;你感觉这个国家是为了服务其他人设计的,而你自己注定要被管理、被"走程序"、被粗暴对待、被剥夺自由。在19世纪末和20世纪初,许多城市通过了"市容市貌法",禁止"令人不悦的乞丐"出现在公共场所。在20世纪上半叶,人们利用禁止流浪和游荡的条例把穷人从公园的长椅上赶开,从街角赶走。现在,市政法规仍然允许警察逮捕出现在公共场合的无家可归者,这等于将极度贫困定为一种犯罪。近年来,在美国所有被枪杀的人当中,有多达1/12的人死于警察之手。3/4的黑人母亲担心自己的孩子会遭受警方的残酷对待,而警察的工作本来是保护他们的安全。其中一些孩子的名字已经为人熟知,比如塔米尔、乔治、埃里克;而其他人的名字我们已经忘记了,或者从来都没有听说过。[15]

政府常常通过指控穷人犯有轻罪或存在违规行为来剥夺他们的财产:这是穷人为迟交子女抚养费、坐地铁逃票或者持有大麻被抓而付出的代价。一个轻微的违规行为可能导致其他违规行为接踵而至。比如,你可能最初因为忘记了出庭日期,或者有一笔该交的钱没有交,结果再次受到处罚,多项处罚叠加起来,你就会陷入堆积如山的判决和债务之中。刑事司法机构向穷人征收高额罚款和费用,常常让他们为自己受到的检控和监禁买单。如果这些人没能按时缴费,法庭就发出逮捕令,动用私人讨债机构,甚至以监禁作为惩罚。如今,有许多人在看守所中苦苦挣扎,不是因为他们被判有罪，而是因为他们没按时交钱或者负担不起保释金。有时候，一个人与执法机构只要发生轻微的摩擦，就能体验到窝囊的感觉。政治学家维斯拉·韦弗已经证明，那些曾被警察拦下（但没有被逮捕）的人投票率更低。韦弗写道，刑事司法体系"培养人们接纳一种特殊的、较低级的公民身份"。[16]

贫困令人感到尴尬和羞耻。法国社会学家欧仁·比雷曾经评论说，困苦（misère）是"贫穷在道德层面的体现"。这种感觉可能出现在你去福利办公室"走流程"的时候：你要等待大半天的时间才能和办事人员见上一面，说10分钟的话，而且从对方的态度来看，他们并不欢迎你的到来。这种感觉可能出现在你回到家的时候：公寓的窗户上全是裂痕，橱柜里爬满蟑螂，而房东却责怪你，说是你没有打扫干净。这种感觉可能出现在你看电视、听流行音乐、读儿童书籍的时候：这些作品不假思索地把穷人排除在外，让你意识到自己在外面的社会中是多么无关紧要。有时候静下来想想，你甚至自己都开始相信那些关于你的谎言。你知道公园、沙滩、购物街、体育场这些公共场所都不是为你而建的，于是你干脆不去了。贫困消耗着你的生命，但很少有人把贫困作为一种身份去接纳。如今，公开承认自己有精神疾病都比告诉别人你一穷二白更容易为社会所接受。当政治家提出脱贫立法时，他们说这是为"中产阶级"提供帮助；当社会运动的组织者动员人们争取更高工资和住房公平时，他们说自己是在代表"工薪阶层"、"家庭"、"租户"或者"大多数人"而战斗；当穷人走上街头抗议，通常也不会打出贫困的旗帜。话说回来，并没有哪个旗帜是代表穷人权利的。[17]

贫困意味着生命和人格的矮化。贫困会改变人的思维方式，让你无法释放自己的全部潜能；它会占用你本应用来做决策的精力，让你不得不把注意力集中在眼前的麻烦事上，比如有燃气账单还没交费，或者是工作丢了，从而没有精力关注其他的事情。当一个街区发生枪击致死事件，在案发后的几天里，附近孩子们的认知测试分数会大幅下降，因为暴力事件让他们分心。随着时间慢慢过去，这种影响会逐渐缓解，直到下次再发生枪击命案。[18] 在贫困的影响下，任何人都可能做出在我们这些生活富足的人看起来不明智甚至是特别愚蠢的决定。请想一想：你有没有经历过坐在手术室外，一边看时间一边祈祷好消息的到来？此情此景下，你只关心眼前的紧急情况，其他所有事物和责任都显得微不足道（实际上也确实微不足道）。这和生活在贫困之中是有相似之处的。行为科学家森迪尔·穆拉纳坦和埃尔达尔·沙菲尔称之为"精力税"，他们写道："贫穷会降低一个人的认知能力，比熬一整晚夜的程度还要严重。"当我们被贫穷困扰，"我们能分给生活中其他事情的精力就更少了"。贫困不仅剥夺了人们的安全感和舒适感，还分走了人们的精力。[19]

此外，贫困面前并非人人平等。种族劣势能够加剧不平等，相应地，种族特权也能缓解不平等。（种族和阶级，哪个是更主要的问题？哪个是社会不平等的根源，哪个是分支？对你来说，哪个器官更重要，是心脏还是大脑？）黑人的贫困、西班牙语裔的贫困、美国原住民的贫困、亚裔美国人的贫困、白人的贫困，各有不同。黑人和西班牙语裔美国人陷入贫穷的可能性是白人的两倍，这不仅源于美国种族历史遗留的问题，也是当今的歧视造成的。今天，黑人的失业率仍然是白人的两倍；研究显示，黑人求职者遭遇职场歧视的可能性和 30 年前相当。从这方面来看，当代人并没有取得进步。[20]

相比贫困的黑人家庭和西班牙语裔家庭，贫困的白人家庭生活的社区经济条件要好一些。在全美国所有大都市区，没有任何一个白人社区的贫困率超过 40%，也就是说在白人居住的地方，各种极端恶劣条件并不集中出现。但在全国各地，许多贫困的黑人和西班牙语裔家庭都是在这样集中的极端恶劣条件下生活的。这意味着，相比黑人和西班牙语裔家庭的孩子，大多数贫困的白人家庭的孩子能够去资源更丰富的学校上学，能在更安全的社区居住，较少遭受警察暴力，居住条件更有尊严。贫困不仅存在于个体层面，还存在于社区层面。黑人和西班牙语裔家庭更有可能体会个体贫困和社区贫困叠加在一起带来的困境。这也是为什么美国贫困的黑人男性与巴基斯坦、蒙古男性的预期寿命相近。[21]

如今，黑人和白人家庭之间的财富差距与 20 世纪 60 年代的水平相当。我们的体制系统性地把黑人挡在获得土地和财富的大门之外，而且这种情况已经一代一代传了下来。大多数人第一次买房的时候，都有父母帮忙付首付。许多人会选择给自己房子办贷款重组来帮助孩子买房——二战后美国政府曾为白人社区提供购房补贴，这些人的父母当年也以同样的方式帮助他们。[22] 2019 年，美国白人家庭净资产的中位数是 18.82 万美元，而黑人家庭仅为 2.41 万美元。家长只有高中文凭的白人家庭比家长有大学文凭的黑人家庭拥有的平均财富水平还要高。[23]

贫困往往意味着物质匮乏、慢性疼痛、监禁、抑郁、药物成瘾等各种问题叠加交织,不一而足。贫困不是简单画一条线,它是各种社会弊病的紧密联结,与所有我们关心的社会问题都密不可分,比如犯罪、健康、教育和住房。贫困在美国社会长期存在,意味着在这个有史以来最富裕的国家,有千千万万的家庭过着没有安全、没有保障、没有尊严的生活。[24]

# 2

[第二章]

# 减贫为什么原地踏步

**Chapter Two**

在过去 50 年里，科学家绘制出了整个人类基因组图谱，并消灭了肆虐几千年的天花；同时，美国的婴儿死亡率和心脏病死亡率都下降了大约 70%；美国人的平均寿命增长了近 10 年；人们认识到气候变化威胁着人类的生存；我们还发明了互联网和智能手机。[1]然而，我们在贫困问题上取得了哪些进步呢？以联邦政府划定的贫困线估算，1970 年美国的贫困人口占比为 12.6%，1990 年为 13.5%，2010 年为 15.1%，2019 年为 10.5%。如果把过去半个世纪美国贫困人口的比例绘成图，就是一段绵延起伏的山丘。随着时间的推移，这条线微微上升，再微微下降，然后再上扬，无论是民主党还是共和党掌权，这条线都保持着稳定趋势：在经济衰退时渐渐上升，经济变好时就缓缓下降。只有长期停滞，没有真正改善。

我们为什么在减贫方面缺乏进展？这不能归咎于统计方法：用不同的统计方法得出的结果同样令人尴尬。[2]也许，是因为人们经历贫困的方式改变了，或者说得更准确一些，是贫困的面貌随着时间的推移而变得不同。想要对贫困问题进行公正的评估，就必须把飞速的物质进步考虑在内。马克思曾提出"痛苦增加法则"，就是说随着资本主义的扩张和剥削的加剧，劳动者的痛苦会逐渐增加。但至少从 20 世纪初开始就有评论人士注意到，在西方，技术的进步已经将以前的奢侈品变成了必需品，这令"痛苦增加法则"没有成为现实。乔治·奥威尔曾经揣测，两次世界大战期间，青年人愿意继续下矿井工作，而不是上街抗议、追求一种更好的生活，是因为便宜的甜食得到了普及，同样得到普及的还有电力，这让大众能够享受电影和广播带来的乐趣。[3]

但是生活水平的全面提高并不意味着贫困的减少。在40年前，有钱人才能买得起手机；而最近几十年，手机变得越来越便宜，美国大多数人都拥有手机了，包括穷人在内，因为手机在求职、找房、谈恋爱等方面变得越来越必不可少。一些观察人士因此宣称："既然穷人能用得起某些消费品（电视机、微波炉、手机），那他们就没有我们想象的那么穷。"[4]

这种说法是错误的。手机不能用来吃，也不能拿去卖了换取能够维持生计的收入。有手机也不意味着你能拥有稳定的住房、便宜的医疗和牙科护理服务，或者合格的育儿服务。实际上，虽然手机和洗衣机等物品的成本有所下降，但医疗和租房这些生活必需品的成本却日渐升高。2000—2022年，普通美国城市的汽油和水电费增长了115%。[5]美国的贫困人口生活在全球资本主义的中心地带，像所有其他美国人一样，他们可以买到便宜的、量产的商品。但如果你交不起电费或者没有厨房，要一台烤面包机又有什么用呢？正如迈克尔·哈灵顿在60年前所说的："在美国，拥有体面的穿着，比拥有体面的住房、饮食、医疗服务容易得多。"[6]

也许很难想象，一个发展这么快的国家竟然在这么长的时间里都没能改善贫困问题。从人类登月到披头士乐队解散，再到越南战争和水门事件，我们经历了这么多改变，但在减贫方面，我们50年来一无所获。

刚开始研究这个令人失望的问题时，我以为美国在减贫方面停滞不前是因为我们已经没有解决这个问题的意愿了。我当时觉得，里根当选美国总统（以及撒切尔夫人成为英国首相）标志着市场原教旨主义或"新自由主义"的崛起，这是一个政府削减贫困援助，降低税收，放松监管的时代；这种看法在进步派里十分流行。我以为，美国的贫困问题持续存在是我们减少针对穷人的支出导致的。

但我后来逐渐意识到，现实远比这复杂得多。里根总统扩大了企业的权力，大幅为富人减税，并削减了一些减贫计划的支出，特别是住房方面的支出。但针对构成美国福利体系的诸多项目，里根未能实现大规模的、长期的削减。里根在1981年提出减少社保福利，但国会没有批准。[7]在里根担任总统的8年时间里，减贫支出并没有减少，而是增加了；里根离任后，减贫支出继续增加，且增幅很大。从里根当选总统的那年到特朗普执政的第一年，美国最大的13个有准入门槛的项目（旨在给收入低于特定标准的美国人提供经济援助）支出从每人1 015美元增加到每人3 419美元，涨幅达237%。[8]

诚然，上述增长的绝大部分来自医疗保健支出的增加。因为种种原因，美国没有全民医保，却有着最为昂贵的医保体系，这是全世界独一份。我们每年为低收入人群提供医疗保健的支出远远超过典型减贫项目的支出，比如现金福利和公共住房。例如，2021年政府在联邦医疗补助上的支出为5 210亿美元，这是提供给低收入人群的医保。相比之下，给全国最贫困的劳动者（特别是有孩子的人）提供的劳动所得税抵免（EITC）只有610亿美元。[9]

尽管如此，过去40年里非直接与医疗保健挂钩的福利支出也大幅增加了。就算我们将联邦医疗补助从计算中排除，1980—2018年联邦政府对有准入门槛的减贫项目的投资也从每人630美元增加到每人1 448美元，涨幅达130%。[10]"新自由主义"现在已成为左派词汇，但我看遍了联邦政府预算也找不到支持这种说法的证据，至少在减贫项目上看不出来。没有证据表明美国对穷人越来越吝啬，事实刚好相反。[11]

这样说来，美国在减贫问题上的停滞不前就更让人摸不着头脑了。年复一年，联邦救济激增，但贫困率就是下不来。这是怎么回事呢？

\* \* \*

据我了解，部分原因是大量针对穷人的援助从来没有真正抵达穷人手里。以福利项目举例，当年政府通过"抚养未成年子女家庭援助"（AFDC）项目发放福利时，几乎所有相关资金都用于给单亲家庭提供现金援助。[12]但是在1996年，克林顿总统改革了福利制度，用"贫困家庭临时性援助"（TANF）项目代替了原有的项目。新项目把补助款拨给各州，并且给各州相当大的自由裁量权来决定资金分配。于是，各州想出了非常有创意的方式来花这笔钱。

2020年，在全美范围内，贫困家庭临时性援助项目预算里的每一美元，被直接分给穷人家庭的只有22美分。只有肯塔基州和哥伦比亚特区将超过一半的援助资金用于提供基本的现金援助。在316亿美元的福利资金中，实际上只有71亿美元作为援助金被交到了穷人手里。[13] 剩下的钱到哪去了呢？其中一部分被用于以其他方式帮助这些家庭，如支持职业培训和抵扣育儿费用。剩下的援助资金则被用于资助青少年司法管理体系、普及理财知识，以及与减贫没什么关系的各种其他项目。1999—2016年，俄克拉何马州把7 000多万美元的援助资金用于施行"俄克拉何马州婚姻倡议"，为全州所有人（无论贫富）提供咨询服务，组织工作坊；亚利桑那州把援助资金投给只倡导禁欲的性教育；宾夕法尼亚州把援助资金用于支持反堕胎的"危机怀孕中心"；缅因州则用这笔钱资助了一个基督教夏令营。[14]

密西西比州的情况更过分。2020年公布的一份389页的审计报告显示，由密西西比州公众服务部门（DHS）监管、本应用于支持该州最贫困家庭的资金，被拿去做了以下这些事情：雇用一位福音派敬拜歌手在集会和教堂音乐会上演唱；购买一辆日产途乐SUV（运动型多用途汽车）、一辆雪佛兰索罗德和一辆福特F-250皮卡车，供当地一个非营利机构的负责人和她的两位家庭成员使用；甚至还给已退役的美国职业橄榄球联盟四分卫布雷特·法夫尔支付了110万美元的演讲费，只不过他并没有发表过这些演讲（法夫尔后来退回了这笔钱）。不仅如此，公众服务部门的承包商还滥用援助资金，用于购买大学橄榄球赛门票，付钱给一所私立学校，给州议会议员购买了一份为期12周的健身营（费用为130万美元），并向南密西西比大学的健身中心捐款（500万美元）。该州的福利资金中还有210万美元流向了由前职业摔跤手泰德·迪比亚兹（人称"百万美元先生"，著有回忆录《每个人都有他的价格》）运营的一个机构，用于演讲和摔跤活动。当时，这位"百万美元先生"的儿子布雷特·迪比亚兹在密西西比州的公众服务部门担任管理副职，他和其他 5 人现已被以欺诈和挪用公款罪起诉。[15]

各州每年并不需要把贫困家庭临时性援助资金花完，许多州都花不完，而是会把资金留到下一年。到 2020 年，各州手头上未使用的援助资金大约有 60 亿美元。内布拉斯加州有 9 100 万美元；夏威夷州有 3.8 亿美元，足够为该州的贫困儿童每人发放 1 万美元；田纳西州以 7.9 亿美元的剩余资金位居榜首。同年，全美只有 9 个州的儿童贫困率高于田纳西州。密西西比州的儿童贫困率为 28%，是全美最高的，和哥斯达黎加持平。[16]

我们再来看社会保障残障保险（SSDI），它为那些曾在工作期间缴纳过社保费用的残障人士提供津贴。1996 年，大约有 128 万美国人申请了社会保障残障保险。到 2010 年，申请人数接近 300 万。人口结构的变化（特别是人口增长和"婴儿潮"一代的老龄化）似乎是这一趋势背后的原因。然而，社会保障管理局新批准的残障保险数量并没有跟上申请数量的急剧增长。1996—2010 年，残障保险申请数量增长了 130%，但首次获批的数量只增长了 68%。很多人需要残障保险的帮助，但政府却增加了审批的难度。在 20 世纪 90 年代中期，新递交的残障保险申请大约有一半获批；到了今天，获批比例大约只有 1/3。[17]

我还记得我的朋友 Woo 截肢以后尝试申请残障保险的经历。Woo 为人很热情，对什么事都笑嘻嘻的。再加上他身高 6 英尺①，

---

① 1 英尺≈0.305 米。——编者注

穿着超大号的衬衫,喜欢和人打交道,这些特点让他以前做安保工作时得心应手。我们在密尔沃基北部的一个群租房里当室友的时候,他叫我安迪,并且让我叫他瑞德,就像电影《肖申克的救赎》中的两位主人公一样(我是白人,Woo 是黑人,刚好和这部电影的人物对应),Woo 总是管这电影叫"肖蛋克的旧事"。

我赶到医院时,Woo 已经坐在轮椅上了,他剩下的半截腿打上了临时的石膏,用支架撑起。整个人看起来像是缩了水。Woo 把两只手放在断肢旁边,好像在说:"你看到了吗?"我们一起痛哭起来。他不停地念叨:"这可真不公道。"

出院后,Woo 开始学习用假肢走路,并递交了残障保险申请。当时他 41 岁。对于这个年龄的人来说,需要有 20 个社会保险积分才能申请残障补助,相当于至少要在正式的劳动力市场上工作过 5 年。Woo 全职工作的年限远超 5 年,他当保安的时候经常连班工作,但这种工作是不记入社保账号的。于是,他申请了美国针对残障人士的另一种保障项目,即补充保障收入。和社会保障残障保险一样,大多数补充保障收入申请都会被驳回。[18]我帮 Woo 填写了申请,但他一交上去就被驳回了。他并不觉得意外。"从来都是这样的。"他对我说。随后,Woo 联系了一位残障人士权利律师。

在贫困社区,人人都知道你必须提交好几次残障保险申请,仿佛一次次被拒绝也是正常申请程序的一部分,并且你还需要雇一名律师。律师会收取"风险代理费",等申请人几个月后收到补发的保险金时,律师最多可以抽取 1/4。年复一年,随着残障保险申请越来越难获批，越来越多的申请人会选择聘请律师为自己争取权利。2001年，有179 171笔款项（总计4.25亿美元）发放给"申请人代表"，其中多数是帮助当事人申请残障保险和其他福利的律师；到2019年，款项达到390 809笔，总额达12亿美元。[19]

第二次申请时，Woo在律师的陪同下亲自来到法院。Woo回忆说："律师在那舌灿莲花，但轮椅才是制胜法宝。"他在法官面前总共只待了5分钟的时间。获批后，Woo收到了3 600美元的补发保险金，他用这笔钱买了一辆二手面包车，可供坐轮椅的人使用，开了三年的时间，最后车辆因故起火烧坏了。他的律师得到了400美元的报酬。如今，Woo每个月依靠800美元的补充保障收入度日，这比他工作时的收入要少得多。Woo并不介意律师从他这挣了钱，他说："没有他，我拿不到残障保险金。"但让我感到难以接受的是，每年有超过10亿美元的社保资金没能作为残障保险金留在需要的人的口袋里，而是被拿去付了律师费，以便申请能够获批。[20]

政府在减贫方面的开支增加了一倍多，但收效甚微，其中一个原因就是美国的福利体系像一个漏水的桶[21]：拿一美元去做减贫项目，并不代表这一美元最终会给到需要帮助的家庭手里。但这并不能完全解释为什么贫困问题这么顽固，毕竟美国还有许多大规模的社会福利项目将资金直接发到人们手里。补充营养援助计划的资金有85%用于提供食品券，大约93%的联邦医疗补助甚至是补充保障收入直接流向受益人。[22]也就是说，还有其他因素在起作用。

\* \* \*

在美国历史上，人们一旦在经济方面感到不安，就会找移民当替罪羊。"作为一个群体，中国人对我们国家而言是损害和诅咒，"1877年的一篇报纸专栏文章这样写道，"他们取代了白人劳动力，抢走了白人及其家庭的饭碗。"20世纪初，意大利移民来到美国，勤恳劳动，土生土长的美国白人拿他们泄愤，甚至诉诸暴民手段和私刑来驱逐他们。今天的保守派责怪移民拉低工资、取代本地工人，这是古老的美国传统的延续。[23]

从理论上来说，移民拉高一个国家的贫困率可能有三种原因：第一，移民刚来的时候可能一穷二白，并且一直保持这种穷困的状态，从而形成新的底层阶级；第二，他们也许会压低工资，使本地人变得更贫穷；第三，他们也许会使社会保障体系不堪重负，吃空减贫的资金。美国在过去50年里，出生地在其他国家的人口增长迅速。1960年，美国每20个人当中有一个是在其他国家出生的；今天，美国每8个人中就有一个是在其他国家出生的。美国比全世界其他任何国家的移民人数都要多。这就是减贫援助增加但贫困率没有改变的原因吗？[24]

就像以前横跨大西洋来到这片土地的欧洲移民一样，现在许多移民初到美国时也是贫穷的。如果这些人和他们子女的经济状况没有改善，那么移民增多确实可能推高贫困率。如果这种情况属实，那些接收移民最多的州贫困率应该会上升。目前，美国将近一半出生地在国外的人口都生活在三个州：加利福尼亚州、得克萨斯州和佛罗里达州。随着这些州接收的移民人数越来越多，它们的经济状况变差了吗？并没有。1970—2019年，加利福尼亚州的移民人口占比增加了近18%，得克萨斯州增加了14%，佛罗里达州增加了13%。但在同一时期，加利福尼亚州的贫困率只有微弱的增长（0.7%），而得克萨斯州和佛罗里达州的贫困率分别下降了5%和近4%。在过去50年里，接纳移民最多的州并没有变得更贫穷；按照得克萨斯州和佛罗里达州的情况看，这些州甚至更加繁荣了。[25]

许多贫困的移民在加利福尼亚州、佛罗里达州和得克萨斯州定居，而这些州随着时间的推移并没有变得更贫穷，这是因为移民群体在美国拥有最高的经济流动性，移民的子女尤其如此。有多少软件工程师、医生和律师，他们的父母都是移民来美国的农场工人、洗碗工和洗衣女工？作为一个整体，他们的成功是新增移民没有导致更多贫困的一个重要原因。[26]

但移民的成功是不是以牺牲其他美国人的利益为代价取得的呢？他们是不是和土生土长的美国人竞争，压低工资并使更多人陷入贫困呢？关于这个问题最翔实的研究发现，移民对工资的长期影响相当小，对就业市场的影响更小。如果移民是和土生土长的美国人竞争工作的话，那么这一结论就令人难以理解，甚至引人怀疑了；但实际上移民主要与其他移民竞争工作，这意味着受新移民威胁最大的群体是老移民。[27] 对于许多美国人来说，工资确实停滞不前，但这怪不到移民头上。

近几年，无证移民的流入趋势已经放缓。由于墨西哥人口老龄化并且经济趋向稳定，推动其国民迁离的因素已经减弱。同时，越来越激进的边境执法也在遏制移民越境。那些大喊"边境危机"的政界人士其实心里清楚，无证移民的数量在15年前（也就是2007年）已经达到顶峰。然而，雇主应对无证移民减少的办法，并不是支付高工资雇用本土工人，而是通过自动化来完成工作（即使用机器），或者雇用其他移民，比如持有H-2A签证（临时农业工人签证）的移民（美国本地人也不会排队等着做这些移民做的工作），或者干脆关门大吉。[28]

　　无论移民对劳动力市场的影响如何，如果他们依赖社保福利，那就可能把一个国家变得更贫穷。但是最贫困的移民是没有身份的，因此许多联邦社会保障项目是他们无权获得的，这包括食品券、非紧急联邦医疗补助和社会保障金。一个典型的移民一辈子向美国政府缴纳的税款要比其获得的联邦福利更多。[29] 就算移民拿的福利比不上他们交的税，他们对政府开支的整体影响，比起美国上层阶级给这个福利国家带来的压力，也是完全微不足道的，将两者放在一起比较甚至都显得滑稽可笑。不过这是后话了。到这里为止，我们只需要认清一点就够了：美国在减贫方面糟糕的表现并不能怪到移民的头上。

＊　＊　＊

　　那么，它是家庭问题导致的吗？曾几何时，美国大部分贫困儿童都是由亲生父母养大的。1959年，约70%的贫困家庭由已婚夫妇组成；而如今，贫困社区的教堂里举行的葬礼远远多于婚礼，因为大多数贫困儿童都出生在单身母亲家庭。由单身母亲主导的家庭有约 1/3 处于贫困状态；相比之下，双亲家庭只有 1/17 处于贫困状态。[30] 这种差距令一些人认为单亲家庭是导致美国贫困的主要原因。

但是，为什么在爱尔兰、意大利和瑞典这些国家，单亲家庭并不是导致贫困的主要原因呢？一项针对 18 个富裕民主国家的研究发现，除美国之外，其他国家的单身母亲并不比其他群体更贫困。那些对其国民投入最多的国家，特别是通过惠及全民的普惠项目进行投入的国家，贫困率最低，由单身母亲主导的家庭的贫困率也最低。我们可以效仿这些国家，投入资金帮助单身家长平衡工作和家庭生活，如提供带薪家事假期、实惠的育儿服务和普惠的学前教育。然而，我们的日托机构和暑期学校变得越来越私有化，等于把这些现代必需品留给了有钱人。这样的做法使许多单身家长无法继续学习或维持全职工作。单身育儿可能是个人选择，但让许多单身家长和他们的孩子困于贫穷则是社会的选择。[31]

在美国，婚姻已经成为一种奢侈品。一对伴侣只有感到自己在一定程度上实现了财务稳定之后才会选择步入婚姻。如果没达到"婚姻门槛"，他们往往不会结婚。所以，把穷人结婚率低视作他们贫困的主要原因，就相当于把富人买房率高视为他们有钱的主要原因一样，把结果和原因混淆了。有自己的房子并不是实现财务稳定的根本原因，但它是巩固财富的手段。通常，你只有干得不错才能买得起房（或者是你父母干得不错），结婚也是一样的道理。[32] 对于已经稳定下来的人来说，结婚会巩固这种稳定。由双亲组成的资产阶级家庭模型是怎么建立的？它是由建立资产阶级的东西建立的，那就是钱。[33]

当我们为穷人提供真正的致富机会时，婚姻通常会随之而来。以"新希望"计划为例：这个计划是20世纪90年代中期在密尔沃基市实施的，为贫困社区的居民提供便宜的医疗保险和儿童保育，同时提供工资补贴以提高他们的收入，参与者是随机选取的。项目启动5年后，与未参与计划的人相比，"新希望"计划的参与者收入高出许多，从事的工作也更好。参与者进入婚姻的可能性是未参与者的两倍，这个项目并没有为他们提供情感咨询服务（这种服务基本上不奏效），而是通过帮助一对伴侣实现足够的经济稳定，以便他们能尝试共筑生活。[34]

但是，这些项目是短暂的、试验性的，美国大部分社会政策对家庭仍然起到反作用。最不利于家庭的社会政策就是那些助推大规模监禁的政策。大多数在押人员都有孩子。数以十万甚至百万计的男性被带离他们的家庭，其中贫困的黑人和西班牙语裔家庭所遭受的打击最为严重。[35] 其他国家，比如德国，允许在押人员出狱探望家人，但是美国的监狱系统设计的初衷似乎就是要打破人与人之间的联系。一项研究显示，如果我们不监禁任何一个人，美国的婚姻数量将增加30%。[36] 美国太执着于把人关起来了，这将大量贫困人口从他们的家庭中剥离，严格限制他们什么时间可以打电话给孩子、配偶和其他亲属。刑满释放后，他们所背负的犯罪记录让他们的工作和住房前景雪上加霜。在美国历史上，除奴隶制以外，大规模监禁是由国家背书的、对家庭最为不利的政策。

我们的许多福利政策的设计也是对家庭不利的。如果一个领取补充保障收入的人和其亲属住在一起，其保障额度就会被缩减。如果孩子的母亲违反租赁合同让孩子的父亲搬进来的话，就可能失去租金补贴或被从公共住房里赶出去。如果一对恋人各自申请食品券，而不是作为已婚伴侣一同申请，两人加起来就能获得更高的额度。[37] 劳动所得税抵免也是一样的道理。假设有一个四口之家，妈妈一年挣3万美元，爸爸一年挣1.5万美元。如果爸爸单独申请劳动所得税抵免，就能获得最高额度的资金（2020年为5 920美元），但如果这对伴侣结了婚，那么整个家庭只能得到2 000美元。所以，做出哪种决定"对家庭更有利"呢？是选择不结婚，以便能拿到更多资金，还是选择结婚，但拿到的钱更少？[38]

在这里我要说明一点，并没有太多证据表明福利制度的设计是阻碍人们结婚的决定性因素。糟糕的工作、遥不可及的大学教育、大规模监禁和昂贵的儿童保育费用，这些因素的影响力要大得多。[39] 但我确实想不通，既然许多民选官员都把促进婚姻当作解决这个国家严重而持久的贫困问题的方法，为什么联邦政府会制定这样的福利政策呢？

一些评论人士把婚姻看作通向美好生活的操作手册中的一项任务，却看不到更广泛的经济和社会政策对人们做出步入婚姻的决定有着怎样的影响。举例而言，美国的年轻人经常听人说教，只要完成三个简单的步骤就能避免陷入贫困：高中毕业，找到全职工作，先结婚再生孩子。保守派智库美国企业研究所（AEI）

发布的报告将这三个步骤称为"成功的顺序"。一项研究发现，在 2007 年遵守了这个顺序的人只有 2% 仍处于贫困之中；相比之下，未遵守这个顺序的人有 76% 陷于贫困。[40]

要是事情真的这么简单该多好。如果你仔细研究这些数据就会发现，相比违反这个顺序，实际上有更多的穷人遵循了这个顺序；而且，坚持这个"成功的顺序"的黑人相比白人来说更难摆脱贫困。你还会发现，从绝大多数"成功"案例来看，这个顺序中最重要的步骤不是结婚，而是找到全职工作。问题在于，很多单身家长根本没有办法去承担更多的工作，因为托儿费用太贵了。[41] 我们并不是说教育、工作和结婚不重要，但我们必须承认，对（像克里斯特尔这样的）穷人说"去把高中读完，再找个工作，然后结婚就好了"，无异于要求这个人彻底逆天改命。

关于单亲家庭问题，我们该问的不是为什么这么多贫困的家长都是单身，而是我们怎么能对他们的困境坐视不管？难道我们不希望生活在一个各种形式的家庭都不会陷入贫困的国度吗？难道我们不想让单身生育无须成为贫困的代名词吗？[42]

大树的根系绵延曲折，追溯每一条伸展蜿蜒的根都是有价值的。人们对贫困问题存在的原因有很多种解释，比如有人说它与移民或家庭有关，每一种解释都值得我们去评估。但我也意识到，这样往往会把我带回最中心的主根，带回所有庞杂根系的源头，那就是这个简单的道理：贫困是一种伤害，一种剥夺。数千万美国人陷于贫困并非历史或个人的失误，贫困持续存在是因为有些人听之任之，并且乐见其成。

# 3

[第三章]

# 我们是如何剥削劳动者的

**Chapter Three**

通常，我们不愿承认我们当中的一些人在从贫困中获益。大家更容易接纳的，似乎是那些能把自己的责任撇干净的理论。以前，我们经常将贫困问题归咎于穷人自身，就好像美国人的素质就是比不上那些贫困程度更低的国家的人。如今，人们更喜欢从结构上找原因，认为贫困的根源是体制的失灵，或者是经济的巨变。

有一个很流行的理论称，美国的贫困是去工业化导致的。去工业化令工厂倒闭，围绕工厂建立起来的社区随之被掏空。"去工业化"，这是一个多么被动的词，听上去就像是自然而然发生的，好像一个国家的"去工业化"和一片森林受到树皮甲虫的侵害一样自然。按这种理论，贫困是"社会因素的副产品"，社会学家埃里克·奥林·赖特就是这么说的，"没有人预料到这场灾难，也没有人真正从中受益"。[1]

但是，如果对穷人不利的制度存在了几十年之久，这还不能说明它们设计的初衷正是如此吗？归根结底，"系统性"问题（比如系统性的种族主义、贫困、厌女症）不就是由无数个人决策组成的吗？这些个人决策是受到实际的或想象出来的自我利益驱动的。毕竟"系统"并没有强迫我们不给服务员小费，也没有强迫我们投票反对在家附近建设平价住房，难道不是吗？

人们以各种方式从贫困中获益，这是再明显不过的社会现实。然而，一旦你把这话说出来，气氛就会变得紧绷。你感到自己实话实说显得很没礼貌，而听的人则坐立不安，还有人会试图让你安静下来，就像是当一个小孩在公共场合指出了明眼人都看到却假装没看到的东西——那里有一个独眼的男子或者有小狗正对着汽车尿尿，他妈妈就会叫他安静；又像是当年轻人把资本主义批得一无是处，像用石头砸烂玻璃一样不留情面地、明确地表达出深刻的道德真理，那些严肃、成熟的人就会叫年轻人安静。他们会说，你这是在挑起阶级冲突，但其实你只是把人人心里都明白的事情说出来了而已。

用剥削来解释贫困总会引发争议，让我们一会儿觉得"当然是"，一会儿又觉得"这不对"。一方面，就像已故作曲家斯蒂芬·桑德海姆曾说："亲爱的，世界的历史就是由吃人和被人吃组成的。"当宗族、家庭、部落和民族国家彼此冲突，总是一方被消灭、奴役、殖民或剥夺，而另一方因此得以富足，赢家踩着输家的身体升到更高的位置。那么今天的贫困问题又有什么两样呢？[2] 另一方面，过去的似乎已经过去了。请注意，我们可以轻松自如地讨论过去发生的剥削，但一说到今天的人们是如何互相伤害的，我们就变得含糊不清、犹豫不决。也许这是因为剥削总是以其最可怕、最极端的形式呈现在我们眼前，比如被奴役的黑人佃农、下矿井的小男孩，或者是棉纺厂里的小女孩。也许这是因为我们被英雄式的进步叙事感染，特别是种族方面的进步，用心理学家珍妮弗·理查森的话说，好像历史的车轮"只能朝一个方向转动"[3]。

或许在我们心里，剥削的概念是和社会主义相连的，我们不想和这种信条（或者至少是其表达方式）有所联系。多年前，我在哈佛大学肯尼迪政府学院做了一项论文报告，题为《对内城的剥削》，写的是贫困社区房东的商业策略，内容直截了当，记录了一些房东如何通过向非常贫穷的家庭出租破旧的房屋来赚钱（有时候甚至是大发横财）。我做完报告后，一位资深学者看起来十分不安。"你正在走向马克思主义的道路，"她说，"你意识到这一点了吧？"

我当时并不这么觉得，现在也不这么认为。[4]当我们的自由空间收缩时，就更容易受到剥削。在亚利桑那州、康涅狄格州和肯塔基州等地，犯人只能使用监狱里的电话与亲人通话。一通15分钟的州内电话要交3美元。我们这些没有被监禁起来的人永远不可能接受这样的条件，因为我们有更好的选择。没有身份的移民工人不受劳动法保护，因此他们中有超过1/3的人挣不到最低工资，近85%的人拿不到加班费。我们大部分美国公民或者通过官方途径进入美国的人，都不会接受那样的工资，因为我们不必接受。（无证移民是自愿接纳这种条件的吗？如果这些人是成年人的话，那么确实可以说这是他们自己的选择。但是，身处绝望境地的人愿意接受甚至主动寻求剥削性的条件，不代表这本身就不是剥削。）[5]

说到这，听众就更不舒服了。有些人会说，情况不是你说的这么简单。当然，大多数社会问题都很复杂，但一般我们拿"复杂性"说事的时候，反映出的都是我们自己所处的社会地位，而不是我们本身有多聪明过人。饿着肚子的人想有饭吃，有钱人却找来一群专家开研讨会。"复杂性"是当权者的庇护所。这让我想起《愤怒的葡萄》里那个拖拉机手，他奉命开着拖拉机径直轧过一位佃农的房子。佃农威胁道："你再靠近，我就会像打死一只兔子一样打死你。"拖拉机手回答道："这不是我的问题，我没有办法。"他说，有的是人等着取代他，并且他是奉老板的命，老板是奉银行的命，银行是"奉东边的命"①，就是这样一层一层传递的。事情很复杂。佃农又问："到哪里是个头呢？我们的枪口该对着谁？"佃农指明了拖拉机手不愿指明的问题，那就是他们一家并不是我们所说的"时代的受害者"、"不幸的人"或者"处于不利地位的人"，而是正在遭受围攻的人。他很清楚地看到，一个人的贫困就是另一个人的利润，其中没什么复杂的。<sup>6</sup>

\* \* \*

几年前，我结识了胡利奥·帕耶斯，他是美国永久居民，来自危地马拉，曾持工作签证来到美国。当时他住在加利福尼亚州的埃默里维尔市，该市大约有 12 000 名居民，位于奥克兰和伯克利之间。2014 年，胡利奥做两份全职工作，每周工作 80 个小时。每天晚上，他都在一家 24 小时营业的麦当劳上夜班，从晚上 10 点到早上 6 点制作汉堡和薯条。下班后，他有两个小时休息、洗澡的时间，然后就要去承包公司艾罗特克（Aerotek）打卡，在上午 8 点到下午 4 点之间，哪儿有活他就被派去哪儿。下班后，胡利奥会努力补觉，然后再回到麦当劳上班。为了保持清醒，他要喝大量的咖啡和苏打水。这两份工作挣的都是最低

---

① "奉东边的命"（get orders from the East），意思是压迫穷人的是整个银行体系，而非具体某个人的问题。——译者注

工资。<sup>7</sup>

"我感觉就像行尸走肉，"胡利奥对我说，"没有精力，总感到悲伤。"他与母亲和两个兄弟姐妹挤在没有家具的单人间里，为了交房租，他必须每天工作 16 个小时，一周 7 天都上班。胡利奥的时间好像全都用来工作和睡觉了，没有给生活留下余地。有一次，他 8 岁的弟弟亚历山大对他说，自己正在存钱。"我想买你一个小时的时间，"弟弟说，"和我玩一小时需要多少钱？"胡利奥看着弟弟，泪流满面。不久之后，他因为过度劳累昏倒在一家杂货铺里，当时他 24 岁。

因为雇主给的工钱太少，胡利奥累得病倒了。雇主一定要付这么少的工钱吗？这是一个很简单的问题。在经济学界，有一套不带感情的术语来描述这个问题：如果我们提高了最低收入劳动者的工资，是否会增加失业率？

多年来，经济学家给出的答案是："有很大的可能性会。" 1946 年，《美国经济评论》发表了一篇题为《有关最低工资立法的经济学》的文章，作者是时年 35 岁的经济学家乔治·施蒂格勒，在明尼苏达大学任教。当时最低工资是每小时 40 美分，通胀导致货币贬值，人们就呼吁将最低工资提高到每小时 60 美分甚至 75 美分，分别相当于 2022 年 6 月的 9.51 美元和 11.88 美元。"经济学界尚未对这样的立法发表意见，"施蒂格勒写道，"我的基本论点是，经济学家可以并且应该发表意见，而且应该一致同意"提高最低工资并不是好办法。施蒂格勒认为，如果雇主必须付更高的工资，他们就会少雇人，这就会导致一些人丢工作，而这些人本来能有一份工作糊口，虽然可能不是什么美差，但至少不会失业。[8]

这位年轻的经济学家并非依赖事实得出这个结论，而是通过使用"假设数据"，也就是他自己发明的一套数字游戏来解释他的理论。其他经济学家被施蒂格勒简洁的推理说服了，并将他的理论当成准则写进教科书里。提高最低工资会推高失业率这一预测，成了经济学的正统观点。[9]

然而，这个理论被提出后，在近50年的时间里都没能得到检验。直到1992年，也就是施蒂格勒获得诺贝尔奖的10年后，新泽西州提高了最低工资，相邻的宾夕法尼亚州却维持不变，这就创造了一个自然实验，让人们得以通过这个契机评估最低工资上涨对工作机会的影响。普林斯顿大学的经济学家戴维·卡德和艾伦·克鲁格对上述两个州的410家快餐店进行了调查，比较最低工资上涨前后的情况，发现新泽西州快餐业的岗位并未因该州提高最低工资而减少。也就是说，至少从这个案例来看，施蒂格勒的理论是错误的。[10] 从那以后，经济学家们进行了数百个类似的案例研究，其中大部分研究都发现提高最低工资对就业的影响微乎其微，与卡德和克鲁格那篇爆炸性论文的主要观点相一致。[11]

民主党人说，提高最低工资能让工人的钱包变鼓，能够促进消费，进而创造就业机会；而共和党人担心，提高最低工资将导致就业机会减少，这与施蒂格勒的观点相呼应。这两种立场都有相关研究支持，但大部分证据表明，提高最低工资对就业的影响并不大。[12] 胡利奥并不需要为了有一份工作做就接受极低的工资。如果他是在丹麦的麦当劳上班，收入能达到在埃默里维尔的两倍。[13]

* * *

情况并非一直这么糟糕。从 20 世纪 40 年代末到 70 年代末，美国在取得经济增长的同时也分配了财富。只要工人努力工作，就能获得稳定的收入，这在很大程度上得益于工会的力量。在整个 20 世纪 50 年代和 60 年代，几乎 1/3 的美国工人都是工会成员。这是美国汽车工人联合会（UAW）的时代，该联合会由沃尔特·鲁瑟领导，他曾在组织活动的过程中遭到福特公司内部人员暴打；这也是强大的美国劳工联合会（AFL）和产业工会联合会（CIO）的时代，它们共代表了大约 1 500 万工人，比当时加利福尼亚州的人口还要多。这些工人闹翻了天。1965 年，美国农场工人联合会在加利福尼亚州德拉诺的葡萄种植园组织罢工和抵制活动，持续了 5 年之久，吸引了美国公众的关注。仅 1970 年一年，就有 240 万工会成员参与停工、自发罢工活动，或者与公司领导层对峙。他们的努力取得了回报，工人的工资上涨了，首席执行官的报酬受到了限制，那是美国现代历史上经济最平等的时期。[14]

然而，工会往往是白人男性的天地。二战后，大多数白人女性都不外出上班，而黑人女性却不得不工作。黑人女性大多从事照护类的职业，比如厨师、护士或是家政工，没有工会保护她们。而且，工会对黑人男性仍怀有敌意。1946年的一项调查发现，大约30%的工会在官方政策中公然歧视黑人劳工。在20世纪60年代，像铁路和轮船职员兄弟会以及美国木工兄弟会这样的工会，仍在其机构中施行种族隔离。由于工会对黑人劳工的排斥，美国劳工运动未能释放其全部的潜力。[15]

20世纪70年代，美国经济遭遇了艰难的滞胀危机，即经济增长放缓与通胀同时存在，这让劳工处境变得糟糕。工会因为种族主义而遭到反噬，经济环境的变化又进一步削弱其力量。随着制造业持续收缩，工会失去了传统的权力基础，并且同时受到政治对手的攻击。随着工会式微，企业界嗅到了机会。企业的说客深入两党，发起公关活动，把经济衰退归咎于工会，向政策制定者施压，削弱对工人的保护。[16]

1981年，在全国范围内试水的机会来了。当时空中交通管制员与联邦航空管理局的合同谈判破裂，13 000名工会成员离岗抗议；里根总统将拒绝返回工作岗位的工人全体解雇，公众对此并无太大反响。美国企业界明白了——他们可以击垮工会，而且不会遭遇什么反弹。1985年，以生产午餐肉和丁迪摩尔炖牛肉罐头闻名的荷美尔食品公司，将明尼苏达州奥斯汀工厂的工人时薪从10.69美元下调到8.25美元；引发罢工后，公司又雇了一批新人，以此打击罢工势力。当时一位评论人士说："如果美国总统能把罢工的人换掉，那这种行为一定是为社会所接受的。"[17] 接下来，各个行业纷纷效仿。随着全球化贸易的扩张和工厂的关闭，工会垮了，企业界则努力确保工会没有东山再起的机会。

今天，美国只有大约 1/10 的劳动者是工会成员，他们大多是消防员、护士、警察和其他公共部门的员工。94% 的私营部门劳动者都没有工会可加入。在这些人当中，有一半的人表示如果有机会愿意把工会组织起来，但他们基本上都没有这样的机会。雇主们有一整套手段来阻碍工人集体谈判，比如雇用专门负责破坏工会的公司，或者对员工说如果他们投票赞成组织工会就可能丢掉饭碗，[18] 这些都是合法手段。企业还会采取非法手段阻止工会的形成，比如对想要组织起来的工人进行处罚，或者威胁他们要关门大吉。2016—2017 年，美国国家劳资关系委员会指控 42% 的雇主在工会活动期间违犯了联邦法律，其中近 1/3 的指控都涉及非法解雇组织工会的工人。

\* \* \*

他们说，工会是经济的拖累，是令我们的大船无法全速前进的负担；他们说，一旦公司清理了这些陈旧、笨重的工会，经济就会加速增长，每个人的财富都会增加。但现实并不是他们说的那样。工会的负面影响被严重夸大了，而且现在有证据表明，工会在提高企业生产力上发挥了作用。比如，工会减少了工人的流失。[19] 比起二战后工会实力最强盛的时期，今天美国经济的生产力反而降低了。其他富裕国家（包括那些工会实力更强的国家)的经济发展也放缓了,但明确无疑的是,美国削弱工人的力量并没有促进经济增长,也没有给更多人带来繁荣。"我们被承诺,接纳不平等的存在,就能够换取经济活力,"埃里克·波斯纳和格伦·韦尔在《激进市场》一书中写道,"结果,不平等有了,经济活力却在衰退。"[20]

随着工人失去力量,工作本身也变得更糟糕了。以前,工会能提升工人的工资和报酬,这样就约束了利润的上限;随着工人的权力衰退,这些上限不存在了,后果可想而知。自1979年以来,收入最低的90%的人(注意,不是最低的10%、20%或50%,而是90%的人)年收入仅增长了24%,而收入最高的1%的人工资增长了一倍还多。二战结束后的几十年里,普通工人的实际工资(即根据通胀率调整之后的工资)每年增长2%;但1979年以来,实际工资每年只增长0.3%。[21]许多美国人今天的实际工资与40年前大致相同,这令人大感意外。20世纪60年代末进入大学或就业市场的人,90%最终都比父母挣得多;但到90年代末,能做到这一点的人只剩下50%。阶级跃升已经不再是美国社会的主要特征。对于今天大多数年轻人来说,未来令人忧心。[22]

美国一些行业的工资水平是所有工业化国家里最低的,这种现象导致越来越多的人成为贫困劳工,其中大多数都已满35岁。2017年,有高中文凭的劳动者实际工资比1979年低了2.7%;没有高中文凭的劳动者实际工资减少了近10%。这些人大部分都不是负责打包货品或者在冰激凌店打零工的青少年,他们是成年人，往往都有孩子。他们负责打扫酒店的淋浴间和厕所，帮人点餐、收拾桌子，在24小时全托机构照看小孩，采摘浆果，倒垃圾，半夜在杂货店里摆货架，做电话客服，在高速路上铺沥青；当然，也有人像青少年一样打零工。[23]

工资低是因为人们没有接受足够的教育吗？在今天的社会，有大学学历的劳动者确实比没有大学学历的人过得好很多。但是在美国，垃圾工作的增加并不是所谓"技能错配"的结果（技能错配指的是许多人未能获得合适的资格证书或培训，因此找不到好工作）。我们已经扩大了佩尔助学金等项目的涵盖范围，以帮助更多来自低收入背景的学生读大学。1970年，美国收入最低的25%的家庭，只有不到1/3送孩子上了大学；到2020年，这一比例已经上升到1/2。但在此期间，提供体面收入的工作变少了，工资极低的工作变多了，特别是对年轻人而言更是如此。2020年，在25~64岁有大学学历的全职劳动者中，近1/3的人工资低于全国中位数（59 371美元）。在25~34岁的美国人当中，大约有一半的人至少拥有本科学历，这与荷兰、瑞士、法国和其他几个富裕民主国家的水平相当，而这些国家的贫困程度要低得多。在德国，同一年龄段只有35%的人有大学学历，但德国的儿童贫困率只有美国的一半。[24]

我们不能把美国的经济问题简化为教育问题，也不能把今天残酷的就业市场全部归咎于全球化和技术变革。那些我们觉得势不可当的经济变化往往都是政策带来的结果，比如1994年《北美自由贸易协定》（NAFTA）出台后，企业可以更容易地把工厂搬到墨西哥，导致几十万美国人失去工作。世界确实改变了，但其他国家也经历了这种变化。美国所经历的这种工资增长停滞和收入不平等的激增，在比利时、加拿大、意大利和许多其他国家并没有发生。这是为什么？很重要的原因就是这些国家保住了工会。[25]也就是说，这主要是权力的问题。

糟糕的低薪工作令人感到悲哀，但它并不是资本主义必不可少的副产品，这一点并不像某些为大企业说话的人所声称的那样。（资本主义最早期的支持者倘若知道了这些人的观念，一定会大为愤慨。作为自由意志和自由市场的坚定倡导者，约翰·斯图尔特·穆勒曾说，如果普遍的匮乏成为资本主义的标志，那么他将转而支持共产主义。[26]）然而，资本主义的本质就是一场拉锯战，是想争取更多报酬的工人和想尽量少付钱的企业主之间的拉锯战。随着工会不再起作用，企业开始削减20世纪中期的传统工作条件，包括稳定的雇佣关系、升职加薪的机会、体面的工资和某些福利。正如社会学家杰拉尔德·戴维斯所说：我们的祖辈有事业，我们的父辈有工作，而到了我们只有任务。这就是美国工人阶级和贫困劳动者的故事。[27]

二战后发展起来的企业里，几乎所有员工都是为同一个雇主或公司工作的。但现在的许多企业将职位外包给独立承包商。那些给微软打扫卫生的人、在喜来登酒店洗床单的人，以及给亚马逊送包裹的人，通常都不是这些公司的员工。在谷歌公司，软件工程师是谷歌的员工，但招聘人员、产品测试人员和管理员则是为谷歌雇用的承包商工作的。谷歌的临时工和外包人员远比全职员工多得多。另外，在全世界范围内帮助制造和销售苹果产品的大约有75万名员工，但只有约6.3万名员工直接受雇于苹果公司。在这种被割裂的雇用形式出现之前，大公司为所有员工统一制定工资和福利标准，这更具平等性，比如，汽车工厂清洁工的工资就因此得以提高。而今天，雇用临时工的承包商彼此竞争，看谁能提供更便宜的劳动力。一家名叫OnContracting的劳务中介公司估计，谷歌和苹果这样的美国科技公司使用他们提供的服务，每个岗位每年平均能节省10万美元。随着企业越来越依赖独立承包商，工资被压得越来越低，员工难以升职。（自20世纪90年代以来，低薪工作的上升途径已经变窄了。）如果一个在微软工作的人甚至都不算这里的雇员，又怎么去争取晋升机会呢？[28]

　　现在许多雇主都不鼓励员工讨论薪酬，或者干脆禁止讨论，因为他们知道一旦薪酬变得透明，低薪员工就会知道自己挣得太少。公司还要求新员工签署竞业条款，禁止他们在离职后的几个月甚至几年内为竞争对手工作。对于初级员工来说，竞业禁止条款并不是用来保护公司知识产权的，而是用来恐吓低薪员工，削弱他们所剩无几的权力，那就是辞职。假设你是捷飞络汽车维修店的一名技术人员，你勤奋、友善、手脚麻利，工作干得非常好。另一个城市的捷飞络特许经营门店店主听说了你，想给你升职，把你挖到他的店里去，但是他不能这么做，因为他和公司签过协议不能挖墙脚。主流特许经营店的合同大多数包含这种条款，[29]目的是尽可能限制竞争，因为竞争越多，选择就越多；选择多了，剥削就难了。

零工经济的兴起并不是在打破常规,而是在延续常规,是公司找到了新的方式来弱化自己应对劳动者承担的义务。比如,网约车优步、外卖平台 DoorDash 和即时劳务公司 TaskRabbit 等迫使其员工(抱歉,应该说是它们的"独立承包商")在工作中承担更多的责任:必须自己有车,自己出钱加油,自己买保险。同时,他们将这些员工置于更严格的监督之下。英国和荷兰等国已经将优步司机算作全职员工,让他们有权享受最低工资和带薪假期等基本保障;匈牙利和泰国等国干脆完全禁止优步运营。但是在美国,优步司机和其他零工工作者通常没有病假、加班费、带薪假或工伤赔偿。他们往往不受最低工资法或《国家劳资关系法》(这些法律对就业条件做出了规定)的保护,也无法获得失业保险。自 21 世纪之初,这类工作以及其他非正式的工作安排(如临时工)在美国出现激增态势。[30]

企业不仅在很大程度上重塑了工作的性质,还改变了相关规范,将经济力量转化为政治影响力。以投入的资金来衡量,全国最有影响力的游说团体无疑是美国商会,它组织力量去反对提高公司税和最低工资,也反对使工人更易于组建工会的立法。2022 年,美国商会投入了超过 3 500 万美元用于影响政策制定,而所有工会组织在这方面的支出加起来大约是 2 500 万美元。但是我们要清楚,美国商会只是众多支持商业利益的组织中的一个。在游说上投入最多的 100 个组织当中,只有 5 个组织不是商业利益的代表。2022 年,仅互联网企业 Meta、亚马逊和通信企业康卡斯特在游说上的投入就超过了所有工会组织的总和。在如此雄厚的资金支持下，企业的游说者可谓无孔不入。他们不仅出没于国会大厦，也进入州议会和市议会，推动成百上千个法案的通过。2016年，在44个州有370名游说者为优步说话。与之相比，出租车司机工会哪里还有胜算呢？[31]

\* \* \*

随着企业积累了更多的市场权力，它们竭尽全力压低工资，提高生产力。越来越多的员工为公司创造的价值远远超过他们的工资，而雇主则不断寻找新的途径来压榨他们的劳动力。事实已经证明，算法是比人类更严格的老板。那些驱动实时调度的算法让老板能够微调人员配备来满足工作的需求，这就使员工工作的时间变得不固定，也让工资波动性变强。有些公司使用电脑程序来记录员工敲击键盘和点击鼠标的信息，随机抓取屏幕截图，甚至还使用感应热量和动作的设备。仓库工人、收银员、送货司机、快餐店经理、校对员，以及数以百万计的其他工作者（甚至连心理咨询师和临终关怀牧师都包括在内），现在都受到Time Doctor和WorkSmart这样的软件的监控。多数大型私营企业都会追踪员工的生产力，有时会因为所谓的"空闲时间"而克扣工钱，其中包括员工上洗手间或者与客户沟通的时间。这种技术的进步提高了员工的效率，也增加了工作的不稳定性：你创造的利润更多，但享受的却更少，这正是教科书般的剥削。[32]

经济学家已经找到方法估算劳动者因此需要承受的成本。2018年，美国人年薪的中位数是30 500美元。当年发表的一篇论文中，研究人员估计，在一个完全竞争市场当中，这个数字应该接近41 000美元，甚至可能高达92 000美元。这些数字值得我们停下来想一想：只要实现市场公平，收入就会至少提高1/3。但随着大企业变得越来越大，它们收购竞争对手或者将其挤出市场，员工的选择变得越来越少。许多人的工资大大低于他们应得的报酬，但他们甚至都没有意识到这一点。你知道谁的心里最有数吗？老板和投资人。[33]

让许多低收入美国人免于陷入深度贫困的并不是工作，而是政府。政府帮助这些家庭获取医疗保健（提供联邦医疗补助），帮助他们填饱肚子（提供食品券），并提高他们的收入（提供劳动所得税抵免）。政府问责办公室最近分析了11个州的数据，发现大约有1 200万美国劳动者依赖联邦医疗补助获得健康保险，900万人的家庭申领了食品券。参与这些项目的劳动者当中，大部分人在一年当中从事过全职工作；大约一半的人全年都在从事全职工作。[34] 2020年，在北卡罗来纳州狮子食品超市工作的员工，每17人中就有一人需要使用食品券；马萨诸塞州Stop & Shop食品超市的员工，差不多每10个人中就有一人注册了联邦医疗补助；在俄克拉何马州的一元店Dollar General工作的人，几乎每7个人中就有一人注册了联邦医疗补助。[35]

我们针对贫困劳动者提供的规模最大的减贫项目是劳动所得税抵免。2021年，有2 500万劳动者和家庭获得了这项补助，平均金额为 2 411 美元。[36] 劳动所得税抵免是美国持续时间最长的减贫项目之一，这在很大程度上是因为它得到了两党的强力支持。但它之所以能得到如此广泛的支持，或许是因为它实际上是对企业的慷慨补贴。跨国公司是最积极推动劳动所得税抵免的，这实际上让它们得以压低工资。沃尔玛通过相关举措帮助员工申请劳动所得税抵免，并且支持立法要求大型企业必须告知员工这项福利的存在。（同时，沃尔玛还有一个特勤队，可以动用公司的飞机随时出动，负责把任何一家沃尔玛门店的工会消灭在萌芽阶段。）美国商会和美国餐饮协会（全球最大的食品服务贸易协会）也推动了劳动所得税抵免项目的扩张。美国商会旗下的竞争性劳动力研究所发布的一份报告，鼓励雇主确保员工了解劳动所得税抵免项目，因为"通过向员工介绍这种福利，企业能够帮助员工——也能帮助自己"。[37]

\* \* \*

劳动力成本下降，公司利润就会上升。这就是为什么企业一提高工资，就会受到华尔街投资人的打击。2015 年，沃尔玛面对公众压力，宣布计划将起薪提升至每小时 9 美元。结果投资者纷纷抛售其股票，沃尔玛股价下跌了 10%，公司市值缩水了 200 亿美元，这是沃尔玛历史上单日损失最大的一次。同样的情况在 2021 年再次上演，沃尔玛承诺将平均时薪提高至 15 美元，以此和其他响应"为 15 美元时薪奋战"运动的企业竞争，包括亚马逊等。股东再次大量抛售股票,导致沃尔玛股价在一个周四的早晨下跌了 6%。投资人是在警告沃尔玛和其他上市公司:你要涨工资,就要付出代价。[38]

那么从中受益的是谁呢?当然是股东。但股东又是谁呢?人们很容易把他们想象成一群身穿条纹西装、打着红色领带,在曼哈顿某座高楼大厦里觥筹交错的男性。但实际上,超过一半的美国家庭在股市中有投资(在这里必须指出,最富有的 10% 的家庭拥有 80% 以上的股票)。所以,股东其实就是我们,是我们这幸运的 53% 的人,我们有养老金,还有 401(k) 和 403(b) 计划①或其他类型的投资;我们的父母可以通过"529 教育储蓄计划"来给我们交学费;我们读的大学可以用捐赠基金来修建学生宿舍、组织海外交换项目。我们看着自己存的钱越来越多,难道没有从中受益吗?只不过这些增长是以牺牲其他人的利益为代价换来的。[39]

消费者也从劳动者受到的剥削中获益。我们现在随便在手机上点几下,就能以便宜的价格打车、买东西、点中餐外卖以及找修理工。在这个新兴的仆人经济中,我们俨然成了主人;在这个经济体系里,那些被匿名化的、薪酬很低的劳动者听命于富裕阶层。人们已经用"优步"一词指代打车;亚马逊在美国人最信任的机构排名中名列第二,仅次于军队。这些企业之所以能够崛起,

---

① 401(k) 和 403(b) 是美国一些雇主或工会按照法律设立的养老项目,由员工个人自愿缴纳,有些雇主会按照员工缴纳的金额进行一定比例的匹配。——译者注

是因为我们喜欢它们。不管我想要什么，基本上24小时内都能送到我家门口——这么多年来，我仍然为此感到惊奇，也许超能力也不过如此吧。[40]

虽然越来越多的人开始根据自己的价值观进行消费，但经济正义似乎并不是我们关注的重点。我们知道自己购买的蔬菜是不是本地种的，是不是有机的，但我们不会去问采摘它们的农场工人挣多少钱；买机票的时候，购票页面上会告诉我们航班的碳排放量，但不会告诉我们空乘人员是否加入了工会。我们支持那些把反种族歧视做进营销活动的企业，却没有认识到这些活动转移了人们对这些公司糟糕的劳工待遇的关注，就仿佛克扣员工的工资和种族主义无关一样。（经济学家瓦莱丽·威尔逊和小威廉·达里蒂的研究表明，自2000年以来，黑人和白人的工资差距变得更大了。如今，黑人劳动者的平均薪酬仅为白人劳动者的74%。）我们关注咖啡和鞋子的品牌，以此表达政治立场，但我们通常并不知道这对劳动者来说有没有影响、有什么样的影响。在听说家得宝家居建材公司给那些拒绝认证2020年总统大选结果的共和党议员提供大笔捐款后，我们一家人就不在家得宝买东西了；但它的对家Ace Hardware五金公司给员工的待遇好不好呢？我们并不知道。[41]

\* \* \*

就在胡利奥在杂货店晕倒前后，埃默里维尔市议会开始考虑提高该市的最低工资。奥克兰刚刚通过一项选票提案，将最低工资从每小时 9 美元提高到 12.25 美元，埃默里维尔也打算效仿。接着，市长露丝·阿特金考虑更进一步：不如尝试把标准提升到让劳动者真正能够维生的水平？胡利奥听说以后就开始祷告。他在周日和周三参加教堂的复兴会时祷告，在那里他感受着圣灵起舞、呐喊；他也在家里默默祷告。"上帝是相信正义的，"胡利奥对我说，"我有信仰，但我也有政治观。"胡利奥开始积极参与"为 15 美元时薪奋战"运动，参加游行和其他展现集体力量的行动。"第一次罢工的时候，我感到非常紧张。"他说。但当他穿着工作制服赶到现场，看见现场有成千上万穿着制服的快餐店员工时，他就敢于发声了。他觉得这就像是在教堂一样。

2015 年 5 月一个周二的晚上，埃默里维尔市议会投票决定在 2019 年以前将最低时薪提高到差不多 16 美元。到 2022 年 7 月，该市的最低时薪为 17.68 美元，在全国属于相当高的水平了。

2019 年冬天我拜访胡利奥时，他在汉堡王工作的时薪是 15 美元，同时他还在一家大酒店当客房服务员，每小时挣 15.69 美元。现在他可以少做一些工作了。活不多的时候，他每周工作 48 个小时；如果活多一些，他就工作 60 个小时。他每天可以多睡一会儿，还会去公园散散步。"这大大改变了我的生活，"他对我说，"我感觉好多了。"

贫穷的劳动者涨工资后，健康状况会大大改善。研究发现，当最低工资上涨，忽视子女的现象以及未成年饮酒和青少年生育的情况都会随之减少，[42] 吸烟的问题也会缓解。大型烟草企业一直以来都把低收入社区居民作为它们的客户群,但有强有力的证据表明,最低工资的增加与低收入劳动者的吸烟率减少有相关性。涨薪能缓解贫困的压力,让人们有心思去戒烟。

贫困带来的长期压力是能够在细胞层面检测到的。2008—2012年,纽约市的最低工资为每小时7美元多一点;一项研究发现,如果把这个时期的最低工资提高到每小时15美元,约5 500件过早死亡的案例就可以避免。提高最低工资标准是一剂抗抑郁药,也是助眠药和减压器。美国公众中一些有发言权的人、有大脑空间来思考的人,似乎认为穷人应该通过改变自己的行为来逃离贫困:找个更好的工作吧;别生孩子了;在理财方面聪明一些。事实则刚好相反:要先经济稳定,人们才能做出更好的选择。[43]

胡利奥的工资提高之后,他开了一个小额储蓄账户来应对紧急情况;他也开始花更多的时间陪伴弟弟亚历山大,经常去学校接弟弟放学。"以前,我感觉自己像个奴隶,"胡利奥告诉我,"但现在我感觉,¿Cómo se dice, más seguro(怎么说呢,更安全)?"安全,他说,"我感觉更安全了"。

当我们为了享受更多的财富和廉价商品而不愿给劳动者提供足够维生的工资时,我们从他们那里夺走了什么呢?是幸福、健康,是生命本身。这是我们想要的资本主义吗?这是我们应得的资本主义吗?

# 4

[第四章]

# 我们是如何强迫穷人多花钱的

**Chapter Four**

剥削的形式是多种多样的。当我们的收入低于我们创造的价值，我们就在经历对劳动者的剥削；当我们购买的东西价格高于其实际价值，我们就遭受了对消费者的剥削；当我们手头没有资源时，我们的经济自由就受到限制；当我们没有属于自己的财产或无法获得信贷时，就不得不依赖拥有这些东西的人，这反过来又会引发剥削，因为有人输就有人赢。当有人把我们逼得走投无路，我们就只能任其宰割。[1]

这一点在租房市场上也许尤为明显。

在18世纪晚期和19世纪初期，随着人们大量涌入城市，城市土地价值飙升，房东开始给房子打隔间，以租给更多的人住。1837年，一场金融危机令美国陷入严重的经济萧条，史称"1837年大恐慌"。这场危机使得给房屋打隔间的现象愈演愈烈，地下室、阁楼和储藏库都被改造成单间公寓，租给贫困的家庭。人们发现，即使是在灾难性的经济衰退中，这种租赁形式也是有利可图的。在西方的主要城市，贫困人口被高额租金压榨。19世纪中期，纽约市开始出现所谓的"廉租屋"，但这种房屋的租金比城区条件好一些的公寓还要高出30%；在最为贫穷的贫民窟里，也是同样的情况。[2]

种族主义和剥削会相互滋养。1915—1970年的"大迁徙"期间，大量黑人家庭迁往北方。他们到达克利夫兰和费城等城市后，就亲身体验了种族主义和剥削的这种联系。在这些地方，黑人家庭被困在贫民窟里，被迫接受别人不想要的住房。法律写明了黑人家庭可以在哪些地方居住，并由警方来强制执行这一规定。既然贫民窟的房东可以对被困在这里的租户收取更高的租金，他们当然就会这样做。在大迁徙的过程中，黑人住在城市条件最差的房子里，支付的房租往往是以前白人租户的两倍。按照中位数来计算，直到1960年，底特律市黑人居民支付的房租仍然高于白人。在《他乡暖阳》一书中，作者伊莎贝尔·威尔克森对这种情况做了总结："收入最少的人被迫为最破旧的房屋支付最高的租金，这些房屋的主人都不在当地，他们试图从一个没有人关心的地方尽可能榨取更多的钱。"随着北方城市的黑人人口越来越多，房地产开发商看中了更赚钱的机会：他们可以购买位于贫民窟边缘的房产，将其改建为公寓，从原有的住房存量中尽量榨取更多利润，直到这些房屋被宣告（或者理应被宣告）不能居住。[3]

在美国，贫民窟内的剥削持续已久。是金钱造就了贫民窟，因为贫民窟创造了财富。[4] 那么今天的状况如何呢？美国的穷人仍被高昂的住房成本压得喘不过气。过去20年间，租金增长了一倍多，租户收入的增长远远赶不上房租上涨的速度。2000年的租金中位数是483美元，到2021年，这一数字涨到1 216美元。全国所有地区的住房成本都有所增加。自2000年以来，中西部的租金中位数的涨幅为112%，南部为135%，东北部为189%，西部为192%。[5] 为什么租金涨得这么快？专家对这个问题往往重复着机械式的答案，他们说："住房供应不足，需求过大；政府的监管和区划限制增加了建设成本，这些成本被转嫁给了租户，房东必须提高租金才能获得合理的回报。"事实真的是这样吗？我们怎么知道是这么一回事呢？难道只有过去的土地所有者才被金钱和利润驱使，而当代房东只是被看不见的市场力量引导、受到政府官僚机构的压迫吗？

我们需要更多的住房，这一点无可否认。但是即使在公寓供应充足的城市，租金同样上涨了。2021年底，亚拉巴马州伯明翰市有近19%的出租房是空置的，纽约州锡拉丘兹市也有12%的出租房空置。然而，这两座城市的租金在此前两年分别增长了约14%和8%。[6]数据还显示，近年来租金收入已经远远超过了房东的成本开支，特别是位于贫困社区的多户住宅。租金上涨并不仅仅是运营成本上涨的一种反映。[7]还有一个情况，那就是穷人在住房上没有什么选择的余地，贫困的黑人家庭更是如此。因此，房东可以收取更高的租金——他们也确实这样做了。

为了看看实际的数据是否支持这一结论，我与学者内森·威尔默斯（他现在是麻省理工学院的教授）合作，获得了美国人口普查局《租赁住房财务调查》的非公开版本。这项调查包括一系列关于房东收入和支出的问题，涵盖拥有几个租赁单位的小房东、管理多个大型租赁产业的大房东，以及介于两者之间的人。利用这些数据，我们将房东的收入减去支出，估算出租房的利润。[8]我们发现，在扣除常规支出后，贫困社区的房东每个月从每间公寓大约可以赚取300美元的利润，中产阶级社区的房东可赚取225美元，富裕社区的房东可赚取250美元。[9]

会不会是因为低端市场的房子更老旧，需要房东支付更高的维护费用呢？也许是因为房客拖欠房租和空置率高等问题，房东往往要承担损失？房东提高租金会不会是为了应对这些情况呢？我们同样就这个问题进行了调查，考虑范围包括屋顶修缮、管道问题、炉子损坏、窗户破裂、电气系统问题和其他几十种需要房东出钱的情况；同时，我们还把拖欠房租和房屋空置的问题考虑在内，并做了调整。我们发现，扣除所有的支出（包括水费、税款和保险这种常规费用，还有安装马桶、房屋空置等非常规费用），贫困社区的房东每月仍然可以从每间公寓赚到大约100美元的利润，而富人社区的房东每月只能从每间公寓赚到50美元。在全美各地，考虑了所有成本后，贫困社区的房东不仅没有处于劣势，而且往往比富裕社区的房东多赚一倍。[10]

但在全国房地产最热门的地方，情况刚好相反。以纽约市为例，在苏豪区当房东比在南布朗克斯区更有优势。不过，纽约和其他生活成本较高的大城市是例外。在房价更为典型的城市，如奥兰多、小石城或塔尔萨，成为低收入社区的房东是更好的选择，在全国房价最低的城市尤其如此。

为什么贫困社区的房东能赚更多钱？因为他们的常规支出（特别是贷款和财产税）比富裕社区的房东要低得多，但租金只稍微低一些。在许多房价处于或低于平均水平的城市（比如布法罗市，而不是波士顿这样的地方），贫困社区的租金比起城镇的中产阶级社区并不会便宜太多。2015—2019年，印第安纳波利斯大都市区两居室公寓的月租金中位数是991美元；而在贫困率超过40%的社区，月租金中位数是816美元，只低大约17%。在极度贫困的社区，租金确实较低，但并没有人们想象中那么低。[11]

上述理论是对事不对人的。一些把房子租给穷人的房东将破旧的房屋利用到极致，榨干其价值后甩手不管，对城市也造成破坏。我们面临的大部分住房困境要归咎于一小部分掠夺成性的房东。比如，在亚利桑那州的图森市和北卡罗来纳州的费耶特维尔市，最常驱逐房客的前100栋建筑所发生的驱逐数量占了全市总量的40%。[12] 在我见过的一些房东里，有的人完全担得起"贫民窟恶房东"的称号，但也有人在尽力为低收入家庭提供体面的住房。我见过以便宜的价格出租房子的小业主，也见过通过转移项目①努力实现"零驱逐"的大型房地产商。

许多房东开始投资房地产是因为他们没有为退休后的生活存下足够的钱，或者不想去做一份被老板盯着按时上下班的"普通"工作。房屋租赁本来是一项副业，是"被动收入"，而这些人成为房东时，就将这种投资变成了自己的主业，也就是说，在他们看来这份营生应该是一份"主动收入"，是他们上了年纪以后的生活来源。这就赋予了资产过度的压力，让房东希望尽量赚更多的钱。这本身并没有问题，但问题是这里说的资产恰好是某个人的家，而提高租金会使住在里面的人变得更贫穷。这并不意味着一个普通的房东能够和（比如说）一名会计师赚一样多的钱，但这确实意味着，如果一个人希望通过出租房子来获得和从事传统工作同等的收入，或者希望通过出租房子来获得一般成年人需要多年储蓄才能实现的退休自由，他们往往只能通过压榨租客来

---

① 这里的转移项目指的是帮助房东和租客达成双方都能接受的协议，避免以驱逐租客的方式解决纠纷。——译者注

实现这一目标。不能简单地说成功的房东都是"坏家伙"。作为房东，见钱眼开会导致剥削，节俭审慎也能导致剥削——特别是如果每个人都是这么做的，那就相当于人们常说"在商言商"了。

如果更好的社区房租贵不了多少，那么贫困家庭为什么不搬过去呢？这个问题有一个前提，那就是假定贫困家庭在搬家时面对的情况和富裕家庭是一样的：为了能住更好的房子、有更好的社区和学校才搬家。但实际上更为常见的情况是，搬家对于贫困家庭来说并不是机遇，而是一种紧急状况，甚至是创伤。他们要在艰难的条件下搬家，是因为他们不得不离开——他们被房东驱逐、被城市唾弃，或者是街区变得太危险；他们竭尽所能避开环境最恶劣的社区，谁最先批准他们的住房申请，他们就不得不接受。[13]而当他们希望从当初被迫搬进去的社区离开时，又会有许多障碍阻止他们搬到更好的地方去。贫穷的租户往往有被驱逐的历史和犯罪记录，他们的信用分数低或者根本没有信用记录，也没有人愿意在合同上签字为他们担保、让房东更放心。那些少数族裔和有孩子的人还会面临房东的歧视。自20世纪70年代以来，美国住房和城市发展部每10年就对住房歧视的问题进行一次大规模的评估。有成百上千名配对的演员参与这些研究，这些演员的人设除了种族不同以外，其他各方面都很相似，他们会在一些主要的城市申请同一套公寓。该研究和其他类似的研究显示，尽管歧视的程度随着时间的推移有所下降，但黑人租户在寻找公寓时仍然时常面临不公。[14]

贫穷的租户也无法购房，这不是因为他们太穷而无法按时偿还贷款——如果人们能够支付租金,他们基本上一定能够付得起贷款。但是在几个因素的作用下,他们甚至都不敢尝试购房。2021年秋天,我结识了拉基亚·希格比,当时她在亚马逊仓库工作,和两个成年的女儿、16岁的儿子以及两个外孙女住在克利夫兰市一栋四居室的房子里。月租金是950美元,尽管房子的窗户很薄、不挡风,每月的暖气费用可能高达500美元,但拉基亚觉得条件还行。如果以常规条件贷款买下那座房子,她每月大约需要支付577美元,其中包括财产税和保险费。[15]这样每个月能节省下373美元,拉基亚也许就能攒够钱来装新窗户了。

但就算信用评分不错,就算能设法攒够首付,拉基亚能申请到按揭贷款来购买平价住房的机会仍然很渺茫,因为银行不愿意为她能负担得起的那种房子提供贷款。由于申请不到这样的贷款,贫困家庭不得不支付高昂的租金,尽管这些房子本来是他们买得起的。就在不太遥远的过去(1934—1968年),由于联邦政府拒绝在低收入人群和黑人居住的社区提供按揭保险,银行就不在这些社区开展业务。今天,银行仍然不大在这些社区开展业务,因为在其他地方开展业务利润更高。"红线政策"也许已不再是美国的官方政策①,但贫穷社区和以黑人为主的社区甚至整个城镇,仍旧难以获得贷款。数百万租户接受剥削性的住房条件,并不是

---

① 红线政策(redlining)指的是联邦政府从20世纪30年代开始在全美范围内对房屋进行评级,将最有可能升值的社区评为A级,最有可能贬值的评为D级。D级社区以红线标记,这些社区大多以黑人居民为主,银行则拒绝向红线圈出来的社区提供贷款。——译者注

因为他们负担不起更好的选择，而是因为他们通常没有选择。[16]

\* \* \*

你可以在古印度的《吠陀经》、佛教经文以及犹太教律法书中读到对高利贷的禁令。哲学家亚里士多德和阿奎那也谴责过高利贷，但丁在其作品中更是把放高利贷的人打入第七层地狱。虽然没能遏制这种把穷人困在债务中的行为，但这些内容表明，这种使穷人陷入债务循环的不道德行为的历史至少和书面文字的历史一样漫长。除了奴隶制，高利贷可能是最古老的剥削形式了。许多作家都把美国的穷人描绘成被忽视、被遮蔽、被遗忘的群体。但其实市场从来不会对穷人视而不见，尤其是金融市场。[17]

20世纪80年代，政府放松了对银行系统的监管，这增强了银行之间的竞争。许多银行的应对方式就是提高费用，并且要求客户的最低存款必须达到一定额度。1977年，有超过1/3的银行提供免服务费的账户；到了20世纪90年代初，还提供这种服务的银行只剩5%。大银行变得越来越大，社区银行则关门大吉。2019年，美国最大的几家银行向客户收取了116.8亿美元的透支费用，其中84%的费用由9%的账户持有人承担。谁是这9%的冤大头呢？答案是那些平均储蓄额不到350美元的客户。穷人被迫为他们的贫困买单。[18]

2021年，账户透支费平均为33.58美元。由于银行往往在一天内多次收取费用，你很可能透支了20美元却需要支付200美元的透支费。银行可以拒绝给那些有透支历史的人开户，并且确实常常这样做，但这些客户也为全世界一些最强大的金融机构提供了稳定的收入来源。[19]

美国历史上大部分时期，银行都是为白人服务的。直到今天，黑人到银行办理业务也可能遭遇很不好的体验。一些银行职员对黑人客户怀有刻板印象，还指控他们欺诈。相比其他种族和民族的客户，黑人的贷款申请被拒绝得更多，而且就算能贷到款，他们也需要支付更高的利息。2021年的一项研究发现，中产阶级黑人业主（年收入在7.5万~10万美元）在按揭贷款上承担的利息比年收入在3万美元或以下的白人业主还要高。[20] 联邦存款保险公司（FDIC）的数据显示，2019年，美国每19户家庭中就有一户家庭没有银行账户，这些家庭总计超过700万。相比白人家庭，黑人和西班牙语裔家庭没有银行账户的可能性高出近5倍。[21]

有排挤的地方就有剥削。没有银行账户的美国人创造了一个市场，现在有数千家支票兑现机构为这个市场服务。办法很简单：第一步是在低收入和非白人社区开店。随着银行搬离黑人社区以及黑人客户不再和银行打交道，非主流机构就填补了这个空白。那些规模不大但为自己提供的服务感到骄傲的社区银行，那些曾经为少年棒球联盟和童子军提供坚定支持的社区银行，如今已经被支票兑现店取代，这些店铺的招牌上用鲜艳的黄色和红色印着"兑现支票"。相比贫困程度较高的白人社区，发薪日贷款店和支票兑现店在贫困程度并不高的黑人社区更加普遍，但传统银行恰恰相反。[22]

第二步就是做到比传统银行营业的时间更长，甚至全天候开放，周末也不休息，因为如果客户周五收到一张支票，许多人等不到周一就必须使用这笔钱。第三步就是所有的支票都给兑现，包括工资支票、政府支票、个人支票，不去进行信用核查，也不要求客户必须有银行账户。

最后一步就是收取服务费。根据支票的类型，兑现店要抽取1%~10%的费用。这意味着，一个时薪10美元的劳动者在两周内工作100小时后，拿着一张1 000美元的支票去兑现，就必须支付10~100美元的费用才能拿到辛苦挣来的钱，相当于有1~10个小时的工作白做了（但比起传统银行那些难以预测的门道，比如自动扣款，对许多人来说这种形式的剥削更容易接受，至少这是摆在明面上的）。大企业也加入其中，比如沃尔玛现在允许兑现最高1 000美元的支票。2020年，美国人在兑现支票上的花费高达16亿美元。如果穷人无需额外的花销就能拿到属于他们钱，那么在新冠疫情引发的经济衰退期间，他们的口袋里可以多保留超过10亿美元。[23]

新的在线理财服务也在利用客户的财务不稳定获利，它们的目标是年轻、精通技术的客户群。像Dave和Earnin这样的应用程序，让劳动者得以在发薪日前提前支取部分工资。这些应用程序可能帮助劳动者免于支付昂贵的透支费用，但是一些用户最终支付的各种费用超过了贷款年利率的100%。2020年，用户使用预支薪资产品5 600万次，相比2018年的1 860万次有大幅度提升。像Afterpay和Klarna这样的先购后付公司允许消费者通过每个月缴纳两次无息分期付款来进行网购，但是如果逾期不付，就可能面临罚款，并影响信用。超过40%的先购后付服务的使用者至少有过一次逾期付款的经历。[24]

我们生老病死都离不开信用。我们必须依靠信用才能负担房屋和汽车这样的大额必需品，有时候小额必需品也需要信用，比如我们会用Visa信用卡购买药品和冬装。我的母亲曾经使用远期支票①，好让我们一家人能撑到发工资的时候。而随着信用卡的普及，人们已经不再需要拜托店主允许他们使用这样的支票付款了。

贫穷可能意味着无法按时付款，这可能会破坏你的信用。除了信用分数不良，完全没有信用评分也是很麻烦的，美国有2 600万成年人都面临这种情况。另有1 900万人的信用记录不足或陈旧，因而无法评分。[25] 没有信用评分（或者信用分数不良）可能令你租不到房子，买不到保险，甚至找不到工作，因为雇主在招聘过程中越来越看重申请人的信用分数。人们在生活中难免会遇到工时被克扣或汽车出毛病的情况，这种时候，发薪日贷款行业就要发挥作用了。[26]

在美国历史上大部分时期，监管部门都对贷款机构收取的利息有所限制。由于这些限制，银行将利率保持在6%~12%，而且不大做穷人的业务。在急需用钱的时候，穷人会把贵重物品拿去典当，或者去找地下钱庄。但是到了20世纪80年代，银行业的监管放松了，对高利贷的严格限制取消了，银行又做起了这种生

---

① 远期支票是指，票面上载明的支票日期在实际支票日之后，其目的在于延后实际付款的日期。——译者注

意。很快，利率就攀升到300%、500%、700%。一夕之间，有些机构对开设面向穷人的贷款业务产生了极大兴趣。近年来，有17个州针对高利贷重新设置了严格的限制，给利率设定了上限，并有效地禁止了发薪日贷款。但在大多数地区，这种生意仍然欣欣向荣。在得克萨斯州借一笔为期两周的300美元的贷款，实际年利率可达664%；在威斯康星州，这一利率是516%；在加利福尼亚州，这一利率是460%。[27]

要申请发薪日贷款，你需要有工资单和有效的身份证明，还需要一个银行账户。这就意味着，虽然这个行业面向的是低收入人群，但并不是位于市场最底层的那些没有银行账户的人。（发薪日贷款客户的年收入约为3万美元。）客户借用一笔小额贷款，金额通常低于500美元，而每借100美元通常需要支付一定比例的费用。每借100美元收取15美元的费用也许听起来很合理，但这实际上相当于400%的年利率。贷款经纪人会要求借款人提供还款方式，比如从借款人银行账户里取钱的权限，或者是写有全额贷款加上手续费的远期支票。这些贷款的期限大多是2~4周，直到下一个发薪日偿还，因此名为"发薪日贷款"。[28]

然而，当贷款到期时，你往往还是一穷二白的状态，因此你要求延期还款，为此你要付出更多的钱。例如，你借了一笔400美元的贷款，定在两周后还清，另付60美元的手续费（每100美元收取15美元手续费）；当最初的贷款到期时，贷款经纪人可能允许你延期，条件是你要先把60美元的手续费还上，然后他会再收取一笔手续费，比如再收60美元。就这样，你为了借

400 美元被收取了 120 美元的费用，而这还只是你要求延期一次的情况。80% 的发薪日贷款都会被延期或续期。由于发薪日贷款机构拥有你的银行账户权限，它们可以透支你的账户，这样你背负的就是贷款费用叠加银行的费用。现在有大约 1/3 的发薪日贷款都是在线发放的，而几乎一半的人在借了网贷后都被贷款机构透支过银行账户。借款人平均负债长达 5 个月，为了借 375 美元必须支付 520 美元的费用。对于发薪日贷款机构来说，让人们陷入债务是最好的结果，它们就是靠着这个把 15 美元的利润变为 150 美元的。[29]

非主流银行业的产品依赖于两个条件：一是弱势群体有急切的现实需求，二是这个行业的从业者知道其客户的经济窘境会持续较长的时间，即使客户自己不愿意承认。当你走进发薪日贷款机构时，你的眼睛便只盯着当下的状况——你的房租已经逾期，可能要被房东赶出来；你家的电力即将被切断。(70% 的人申请发薪日贷款是为了付房租、水电费或其他基本生活开支。) 但是，贷款机构关注的则是你的未来，它已经预见到 14 天后你会急匆匆走进来，无法还本付息；它知道你要签署延期文件；它还知道，下个月你会再延期一次。在贷款机构眼里，你可是一笔大买卖。

贷款机构在营业地点、营业时间以及处理申请的速度上彼此竞争，但它们不会在费用上竞争。因为它们知道客户已经火烧眉毛了，不会去货比三家。这就意味着，贷款的费用很贵，而且借款人无论去哪家店都是一样被宰。因此，传统银行可以通过提供费用低得多的短期贷款来和发薪日放贷机构竞争。一项研究估计，商业银行就算只收取市场价格1/8的费用提供短期贷款，一样可以盈利。[30] 但是到目前为止，没有哪家银行想做这个业务。它与向低收入客户收取透支费用不是一回事，因为虽然这些费用主要是由最贫穷的客户承担，但表面上是对所有客户都适用的。但是，做发薪日贷款业务意味着提供专门为低端市场客户设计的理财产品，这些贷款的实际年利率会达到40%~80%，这会带来不好的声誉。到目前为止，摩根大通和花旗银行这些机构的高层认为这样做不值得。如果说发薪日贷款的借款人对价格不敏感（大多数捉襟见肘的人都是这样的），并且如果大多数商业银行继续不给穷人提供服务的话，那么有利于发薪日贷款行业的市场失灵就会持续存在。发薪日贷款机构之所以收取高额费用，不是因为向穷人提供贷款有风险——即使多次延期，大多数借款人最终都会偿还。贷款机构放高利贷，是因为它们能这样做。[31]

每年人们都要支付超过110亿美元的透支费，16亿美元的支票兑现费，以及高达98亿美元的发薪日贷款费用。换算到每天就是6 100万美元，主要由低收入人群负担，这还不包括典当行、产权贷款服务和租赁购买业务每年挣的钱。詹姆斯·鲍德温在1961年评论说，"做穷人是一件极其昂贵的事"，但他可能也想不到代价具体有多高昂。[32]

历史学家基昂加-亚玛塔·泰勒在《逐利》（*Race for Profit*）一书中将这种现象称为"掠夺性纳入"，她描写了美国长期以来如何将边缘人群纳入住房和金融体系中，让他们做赔本生意，而遇到好事却把他们排除在外。由于穷人被排除在传统银行和信贷体系之外，他们被迫寻找其他方式来兑现支票和获得贷款，这就把他们受到的剥削正常化了。毕竟，这一切完全是合法的，并且得到了美国最富有的商业银行的支持。富国银行和摩根大通为像 Advance America 和 Cash America 这样的发薪日贷款机构提供资金。如果没有传统银行提供的信贷额度，非主流银行业将无法存活。这就是从上到下的剥削，即所谓的"奉东边的命"，每个人都要分一杯羹。[33]

\* \* \*

美国并非只有一个银行业，而是有两个：一个面向穷人，另一个面向我们其他人。同样的，美国也有两个房地产市场和劳动力市场。美国社会的双重性让我们这些既得利益者容易忘记一个道理：穷人之所以成为被剥削的劳动者、被剥削的消费者和被剥削的借款人，正是因为我们从体系中获利。我们社会的许多功能并非支离破碎，只是二元分化了。对一些人而言，房屋创造了财富；而对另一些人而言，房屋耗尽了财富。信贷提升了一些人的金融权力；信贷也摧毁了另一些人的金融权力。因此，不难理解为什么吃喝不愁的富人会对穷人的困境无法理解，甚至还会对穷人感到失望，认为他们是因为一时冲动或者是不知道做什么选择更好，才去做愚蠢的亏本生意。但是，如果说这些亏本生意就是他们唯一的选择呢？对于只能被迫拿着一手烂牌做选择的人来说，学习理财知识又有什么用处呢？[34]

贫困并不仅仅意味着没有足够的钱，还意味着没有足够的选择，并且因此受尽剥削。如果我们看不见剥削是如何令人们陷入贫困的，我们最终设计的政策要么效果有限，要么干脆完全没用。举例而言，立法提高底层收入（比如通过扩大子女税收抵免优惠或提高最低工资），却不去解决住房危机，那么这些收益往往会进入房东的口袋，而不是全部归该立法旨在帮助的家庭所有。费城联邦储备银行在 2019 年进行的一项研究发现，在各州提高最低工资后，人们一开始会感到支付租金变得容易了一些；但作为对工资上涨的回应，房东很快会涨房租，这就稀释了政策的效果。（新冠疫情救援计划出台后也发生了这种情况，但评论家们更习惯用不带感情色彩的"通货膨胀"一词来解释这个问题。）[35]

在汤米·奥兰治的第一部小说《好了，好了》(There There) 中，有一名男子在讲述美洲原住民保留区的高自杀率问题时这样说："大楼在着火，孩子们从窗户跳下来摔死了，但我们却觉得跳楼才是根本问题。"[36] 在有关贫困问题的讨论中，也存在着这样不分主次的情况。在过去的半个世纪中，我们通过关注穷人自身来解决贫困问题，比如，对他们的职业道德或福利待遇提出疑问，但我们本应该关注的是"着火"这一根本问题。每当我们驾车经过一个无家可归者的营地或是那些散发着沥青味和汗味的棚户区，每当我们看到有人穿着工作服在公交车上打盹儿，我们都应该问这样一个问题："是谁在从中获利？"不是"你为什么不找个更好的工作"，不是"你为什么不搬家"，也不是"你为什么不停止借高利贷"，而是"谁在此中捞取利益"。[37]

# 5

[第五章]

## 我们是怎么吃福利的

**Chapter Five**

新冠疫情来袭后，美国经济陷入严重困境。保持社交距离的规定导致企业关门，许多人丢了工作。2020年2—4月，美国的失业率先翻了一番，然后又翻了一番，这种情况自20世纪30年代那个人们排队领救济面包和银行家纷纷自杀的大萧条时期后，还未曾出现过。在2008年金融危机引发经济衰退最严重的时期，一周有66.1万人申请失业保险；而2020年3月16日那一周，申请人数就达到了330万。整个国家直线下坠。[1]

联邦政府出台了大胆的纾困措施应对疫情，延长了下岗工人能够领取失业保险的时限，并且罕见地认识到福利措施的不足，增加了额外补贴。在新冠疫情暴发的最初4个月里，美国失业人口每周可以额外获得600美元的补贴，这几乎是平均失业保险金额的三倍；到了9月，补贴降到300美元。美国商会的研究估计，2021年夏天获得额外失业补贴的人群中有1/4比以前工作的时候挣得还多。[2]

由于慷慨的失业补助（以及纾困金、房租补贴、子女税收抵免政策的扩大和其他形式的纾困项目），在这场近一个世纪以来最严重的经济下滑期间，美国的贫困率不仅没有上升，反而下降了，而且下降幅度很大。美国在新冠疫情期间失去了数百万个工作岗位，但其2021年的贫困人口比2018年减少了大约1 600万。无论是哪个种族或民族的人，无论是生活在城市还是乡村的人，无论是青年人还是老人，贫困率都下降了，其中儿童贫困率下降最明显。[3] 政府的迅速行动不仅阻止了一场经济灾难，而且将儿童贫困率削减了一半以上。

我以为这是非常值得庆祝的：在多年的不作为后，美国终于在减贫方面取得了重大突破。但很多人并不这么想——美国有一部分人似乎觉得，政府不应该做这么多努力来帮助民众，他们为此大声疾呼。具体而言，他们认为大手大脚下发失业救济金导致了国家经济复苏的脚步放缓。来自北卡罗来纳州的共和党联邦众议员戴维·劳泽在推特上发布了一张哈迪斯快餐店关门的照片，并配以文字："过度延长失业救济，外加1 400美元的纾困金，就会导致这种结果。"众议院少数党领袖凯文·麦卡锡写道，失业保险"把工作妖魔化了，会让美国人变得依赖大政府"。《华尔街日报》刊登了一篇评论文章，题为《新冠疫情期间的失业救济让招聘变得不可能》。一些来自全国各地的小企业主在接受采访时将招工难的问题归咎于联邦援助。"我们有员工选择接受失业救济，而不是留下来上班，我简直感到难以置信，"蒙大拿州Chico温泉度假村的老板科林·戴维斯说，"我简直……人们什么时候变得这么懒惰了？"[4]

我们中有很多人持这种观点。这听上去很有道理，甚至再明显不过：人们没有回到工作岗位是因为我们付钱让他们待在家里。但是，这实际上是错误的。我们很多人有这种想法，恰好证明了在接受政府援助的问题上，我们总把彼此往最坏的层面想。

2021年6月和7月，有25个州部分停止或完全不再实施新冠疫情期间出台的紧急福利措施，包括额外的失业保险，我们可以利用这个机会观察这些州的就业率是否有显著提升。如果美国人确实是因为有福利拿才不回去上班，那么福利没有了，就业率自然会大大提升，但结果并不是这样的。劳工部 8 月公布的数据显示，各州的就业情况基本相同。失业率最低的 5 个州（阿拉斯加州、夏威夷州、北卡罗来纳州、罗得岛州和佛蒙特州）都全部或部分保留了福利措施。削减了失业福利的州没有表现出明显的就业增长，但它们的消费支出确实下降了，这是因为削减福利让民众口袋里的钱变少了，导致当地经济增长放缓。[5]

  其他研究也未能证明劳动者是因为领取了失业救济金才不去上班的。当时有几个欧洲国家并没有扩大失业保障，但同样经历了劳动力短缺。[6]我想知道，为什么我们如此认同"政府援助导致高失业率"这种说法呢？明明还有其他很多种可能性。比如，人们不想回去工作，是不是因为不想生病甚至丢了性命呢？或者是因为他们的工作本来就很糟糕？或者他们不愿再忍受性骚扰和不公正的待遇了？又或者他们孩子的学校不开学，而他们又找不到可靠的托儿服务？当人们问起为什么劳动者没有像一些人所期望的那样尽快回到工作岗位上时，我们的答案为什么是"因为他们每周多拿了 300 美元的补贴"呢？

* * *

  也许这是因为从资本主义伊始，我们就被告知穷人是懒散的，是缺乏动力的。今天的产业巨头仍然需要面对世界上第一批资本家所面临的问题，那就是如何让劳工走进他们的工厂和屠宰场，以法律和市场所允许的最低工资付出劳动。资本家解决劳工问题的方法就是让人们饿肚子。"那些能刺激高层人士行动起来的动力，比如自豪感、荣誉感和远大的抱负，对穷人是不起作用的。总的来说，只有饥饿能刺激他们去劳动。"1786年，英国医生、牧师约瑟夫·汤森在他的专著《论济贫法（由一位良善之人所著）》中这样说道。他的观点逐渐为大众接受，并且成为法律。汤森还说，饥饿的"无间断压力"提供了"干活最自然的动机"。[7]

一旦你把穷人带进工厂，就需要法律来保护你的财产，需要执法者来逮捕非法闯入者，需要司法系统来起诉他们，需要监狱来关押他们。如果你要建立一个需要劳动力、资本和产品在全球范围内流动的经济体系，就需要一套关税和政策体系来规范贸易，当然，还需要维护国家主权的常备军。大生意需要大政府，但大政府也可能给穷人发福利。早期的资本家意识到了这个问题，于是，他们在政府给所谓的"体格健全的穷人"发放福利之前，就开始着力宣传政府援助的腐蚀效应。1704年，英国作家丹尼尔·笛福写了一本小册子，里面说如果给穷人施舍，他们就不会为挣工资而工作。这个论点被许多著名思想家反复引述，托马斯·马尔萨斯1798年在他著名的论著《人口原理》中也引述了这一点。[8]早期拥抱资本主义的人不仅认为援助穷人是一种负担，是糟糕的政策，而且认为这是一种存在主义威胁，会切断劳动者对有产者的依赖。

到了当代，我们仍然能听到这种神经质的说法。这种观点是通过贬低公民对国家的依赖，来保护另一种依赖关系，那就是员工对企业的依赖。（资本主义的一大讽刺之处就在于，早期美国人认为上班是"工资奴役"，但现在却认为上班是获取独立的唯一手段。）富兰克林·罗斯福总统是美国保障体系的创始人，但他把福利称为毒品和"人类精神的隐匿杀手"。1961年，来自亚利桑那州的联邦参议员巴里·戈德华特说，他不喜欢自己"交上去的税被用来抚养非婚生子女"，还抱怨说，"职业骗子在大街上闲逛，他们不去上班，也没有上班的打算"。20世纪70年代末，罗纳德·里根竞选总统提名时，不断对公众讲述纽约有一处公共住宅区的"公寓天花板有11英尺高，阳台有20英尺，还有泳池和健身房"。1980年，美国精神医学学会将"依赖型人格障碍"正式列为一种精神疾病。1984年，保守派作家查尔斯·默里出版了影响深远的著作《根基动摇》(*Losing Ground*)，其中写道："我们试图给穷人更多帮助，却因此产生了更多穷人。"1996年，时任美国总统比尔·克林顿宣布要"给我们所熟知的福利制度画上句号"，他说现有的福利让"我们成百上千万民众陷入依赖的循环，把他们从就业市场排挤出去"。唐纳德·特朗普担任总统时期，其经济顾问委员会发表过一份报告，呼吁为全国最大的几个福利项目设置工作要求，称美国的福利政策导致"自给自足能力的下降"。2021年6月，堪萨斯州联邦参议员罗杰·马歇尔说，堪萨斯州劳动力市场疲软的第一大原因就是失业保险，失业保险实际上让人们"不上班比上班挣得还多"。他们在重复一个代代相传的故事，可以称之为资本主义的宣传口径：我们的解药（给穷人的援助）其实是毒药。这个说法已经刻进人们脑海中，这个国家有一半的人似乎都相信政府发放的社会福利让人们变得懒散。[9]

另外，在我们心里，福利的受益人是谁也会深深影响我们对福利本身的看法。许多研究都表明，美国公众长期持有两种观点：第一，人们（错误地）认为领取福利的大部分是黑人，自由派和保守派都是这么想的；第二，许多美国人仍然认为黑人职业道德水平较低。1972年，社会学家开启了一项针对成年人的调查研究，名为"综合社会调查"，这项调查至今仍在进行，令我们能够追踪长期趋势。1990年，调查要求美国人对不同群体的勤奋和懒惰程度给出评分，采取7分制，其中7分代表"认为该群体几乎所有人都很懒惰"。那年的调查结果显示，对这些问题给出回答的美国人当中，有6%的人认为白人普遍比较懒惰（给出了5、6或7分的评价），但有44%的人认为黑人普遍比较懒惰。最近的一次调查在2021年进行，结果显示超过1/7的美国人仍然认为黑人是懒惰的。针对黑人的种族主义让美国人更加反对社会福利。[10]

对于政府援助会让穷人不思进取的说法，相关论述长期依赖个案和"想当然"。马尔萨斯在其他议题上都是冷静克制的学者，以经验为指导，但在说到福利的腐蚀作用时，他没有仔细考虑实际情况就直接承认道："在我看来，一句简单的陈述就够了，无须多言。"同样的，经济学博士、美国企业研究所经济政策研究部主任迈克尔·斯特兰曾说，他"不想自己交的税让人拿去买毒品、买酒喝，或者拿去拉斯维加斯消遣"。而在 2021 年，当被记者问到有什么证据来支持他的说法时，斯特兰表示"这种事情不需要什么证据"[11]。

事实并非如此。美国劳工统计局（BLS）详细追踪了低收入人群是如何使用政府援助的。意料之中的是，与其他美国家庭相比，接受援助的家庭在必需品（住房、食物）方面的花销比例较大，而花在休闲娱乐、酒精和烟草上的比例较小。统计还发现，收入水平排在前 20% 的家庭在酒精上花的钱是收入水平排在后 20% 的家庭的两倍。这种情况已经持续了好几代。1899 年，社会学家索尔斯坦·凡勃伦就写道，富人对"酒精饮料和麻醉品"情有独钟，而穷人"不得不节制"，因为酒精和毒品的价格较高。[12]

我们还可以研究穷人在福利收入大幅增加时会做出什么样的反应。例如，研究人员评估了加利福尼亚州斯托克顿市发放"全民基本收入"的实验结果。斯托克顿市从低收入人群里随机选出 125 名居民，每个月给他们 500 美元的补助，不设置任何条件。他们用这些钱去做了什么呢？都是一些琐事，比如买杂货、去开市客超市、付水电费、修车，只有不到 1% 的钱被拿去购买烟酒。[13]

我住在密尔沃基的贫困社区时，有一件事情令我印象深刻：我在那遇到的人虽然生活艰辛，甚至无家可归，但他们大多数人缓解痛苦的方式往往只是抽一支烟。我确实认识一些吸海洛因上瘾的人，附近也有很多酒铺，但我的大多数穷人邻居都不碰毒品和酒精。说实话，当时我觉得挺失望的，因为有时候我想要借酒浇愁。而每当我拿起一瓶啤酒或一杯威士忌时，朋友们都不赞成我这种做法。有一次，我开车去一家酒铺取我买的6瓶啤酒，克里斯特尔批评了我："我不知道你还喝酒呢。"当时车里除了克里斯特尔，还坐着瓦内塔，是她在基督教组织"救世军"办的流浪者收容所认识的朋友；还有瓦内塔的母亲，她在芝加哥的公共住房里养大了自己的孩子。当天是星期日，我们计划一起做顿饭吃。

"嗯，你们想要点什么吗？"我说。

每个人都摇头说不，她们都不喝酒，甚至都不知道有什么可买的。我就买了自己的酒，感觉自己好像给这次晚餐聚会抹了黑。[14]

\* \* \*

关于福利依赖的问题，我们也有扎实的数据。从20世纪80年代和90年代开始，福利依赖成了公众辩论的焦点，研究人员开始调查这个问题，但并未发现什么证据。大多数领取福利的年轻妈妈在两年之内就不再依赖福利了。她们中的大多数人会在之后某个时期再次领取福利，通常是在失业或离婚的时候，但只会领一段时间。也有长期依赖福利的人，但这些人属于例外情况。即使是在福利发放的最高峰，通常也并未造成依赖。《科学》杂志上的一篇研究综述发现，"福利体系并不会助长对福利的依赖，它更多的是暂时帮人一把"[15]。今天也是一样，一个身体健全的成年人不上班而选择去吃福利，是非常罕见的情况。一项研究显

[第五章] 我们是怎么吃福利的　　081

示，美国成年适龄劳动人口当中，100个人里只有3个出于未知的原因脱离了劳动力市场。[16]

如果你深入研究这些数据，很快就会发现问题并不在于福利依赖，而在于福利规避。简单来说，许多贫困家庭并未申领那些他们应得的援助。在有资格获得贫困家庭临时性援助的家庭当中，递交申请的只有1/4；在有资格获得食品券的老年人当中，递交申请的不到一半（48%）；在有资格获得政府医疗保险（联邦医疗补助和儿童健康保险计划）的家长当中，有1/5都没有注册；有资格获得劳动所得税抵免的劳动者当中，也有1/5没有申请。[17]无论经济是繁荣还是萧条，都存在福利规避的现象。2008年经济危机后，最萧条的时期有1/10的美国人失业，但其中领取失业救济的只有1/3。[18]

究竟有多少政府援助金没有被领取？虽然没有官方统计，但这个数字每年都在数千亿美元左右。以劳动所得税抵免为例，让我们来计算一下那些没有申请这项补助的低收入劳动者一共错失了多少钱：大约有700万符合要求的人并未进行申领，这相当于他们每年损失了173亿美元。这个数字加上每年人们主动放弃的食品券（134亿美元）、政府医疗保险（622亿美元）、失业保险（99亿美元）和补充保障收入（389亿美元），就等于将近1 420亿美元的援助金没有派上用场。[19]

这个问题存在已久，令人十分困惑，行为科学界因此发展出一整个分支研究领域，希望能提高那些搞政策的人所说的"申领率"。心理学家和经济学家设计出复杂的实验，组织研讨会，指导博士论文，发表经过同行评议的研究，还写了书，都是为了鼓励更多低收入人群去申领那些为他们保留的钱。

这哪里是福利依赖应该有的样子呢？如果美国的贫困人口真的懂得如何从体制中搜刮油水，那为什么每年都要浪费掉巨额援助呢？政治家和评论人士夸夸其谈，说贫困人口拿福利上瘾，或者借用前共和党联邦众议员保罗·瑞恩的话，说社会安全网"像一张吊床，让身体健全的人变得好吃懒做、骄傲自满"。这些人要么是怀有深深的误解，要么就是没有说实话。[20]要说福利依赖，美国的穷人做得可太差劲了，我真希望他们在这方面更强一些。我也希望，作为一个国家，美国能够以周到的、创造性的、持续的方式为贫困家庭提供帮助，在这些家庭和那些能够帮助他们摆脱饥饿、减轻困难的项目之间建立连接，就像大公司会用同样周到的、创造性的、持续的方式劝我们为它们的薯片和汽车轮胎掏腰包一样。

\* \* \*

与此同时，我们其他人——我们这些受保护的阶层，对福利的依赖程度却越来越高。2020年，联邦政府花费了超过1 930亿美元来补贴有房一族，这远远超过给低收入家庭的直接住房补贴（530亿美元）。享受业主补贴的大多数是年收入在10万美元以上的白人家庭。贫困家庭中即使是那些能住进政府公共房屋的幸运儿，也常常被房子里的霉菌和含铅的油漆等问题困扰；而富裕家庭在首次和第二次购房时都可以享受房贷利息抵税。有孩子的贫困家庭最多只能领取 5 年的现金福利，但用房贷利息抵税的家庭，只要房贷还没还完就可以抵税，通常长达 30 年的时间。一边是 15 层高的公共房屋，另一边是用按揭贷款购买的郊区住宅，二者其实都有接受政府补贴，只不过在人们的眼里（和感觉上），只有一个属于政府福利。[21]

如果把联邦政府提供的所有公共福利都算上，美国的福利体系（按照其占 GDP 的比例）是全世界第二大的，仅次于法国。但这要算上由政府补贴、雇主提供的退休福利，还有学生贷款、529 教育储蓄计划、子女税收抵免、业主补贴等。这些补贴通常给不到贫困线以下的人。如果不算这些税收优惠，只看美国面向低收入人群的福利项目占 GDP 的比重的话，我们在减贫方面的投资就比其他富裕国家少得多。也就是说，美国的福利体系是不平衡的。[22]

我们国家的人并非分为自给自足的"创造者"和满足于靠政府救济过小日子的"索取者"这两类，而是几乎所有人都从某种形式的公共援助中获益。共和党人和民主党人对政府项目的依赖程度基本相同，白人、西班牙语裔和黑人家庭也是如此。[23] 我们都是福利的获益人。

政治学家苏珊娜·梅特勒在《政府与公民的断层》(*The Government-Citizen Disconnect*) 一书中写道，96% 的美国成年人一生中都曾依赖某些大型政府福利项目。富裕家庭、中产家庭和贫困家庭所依赖的是不同类型的项目，但平均来看，富裕家庭和中产家庭得到的福利数目与贫困家庭是一样的。学生贷款看上去是银行发放的，但银行之所以愿意把钱借给没有工作、没有信用也没有财产做抵押的 18 岁学生，完全是因为联邦政府为这些贷款提供了担保，并且支付了一半的利息。金融机构的理财顾问可以帮你注册申请 529 教育储蓄计划，但联邦政府在 2017—2026 年间要为相关项目慷慨的税收优惠支付 285 亿美元的费用。对于大多数 65 岁以下的美国人来说，医疗保险看起来是雇主提供的，但支撑这一政策实施的是联邦政府提供的最大的税收减免项目之一，因为雇主提供的医疗保险费用是不被纳入应税收入的。据估计，2022 年美国政府为了这项福利需要为 65 岁以下的人支付 3 160 亿美元的费用。到 2032 年，这笔费用预计要超过 6 000 亿美元。近一半美国人享有由政府补贴、由雇主提供的医疗保险，超过 1/3 的美国人参与了政府补贴的退休项目。这些项目的参与者主要是富裕家庭和中产家庭，其参与率远超针对低收入家庭的那些最大规模的补贴项目，比如食品券（仅有 14% 的美国人申领）和劳动所得税抵免（19%）。[24]

总的来说，美国 2021 年在税收优惠上花费了 1.8 万亿美元。这个金额超过了执法、教育、住房、医疗保健、外交和其他所有政府自由裁量预算支出的总和。[25] 在 13 项最大规模的个人税收优惠中，有一半左右惠及的是最富裕的家庭，即收入水平排在全国前 20% 的家庭。收入最高的 1% 家庭比所有中产家庭加起来拿到的钱都要多，是收入最低的 20% 家庭的两倍。有句话我听过无数次：我们应该削减军事开支，把节省下来的资金用在贫困人口身上。每当有人在公开场合提出这个建议，都会博得喝彩。但我们在那些主要惠及上层阶级的税收优惠上花费的钱，是军事和国防开支的两倍多，却很少有人提议把这些优惠用在贫困人口身上。[26]

今天，联邦援助的最大受益者是富裕家庭。想要从雇主提供的医疗保险中受益，你必须找一份好工作，这通常需要你有大学学历。想要享受房贷利息抵税，你得买得起房子，而那些能负担得起最大额度贷款的人，就能享受最大额度的税收抵免。要享受529教育储蓄计划，你必须有足够的钱能给孩子攒大学学费，你攒的越多，享受的税收优惠就越多，这就是为什么使用这项补贴的几乎全是有钱人。[27]据我所知，没有人专门写博士论文研究如何提升房贷利息抵税、学生贷款或由雇主提供的医疗保险的参与率，没有人专门搞这种研究，因为这些税收优惠项目的参与率已经相当高了。

有人可能会说：但是富人交的税更多。是的，确实是，因为他们更有钱，但这不等于富人交的税占比更大。联邦个人所得税是累进的，意味着税负随着收入的增加而增加。在2020年，收入最低的个人（收入在9 875美元及以下）税率是10%，收入中等的个人（收入在85 526~163 300美元）税率是24%，最富裕的个人（收入在518 401美元及以上）税率是37%。但是其他种类的税收是累退的，因此穷人被迫要把收入的更大比例拿出来交税。拿消费税来说，它对穷人的影响是最大的，有两个原因。首先，贫困家庭没有办法储蓄，但富裕家庭有这个条件，并且也确实在储蓄。和每年能够存下钱的家庭相比，把收入都花光的家庭自然就把收入的更大比例用于支付消费税了。其次，富裕家庭消费时更多是为了购买服务，贫困家庭则更多是为了购买商品（如汽油和食品），而商品的消费税比服务类消费税更高。联邦个人所得税虽然是累进的，但它被其他种类税收的累退特性抵消了，比如，财富税（以资本得利税的形式收取）的税率就比所得税低。当我们把所有税种都考虑在内时，我们实际上都在按照相同的税率纳税。平均来说，穷人和中产阶级的实际税率大约为 25%，而富裕家庭的实际税率为 28%，仅略高一点。全美最富有的 400 个人的实际税率为 23%，比其他所有人都低。[28]

\* \* \*

美国政府给最不需要帮助的人提供了最多的帮助。这就是我们国家福利体系的本质，它不仅对我们的财富和贫困水平产生深远影响，也同样影响了我们的心理和公民精神。

研究发现，在背景相似的人群里，那些申领了劳动所得税抵免的人，比起没有申领或没有资格领取的人，并不会更倾向于认为自己从政府那里获得了好处。但是，那些收到现金福利的人确实会把自己看作政府援助的受益者。同样，在职业相似的人群里，那些依赖学生贷款或参与 529 教育储蓄计划的人和未参与这些项目的人相比，也并未更明显地意识到政府在他们的生活中所起的作用。但那些从《退伍军人权利法案》中获益的人则清楚地知道他们通过国家行动获得了新的机会。事实上，那些依赖显性社会项目（比如公共住房或食品券）的美国人最有可能认识到政府在他们的生活中起到了积极的作用，但依赖隐性项目（即税收优惠）的美国人最不容易体会到是政府帮了他们一把。[29]

那些受政府慷慨援助最多的人（通常是雇得起会计师的白人家庭），反而对政府抱有最强烈的反感。同时，相比那些感念政府对自己的生活起到积极助力的人，这些人的投票率更高。他们支持那些承诺削减政府支出的政治家，但他们心知肚明自己的福利最终不会受到影响。那些使用房贷利息抵税的选民，绝大多数反对增加对平价住房的支出，就像那些接受雇主提供的医疗保险的人恰恰是推动废除《平价医疗法案》的人。这是政治生活中最令人摸不着头脑的悖论之一。[30]

但是，那些大多惠及中产和富裕人口的政策偶尔也会被置于砍刀之下。每当这时，"隐性"福利的受益者就会突然进入人们的视野。2015年，奥巴马总统提议取消529教育储蓄计划的相关税收优惠后，来自全美富裕地区的民主党人立即动员起来反对这一提案，因为他们担心这会惹怒自己的选民。奥巴马政府第二天就把这个提案撤销了。[31]民主党领导层知道，如果联邦政府取消了529教育储蓄计划福利，或者减少房贷利息抵税，又或者开始对雇主提供的医疗保险征税，就会惹怒中产和上层阶级家庭。当然，这也意味着这些福利实际上并不是那么"隐性"。

我们要如何解决这个问题呢？我们该如何理解这样一种情况，即政府的巨额税收优惠所惠及的中产和上层阶级家庭看不到自己获得的福利，反过来这些家庭又觉得政府给穷人发了太多钱，并对此感到不满，而这种不满让富裕选民动员起来反对政府面向穷人的支出，同时又保护他们自己那些"看不到"的税收优惠？

在我看来，有三种可能性。第一种可能性是，我们很多人不愿把税收优惠看成是和福利支票类似的东西，这是可以理解的。我们觉得税收是一种负担，而税收优惠则是国家允许我们保留更多本来就属于我们自己的财产。心理学家已经证明，相对于获得感而言，丧失感是一种更强烈的感受。损失 1 000 美元的痛苦比收获 1 000 美元的满足感更强烈。[32] 税收也是同样的道理。我们更在意我们必须支付的税款（这是一种损失），而不是税收优惠带给我们的钱（收益）。

这种设计是有意为之的，美国故意把报税搞得那么费时费力，为的就是这个结果。在日本、英国、爱沙尼亚、荷兰和其他一些国家，公民无须报税，而是由政府自动办理。在这些国家，纳税人只需要检查政府算得对不对，然后把表格签字寄回就行了，整个过程可以在几分钟内完成。更重要的是，这样可以更好地确保民众支付应该支付的税款，并且得到应得的福利。在日本和荷兰，如果纳税人认为政府多收了他们的税，可以提出申诉，但大多数时候都不存在这种情况。美国本来也可以这样报税，只不过企业的游说者和许多共和党议员对现在这个烦琐的程序喜闻乐见。里根总统有过一句名言："报税就该让人痛苦。"如果不这样，我们可能就会把纳税看作社会成员要做的一件再正常、再简单不过的事，而不会觉得好像是每年到了那个讨厌的时节，政府就会来拿走我们兜里的钱。[33]

在报税这件事上，形式和内容同样重要。发放福利和收取税款的方式会影响我们对它们的看法，这是毫无疑问的。纳税确实很痛苦，把税收优惠和政府援助当作完全不同的东西好像也理所当然。但这种想法是不符合逻辑的。福利支票和税收优惠都增加了家庭的收入，也都造成了财政赤字，并且都有激励作用，比如（联邦医疗补助）激励我们去看医生或者（529教育储蓄计划）激励我们为上大学存钱。把两者给钱的方式交换一下，也能达成同样的效果：我们可以通过给低收入劳动者减免个人所得税来提升针对穷人的福利，就像法国做的那样，同时每个月给房屋业主寄送支票来替代房贷利息抵税。联邦预算是一个巨大的资金循环，资金从纳税人流向国家，再从国家流回纳税人。你可以通过降低税负或增加福利来让一个家庭受益，两者殊途同归。[34]

在联邦个人所得税的问题上，有人认为中产阶级纳税人实际上背负了穷人的税收负担。那么，让我们看看相关数据吧：2018年，一个典型的中产阶级家庭年收入为63 900美元，扣除所有免税额之后，缴纳了9 900美元的联邦税，同时收到了13 600美元的社会保险福利（如残障保险和失业保险），还有3 400美元有准入门槛的福利（比如联邦医疗补助和食品券）。换句话说，一个典型的中产阶级家庭收到的政府补助比缴纳的联邦税多了7 100美元，这是一笔很可观的投资回报。那种声称美国的中产阶级在用税款补贴穷人却未得到任何回报的说法，并不符合事实。[35]

更根本的问题是，如果只关注联邦个人所得税，就相当于计算一天摄入的热量时只把早餐算进去。评论人士只盯着这一个税种，就说穷人在减去免税额和抵税额后几乎不用纳税，所以穷人是"不纳税阶层"，这就故意无视了两个问题：一是穷人会通过其他方式纳税，二是富人也有避税的方法。总的来说，根据最新的统计数据，如果将社会保险、有准入门槛的福利项目、税收优惠以及高等教育补贴都算进去，收入位于全国最底层20%的家庭每年可以从政府那里获得大约25 733美元的福利，而收入排在全国前20%的家庭则可以获得大约35 363美元的福利。[36]每年，最富裕的美国家庭所获得的政府补贴比最贫穷的家庭多出40%。

因此，我认为我们之所以不愿承认这些"隐性"福利，还有第二种可能性，那就是中产和上层阶级认为自己理应得到政府的援助，而穷人则不配享受这种待遇。一直以来，自由派思想家给出的一个解释是，美国人坚定地信仰优绩主义，这种信念让他们认为，能够获得物质成功的人都配享有这份成功。但我不这么认为，因为只要环顾四周就能找出太多反例。我们真的相信最富有的1%的人比其他人更配享有财富吗？都到今天了，我们真的还在坚持认为白人之所以比黑人更富有，是因为白人工作更努力吗？我们还会认为女性薪资较低是因为她们干活比较少吗？那些手被清洁剂腐蚀得褪皮的清洁工，那些因为采摘水果而累得直不起腰的农场工人，我们真的有胆量指着他们说，这些人之所以生活在社会底层，是因为他们懒惰吗？你可能会说："我之所以能取得今天的成就是因为我勤奋工作。"我承认你说得对。但我们都知道，有无数穷人同样付出了巨大的努力，却只能面对这样的现实。[37]

我们基于自己的生活经验，也能看出一些成功人士并不是因为他们有决心、有毅力才取得成功的，而是因为他们个子高、长得好看，或者有人脉，或者继承了一大笔遗产。我们看到过能力出色的同事得不到提拔，而能力不那么出色的人却升职加薪。我们也看到过，有的家庭因为一场重病或车祸而陷入困境。我们的生活受到很多因素的影响，有很多问题是我们无法控制的，而且这个世界的运转方式本身也有很多无情且不合理的地方。我们每天都要应对世事无常，我们的未来受制于出身和机遇，我们不得不面对这种令人愤慨的不公平。

我们大多数人相信，通过勤奋工作能够获得成功，这是无可争辩的事实。然而，我们大多数人同时也意识到，如果我们是白人，或者我们的父母受过高等教育，或者我们拥有人脉资源，那么我们就会比其他人更具优势。我们也知道，只靠自力更生能达到的成就是有限的，教孩子勤勤恳恳、艰苦奋斗当然是好的，但能直接教会孩子这个社会的游戏规则才更有帮助。只要贫穷与巨额财富并存，那些胜利者就会不断地为这样的现实寻找借口：那些无法改变命运的人只是因为他们不够努力；社会福利会导致长期的依赖性；为贫穷的人提供更多的机会是具有破坏性的，可能导致社会主义和暴政的出现。这种宣传之所以一直循环往复，不是因为我们真的相信它们，而是因为它们能将我们组织起来，从而得以回避一个更令人触目惊心的真相，那就是我们的生活和穷人的生活是交织在一起的。[38]但这些陈词滥调和成见在逐步消亡，因为我们已经看透了。现在大多数民主党人和共和党人都认为，贫困是由不公平的环境造成的，而不是由缺乏奋斗精神造成的。[39]

那么我们到底为什么愿意接受现状呢？这就要说到第三种可能性，那就是我们乐见其成。

我知道，这是最粗暴的解释，这可能就是为什么我们会找各种各样的理由不去面对它。正如民权活动家艾拉·贝克曾经指出的，"有钱人并不想变成穷人"，无论他们一开始是如何变得有钱的。说实话，能享受税收优惠自然是一件好事。2020年，房贷利息抵税让1 300多万人保住了247亿美元的财富。年收入低于2万美元的有房产的家庭共省下了400万美元，年收入在20万美元以上的家庭省下了155亿美元。同年，超过1 100万纳税人在交税时扣除了学生贷款的利息，低收入借款人因此节约了1 200万美元，收入在10万~20万美元的借款人节约了4.32亿美元。总的来说，收入排在前20%的人获得的税收优惠是收入排在后20%的人的6倍。这种政府补贴方式可能让人摸不着头脑，但钱就是钱，我们一旦拿到手里，就不想还回去。[40]

政府援助其实是一场零和游戏。最大额度的政府补贴并非旨在帮助贫困家庭摆脱贫困，而是用来确保富裕家庭能继续保持富裕，这样一来，留给穷人的资源就更少了。如果这就是我们的初衷，我们的社会契约，那么我们至少应该有勇气承认这一点，大大方方地说出来"是的，这就是我们想要的国家"，而不应该看着穷人说"我们真的很想帮你，但是我们负担不起"，因为这种说法不过是一个谎言。

# 6

[第六章]

# 我们如何用钱换取机会

**Chapter Six**

21世纪初，在金融危机尚未到来时，有媒体称我们国家正在进入第二个"镀金时代"。2007年10月，《纽约时报杂志》的封面刊登了一张镀金的下水井盖，就好像纽约人冲马桶都能冲下去钱一样。这种视角当然是不够完整的，但是其中包含的真相正是我们今天似乎想要回避的，那就是：我们中有许多人很有钱，[1]极其有钱。2020年，美国人购买了超过31万艘崭新的游艇，在宠物身上的花费超过1 000亿美元，在旅游方面的开支超过了5 500亿美元（相比前一年的7 230亿美元有所下降，这主要是受到新冠疫情影响）。我们开的汽车比其他国家的人开的汽车都更大，住的房子也更大。平均而言，一座美国新建房屋的面积是一座英国新房的三倍。超过1/8的美国家庭除了平时住的房子以外还有其他房产，包括第二居所和分时度假房。[2]

我们的财富不仅远超其他国家（包括发达国家）的国民，而且我们比美国历史上任何一个时期都更为富有。然而，忧虑和烦恼的情绪却充斥着美国的中产和上层阶级。过去，富人喜欢炫耀自己的财富，其中一种方式就是表现得对工作毫不在意。而如今的美国精英却更愿意一边抱怨自己的忙碌，一边一刻不停地工作。我们这么多的人拥有如此之多的财富，却仍然感到匮乏和焦虑。想想看，人类历史上曾有过类似的情况吗？

这种情绪让我们难以认识到一个事实，那就是我们自己就是不平等的缔造者。我们希望投资能获得良好的回报，我们喜欢智能设备，我们渴望便宜的物价，一旦价格稍有上涨，我们就会大惊小怪。又快又便宜——这就是我们美国人的消费方式。但总要有人为此付出代价，那就是美国的底层劳动者。企业得以把价格压到最低，是因为给工人支付了难以维生的工资。严厉的监督和控制促进了快速的服务。是工薪阶层和贫困劳工（现在甚至还有工薪流浪者）在承担我们的欲望和休闲的成本。[3]

同样，我们很喜欢找各种各样的理由解释房价上涨的原因，而不愿承认涨价是因为我们有些人太有钱了，通过竞价战把房价推得越来越高。过去几年里，我经常到全美各地与社区组织者和政界领导人讨论国家的住房危机。不管在哪里，当谈到房价飞涨的原因时，总会有人说这是俄罗斯寡头的责任。在纽约，我听说俄罗斯寡头在抢购曼哈顿上西区的房子，甚至纽约市市长白思豪对此也颇有怨言；在洛杉矶，我也听到有人提到俄罗斯寡头；在西雅图、檀香山和得克萨斯州奥斯汀，我听到的是这些寡头同样阴魂不散。我不禁感到疑惑：到底有多少俄罗斯寡头？事实上，我们对这些寡头所知甚少，只不过，责怪别人比责怪我们自己要容易。想想看，我们甚至都不会把本土寡头称为"寡头"。[4]

有的国家比美国贫穷太多，也有的国家富裕和贫穷的程度都比不上我们。在所有发达的民主国家中，对阶层极化的接纳让美国显得与众不同。在这里，社会流动具有两面性：那些让我们走上巅峰的力量，同样可以把我们打入深渊。当贫富分化如此严重，当数百万的穷人与数百万的富人并存时，一个国家会是什么样子呢？在这样一个贫富差距巨大的国家，穷人越来越依赖公共服务，而富人越来越想摆脱它们，这就导致"私域奢靡而公域贫瘠"的现象，这种模式会不断自我强化，改变我们的社区，进一步拉大我们的差距。

这是一个古老的问题。古罗马历史学家撒路斯提乌斯在其《喀提林阴谋》一书中就记录了这个问题。该书回顾了公元前63年恺撒时期罗马的政治动荡。[5] 20世纪中期的经济学家约翰·肯尼思·加尔布雷思在1958年出版的《丰裕社会》一书中向大众说明了贫富差距的问题。加尔布雷思并没有在剥削问题上费太多笔墨（实际上他就没提到这一点），他主要关注的问题是私人财富的增长速度显著超过了对学校、公园和保障性项目等公共服务的投资。整个过程往往是逐步开始的，然后在自身的动力作用下加速发展。随着人们积累越来越多的财富，他们对公共服务的依赖就越来越少，因此也越来越不愿意出钱支持公共服务。如果他们通过税收减免或其他方式得偿所愿，其个人财富就会继续增长，同时公共服务会变得越来越差。随着公共住房、公立教育和公共交通变得缺少资金投入，它们就会渐渐成为只有穷人才使用的东西。[6]

接着，人们就会开始诋毁整个公共部门，好像它从根本上就充满腐败，而不是富人为了保护自己的利益而去有意破坏。很快，富人和穷人都开始对公共设施表示不满，富人是因为被迫为自己不需要的东西付钱，而穷人是因为他们需要用的东西变得破败不堪。那些人们共用的东西，特别是不同阶级和种族的人共用的东西，开始被当作残次品。在美国，贫穷的一个明确标志是依赖公共服务，而富裕的一个明确标志则是远离公共服务。有足够的钱就能实现"经济独立"，这并不意味着从工作中独立出来，而是意味着从公共领域独立出来。以前，美国人希望摆脱老板的束缚。

而现在，我们希望摆脱公交车的束缚。我们渴望从更广泛的社区中抽身出来，将自己封闭在一个更加私密的圈子里，与贫困者的距离越拉越远，直到他们所处的世界对我们来说变得完全陌生。[7]

在发展中国家杂乱而繁忙的城市中，私域奢靡而公域贫瘠的现象以极端的形式呈现在人们眼前。在拉各斯，豪华住宅被铁丝网环绕，周围站着手持机枪的男人保持警戒；在德里，司机驾驶着配备空调的豪华车辆送富人去私人医院就诊，沿途经过一群在街边乞讨的孩子。说到财富和贫困的强烈对比，美国也有不少这样的景象。我们开着配有苹果CarPlay车载设备的SUV驶过公路边无家可归者的营地；我们在堵车中浪费大量时间，因为我们不愿去投资修建高铁这样的公共交通；我们从曼哈顿的公寓里走出来，向门卫点头致意，走过堆满垃圾的街道，坐进一节破烂的地铁车厢，去和朋友吃寿司；我们对公园退避三舍，眼看着一些公园变得危险不安，却乐于花钱去购买私人俱乐部和高尔夫球场的会员；我们修缮自己房子的地下室，翻新厨房，却任由公共住房变得破败不堪。当遇到法律纠纷时，我们就从精英律师事务所雇一整个律师团队，却不给为贫困人口提供服务的法律机构贡献资金。对我们来说，这似乎很正常：那些最需要律师奋力为他们辩护的人，只能被分配给公设辩护人，这些律师忙得焦头烂额，有时候都记不住当事人的名字。密歇根州的议员们为了迎合富裕的选民而拒绝提高税收，导致密歇根州为了保持收支平衡没有对基础设施进行升级和安全检查，这直接引发了弗林特饮水危机，让大约12 000名儿童面临铅中毒的风险，其中大多数是贫困的黑人儿童。[8]

只要看看整个社会的钱都花在了哪里，你就能发现这种私域奢靡而公域贫瘠的趋势并非仅仅存在于个别社区，而是已然蔓延至整个国家。在过去 50 年里，美国个人收入增长了 317%，而联邦政府的财政收入只增长了 252%。个人财富的增长速度已经超过公共财政，逐渐对公共投资形成抑制。这种趋势在红州和蓝州都已显现。从老布什总统到特朗普总统时期，俄勒冈州的个人收入增长了 112%，远远快于教育支出的增长（仅为 54%）。在这期间，蒙大拿州的个人收入增长了 114%，但该州的教育支出仅增长 37%。[9]

随着我们收入的增长，我们选择把更多的钱用于个人消费，减少公共支出。我们休闲度假的方式越来越奢华，但公立学校的老师如今要自掏腰包购买教学用品。我们把更多的钱存起来，以推动代际财富的创造，但作为一个整体，我们却在减少给全社会的孩子创造更多机会的开支。1955 年，政府支出约占经济总量的 22%，这种状况持续了很多年。但公共投资从 20 世纪最后 25 年开始下降。到了 2021 年，政府在所有公共领域的支出，包括国防、交通、医疗和减贫项目，加起来只占 GDP 的 17.6%。与此同时，个人消费在 GDP 中的占比从 60% 增长到 69%。[10] 9 个百分点的增长可能看起来不多，但在 2021 年，这相当于 2 万多亿美元。

这是怎么回事？主要的驱动因素就是美国历史上最大规模的减税政策。1981 年，国会议员杰克·肯普提出《经济复苏税收法案》，并由里根总统签署，这项法案使联邦税收在4年内缩水超过13%。该法案包括全面削减个人所得税，其中最高边际税率减少了20个百分点，同时大幅削减了遗产税。共和党的过分激进在经济方面造成了重大影响。法案实施后，赤字立即扩大，利率攀升，市场衰退，导致里根在第二年被迫提高企业税，以在一定程度上扭转这种局面。但总统的预算调整导致的代价在公共项目上表现得最为突出。里根削减了住房和城市发展部的资金，不是削减20%或40%，而是近70%之多。这个部门曾经掌握着仅次于国防部的预算，在贫困社区建设安全可靠的住房。但很快，住房和城市发展部就负担不起房屋的垃圾清理费和电梯修缮费用了。[11]

  减税是导致私域奢靡而公域贫瘠的主要原因之一。最近几十年里，推动减税的往往是共和党，但以前的情况并非如此——民主党的肯尼迪总统曾推动减税，而共和党的尼克松和福特总统都提高了税收。如果要为当代公共投资的削减找一个源头，那就是加利福尼亚州，一个选出了民主党州长和民主党议会的加利福尼亚州。20世纪70年代，随着通胀和财产税的上涨，正是在加利福尼亚州爆发了一场大规模的抗税行动。第13号提案将财产税的上限定在房屋估价的1%，并且将估价等同于购房时的成交价。该提案以65%的票数通过，两党选民都支持，富裕和中产阶级业主也都赞成。这项法律增加了私人财富，削弱了公共服务。如果说这是有房一族的胜利，那么为此付出代价的就是公立学校的孩子们。自大萧条以来，加利福尼亚州头一次被迫取消了暑期学校。州内的公立教育资金从全国第一锐减到倒数第九。[12]

第 13 号提案通过后,全国各地纳税人纷纷效仿,导致里根在 1981 年出台了大规模减税政策。这场抗税运动是由白人领导的。(只有两个群体反对第 13 号提案,他们是公共部门的雇员和非洲裔美国人。)大规模减税从根本上重塑了民主党和共和党的议程,导致私人财富的崛起与公共领域的贫困并存;这并不仅仅是对政府过度干预的一种回应,也是白人对被迫与黑人共享公共资源做出的反应。[13]

民权运动的主要成就是禁止了公共领域的种族隔离现象:首先是在公立学校,这是通过 1954 年的"布朗诉教育委员会案"实现的;然后是在公园和公共建筑,以及餐厅和剧院,这是通过 1964 年签署的《民权法案》实现的;接着是在住房领域,这是通过 1968 年的《民权法案》实现的,也就是人们所熟悉的《公平住房法案》。这些变化让许多白人家庭感到恐惧。他们面对种族融合的应对方式是从公共空间撤离,最终干脆从城里搬走,这些家庭离开了,他们缴纳的税款也随之流失。许多人开始把纳税看成对黑人的强制捐献。白人家庭认为,他们不仅被强迫接受种族融合,而且被强制要求为此买单。对这种情况的反感促使各个阶层的白人选民联手反对税收,瓦解了围绕着罗斯福新政建立起来的工人阶级民主党人联盟。当然,也有白人家长送孩子去公立学校上学,但在民权时代之后,多数白人不再根据经济利益投票,而是开始根据他们所认为的种族利益投票。[14]

历史学家凯文·克鲁斯写道:"法院强制在公共空间进行种

制造贫困:一个美国问题

族融合,最终并未带来真正的融合,而是带来了新的分裂,公共空间越来越多地被黑人占据,而白人则逐渐创建起属于自己的新的私人空间。"当公立学校被强制要求种族融合后,白人家长率先抗议,然后把孩子转去私立学校或者全家搬到郊区。在主要的几个大城市,公立学校几乎看不到白人学生的身影。举例而言,在21世纪初的亚特兰大,大多数公立学校的白人学生不足3人。到2022年,亚特兰大的白人居民占38%,但其公立学校的白人学生只占16%。[15]

私域奢靡而公域贫瘠的趋势对穷人造成伤害,并不只是因为它导致公共领域资金匮乏,更在于这种匮乏催生了新的私营产业,最终这些私营产业会取代公立机构成为机会的主要提供者。随着更多富人开始依赖私营产业,他们就会更不愿意支持公立机构。因此,公共领域缺少资金并不会引发人们更多的关注和投资,而是会导致资金进一步流失。在极端情况下,甚至有人呼吁把我们最重视的公立机构都转为私营,比如美国邮政服务,以及面向大众的社会保障项目等。[16]有机会送孩子上托儿所和高质量的学校,能住在安全的社区,这些都是社会阶层上升的通道,除非人人都能拥有这些通道,不然机会平等就是一种奢求。但是,私域奢靡而公域贫瘠的现象导致了"机会的商品化",那些社会阶层上升通道如今都标好了价格。想让机会变得不平等、不公平,最直接的办法就是为机会标价。[17]

加利福尼亚州的第13号提案仍在施行。这个国家还没能从里根的减税政策中恢复过来,而很多人却希望进一步减税。特朗普总统说自己的标志性政策就是"美国历史上最大规模的减税",这虽然不准确,但他确实减了很多税,预计到 2027 年,这将导致公共投资减少 1.9 万亿美元。[18] 私人得利,公众受损。

* * *

当然,公域贫瘠的现象在美国并不是均等分布的。在许多社区(其实是大部分社区),公园的绿植维护得很好,雪和垃圾清理得很及时。学校秋季开学的时候有崭新的课本,冬天有暖气。人们有需要可以打 911 叫救护车。至少根据美国的标准,这些服务算是有效的。(不过倘若你坐过欧洲的火车或者用过韩国首尔的互联网就会知道,美国的标准放在全世界并不算太高。)因此,机会是可以囤积的,具体的途径不仅在于用私营服务代替公共服务,还在于可通过个人的财富获得专属的公共服务,花钱给自己买一个高端社区的入场券。在美国许多地方,一份昂贵的房贷买到的不仅仅是房子,还有良好的教育,一流的课外活动;这些地方的公共安全非常可靠,而且看起来自然而然,让人感受不到这是社会设计的产物。[19]

几十年来,社会科学家和政策制定者试了许多方法想把低收入家庭从高犯罪率、高贫困率的社区中迁出来,搬到更有前途的社区里去。先从孩子开始,我们用校车把他们送到城镇另一头的学校,来实现公立学校的种族融合。但这项强制性的校车制度却成了 20 世纪下半叶最让人讨厌的国内政策之一,特别是受到最大影响的白人工人阶级对此厌恶至极。发现强制性的校车制度行不通后,我们又试图把整个家庭"搬到机会充沛的地方",比如给人们发放可以在各个地方使用的住房券,包括高档社区。虽然这项政策在一定程度上防止了一些家庭流落街头,但对于帮助这些家庭摆脱贫困社区并没起到太大的作用。人们往往用住房券在同一个街区租条件好一点的公寓。我们还考虑过,如果没办法让穷人搬到机会充沛的地方,也许可以试着把机会带给穷人呢?这种思路催生了"机会区"这种项目,给那些在"拮据社区"(相关定义非常广泛)投资的开发商和个人提供税收优惠。上述每一项社会政策都完成了重要的目标,但它们对于社区的种族或阶级融合都没起到什么作用。[20] 为什么?因为我们大多数住在安全、繁荣社区的人,并不希望与穷人为邻——特别是如果我们是白人,而他们是黑人,我们就更不愿意了。

我们看看一个城镇的墙,能看出许多门道。最早我们使用原始的材料,比如削尖的树干、泥土和石头来修建墙。后来,我们学会了怎么挖壕沟、建防护墙。然后,美国西部有人发明了带刺铁丝网。今天,我们用更持久、让人感到更无法跨越的东西建墙,那就是金钱和法律。区划法规定了特定社区内可以建造哪些类型的房产,由于不同类型的房产通常会吸引不同类型的业主,这些法律实际上也决定了谁能住得进来,谁又被排除在外。像所有墙一样,区划法决定了太多命运;同时,像所有墙一样,区划法也无聊乏味。可能没有哪个词条比"市政区划条例"更了无生趣。

但除了研究市政区划条例，也许并没有其他更好的办法来洞察一个社区的精神内核。

美国城市的市政区划条例要追溯到20世纪20年代，但那时候的条例往往是用来规划城市建设的，比如规定在哪里建厂，在哪里建商店，在哪里盖住宅，而不是像今天一样用来禁止在住宅区修建某种类型的住宅。这种排他性的规定最初是为了应对大迁徙现象而出现的。当数百万的黑人家庭逃离南方的种族恐怖主义后，他们迁往的城市开始通过市政区划条例在黑人社区和白人社区之间筑起了一道道"墙"。后来，美国最高法院裁定区划条例中不能含有明确的种族隔离内容，作为回应，亚特兰大将两种住宅区的分类从"R-1白人区"和"R-2有色人种区"更改为"R-1住宅区"和"R-2公寓区"。1968年，国会通过联邦立法禁止住房歧视，排他性的区划条例开始在全国范围内蔓延。[21] 我们的做法由禁止某些类型的人进入我们的社区，转变为禁止修建这些人可能居住的房屋类型，也就是多户公寓楼，最终也实现了同样的排他效果。

如今，美国许多城市在很大程度上仍然与"R-1住宅区"没什么两样。正如《纽约时报》在2019年写道："在许多美国城市，法律规定75%的住宅用地只能修建单户住宅。"2021年一项针对100座大城市的研究显示，典型的中心城区只有12%的住宅用地允许建公寓楼。这种城市规划方式是美国独有的。希腊和保加利亚在其市政规划中并不区分单户住宅和多户住宅，而德国已经明确承认在同一社区内修建多种类型的住房是有好处的。[22]

由于一系列排他性的区划政策，那些进步派的城市反而建起了最高的墙。这并不是因为自由派人士更支持种族隔离，而是因为这些城市在大迁徙后黑人人口增长最多。尤其是在北方，这些城市搬来了更多黑人选民后变得更倾向于自由派。这就是为什么随着城市越来越倾向于自由派，其社区却变得更加隔离分化。这种模式非常持久，美国城市不仅过去是这样，今天还是这样，这就令人怀疑，我们究竟是否在致力于实现公平和平等。[23]

大多数美国人希望国家为低收入家庭建造更多的公共住房，但他们不希望在自己的社区里修建公共住房（或者任何类型的多户住宅）。比起共和党人，民主党人在口头上更愿意支持公共住房，但在业主群体当中，民主党人并不比共和党人更愿意在自家社区兴建这些住房项目。以一栋120户的公寓楼为例，一项研究发现，比起自由派的业主而言，保守派的租户实际上更愿意在自己的社区建设这样的公寓。[24] 这么看来，我们的社会分化可能没有那么严重。也许，当收入达到一定水平后，我们都会赞成种族隔离。

富裕的白人自由主义者倾向于支持那些不会对他们的财富构成实质性威胁的进步政策。在民权运动时期，白人精英支持在公园和公共游泳池实现种族融合，因为他们自己并不用这些设施，他们有私人俱乐部。这让工薪阶层白人火冒三丈，他们说这是"把富人摘出去的融合"。20世纪70年代，富裕的白人自由主义者不愿意对自己居住的社区进行重新规划以提升包容度，但支持强制性的校车制度，因为他们生活在郊区并不会受到这一政策的影响。在波士顿都会区，住在多切斯特和南波士顿那些二层和三层小楼里的白人孩子要遵守强制性的校车制度，但住在绿树成荫的牛顿市和列克星敦市的白人孩子无须如此。[25] 这样的自由主义是有限度的，是以人们的居住地划界的，不仅把低收入人群挡在了全国最好的公立学校和最安全的社区门外，还意味着工薪阶层的白人家庭被迫承担种族融合的成本，而白人精英则不用承担。这让蓝领白人对精英及精英机构（比如大学及其所从事的科学研究、新闻机构及其报道原则，还有政府及其得体形象）心生怨念。这种怨念催生出了新的政治立场以及一种政治化的愤怒情绪，至今仍然影响着我们。

确实，正如希瑟·麦吉在《我们这个整体》(*The Sum of Us*) 一书中所写：一个群体的收益并不一定要以另一个群体的损失为代价；正是"零和思维"导致穷困的白人一次又一次选择宁愿忍受贫困和疾病，也不愿与黑人平等。[26] 不过，通过囤积资源和立法把那些不如我们幸运的人群排除在外，确实能有效帮我们实现财富增长。而那些被排斥的人，只能在围墙之外继续苦苦挣扎。

如果你修建了一个社区，里面都是漂亮且昂贵的房子，同时又禁止在这里再盖新房，好提升你房子的价值，那就等于把你自己的房子变成了一种稀缺资源。想买房的人不得不写信求你把房卖给他，有人可能给出超过标价的现金报价，或者是不看房就出价——这在奥斯汀、西雅图和剑桥市这样的自由派城市变得司空见惯。在这种情况下，你当然希望维持现状。[27] 如果你设计了一套公立教育体系，主要为精英家庭的孩子服务，其家长有足够的时间和专业知识来投资孩子的教育，能够支付额外的钱雇家教和大学申请顾问，可以花钱让孩子去其他州做实地考察，也有钱做心理咨询——那么你就能创造一个优异的教育环境，把孩子送进大学。有些学校旨在将不同经济背景的学生融合在一起，希望挑战既有的教育模式，挑战这台维持社会地位的机器。这些学校要求富裕的学生和贫穷的学生坐在同一间教室里，后者因为家境贫困可能经历过创伤，可能母语并不是英语，可能因为居住的社区不安全而暑假只能待在家里看电视。一项研究表明，就语言能力而言，在严重贫困的社区长大的孩子，相当于比其他学生少上了一年的学。另一项研究发现，富人和穷人之间的成就差距在幼儿园之前就已经形成，并且已经固化。[28]

如今，借由迎合特权阶级的物质利益来推动社会变革的策略已然流行起来。人们会说："正确的事也恰恰是有益的事！推动学校种族融合不仅是反种族主义的行为，还能改善整体的学习环境，帮助你的孩子做好准备进入一个多元化的劳动力市场！提高最低工资既可以保证员工的基本生活，又能给公司带来利益，稳定公司的员工队伍，节省招聘成本！"拜登在竞选总统时，曾对着一屋子富有的捐赠人说，如果他当选了，"不会发生根本的改变"。拜登这样做是在重复一个耳熟能详的自由派论点：如果你来和我一起减少这种能让你受益的不平等，你将什么也不用失去。这种"人人都是赢家"的论述听上去很假，因为本来就没有这么一回事。如果减少贫困和消除种族界限能让有钱人的小孩进入更好的大学，或者能提升公司股价，那么美国的有钱人还不早就去做了？

　　如果竖起一道高墙，把穷人挡在外面挣扎度日能够提升墙内人的生活品质，那么打破这道墙让穷人进来，就不可能不给墙内的居民带来一些损失。墙内人之所以在墙内，是因为他们有钱，而墙的存在保护并进一步增加了他们的财富。正如社会学家崔西·麦克米兰·卡顿说的："任何家庭只要有囤积的能力，就会选择囤积，他们所居住的社区也因此受益。"[29] 让我们说句实话吧：把以前在墙内囤积的机会分享给大家，不代表每个人都会受益。实际上，这意味着以前从国家过度获益的人不得不做一些退让，好让大家能够共享丰富的资源。

# 7

[第七章]

# 为结束贫困而奋斗

Chapter Seven

1881年，列夫·托尔斯泰在出版了《战争与和平》和《安娜·卡列尼娜》之后，从俄国乡下搬到了莫斯科。当时的他53岁，非常富有，雇了一群仆人打理家务。在莫斯科，最先引起托尔斯泰注意的一个现象就是贫困。"我熟悉农村的贫困，"他写道，"但城市的贫困我以前从未见过，也难以理解。"他走在街上，看到饥饿与绝望和奢靡与浮华共生，这让他震惊极了。贫困问题萦绕在脑海里，于是托尔斯泰开始寻找答案。他到妓院去参观，质问逮捕一名乞丐的警察为什么要这么做，甚至还收养了一名小男孩（这个孩子最终离家出走了）。这位伟大的作家很快就意识到，问题不在于工作与否，因为穷人似乎永远都在工作。最终，托尔斯泰认为问题出在自己和其他有钱人这些过着闲适生活的人身上。"我骑在一个人背上，勒住他的喉咙，让他背着我走，然后对自己和别人说，我是真的很同情他，我希望用一切办法来减轻他的负担——但我不要从他背上下来。"[1]

这个道理在19世纪的俄国适用，在今天的美国同样适用。问题不在于"虽然"我们很富有，"但是"这个国家还存在很多贫困；而在于"因为"我们很富有，"所以"这个国家还存在很多贫困。也就是说，不是别人的问题，是我们自己的问题。"问题就是这么简单，"托尔斯泰写道，"如果我想帮助穷人，也就是让他们摆脱贫困，那就不应该把贫困加诸他们。"[2]

而我们今天是怎么把贫困加诸美国的穷人的呢？至少有三种方式。第一，我们剥削他们。我们限制他们在劳动力市场、房地产市场和金融市场的选择与权力，压低工资，同时迫使穷人为住房、获取现金和信贷支付过高的价格。企业显然从剥削员工中获益，但我们购买贫困劳工生产的廉价商品，购买他们提供的廉价服务，并且直接或间接地投资于股市，我们同样在获益。从住房剥削中获益的人，不只是出租房子的房东，还有其他业主。因为大家一同努力把房子变成了稀缺品和奢侈品，有房一族的房产价格得到了提升。银行和发薪日贷款机构通过对穷人进行财务剥削而获益，而我们这些在美国银行或富国银行拥有免费活期账户的人同样在获益，因为这些免费账户是由巨额的透支费用所补贴的。[3] 我们通过烧煤取电，但同时也会向空气中释放二氧化硫、氮氧化物和其他有毒物质，因此我们想用电就一定会产生污染。美国的富裕也是同样的道理，总有人要承受代价。

第二，我们优先考虑的不是减轻贫困，而是补贴富裕阶层。如果美国对逃税的企业和家庭进行严厉打击，并将收回来的税款重新分配给最需要的人，那么美国立刻就能在不增加财政赤字的情况下终结贫困。[4] 但是，我们却让富人蒙混过关，并且给已经很富裕的人提供更多福利，从而创造了一个严重偏向上层阶级的福利体系。而我们的民选官员竟然还厚着脸皮（可以说是厚颜无耻）地编造谎言，说穷人依赖政府援助，并以减贫提案成本太高为由将其否决。有些提案能让儿童贫困率减半，或者让所有美国人都能看得起医生，而我们的民选官员看着这些提案的预算，咂着嘴问："但钱从哪来呢？"钱从哪来？这个问题真是太可恶、太自私、太不诚实了，明明答案就摆在我们面前。只要我们让国税局去履行自己的职责，钱就有了；只要让我们中间的有钱人从政府那里少拿走一点，钱就有了；只要我们把福利制度设计成旨在创造机会而不是保护财富，钱就有了。

第三，我们建造了繁荣的、排他性的社区。在此过程中，我们把财富集中在某些社区，并把绝望留给其他社区——这就是囤积机会的外部性。财富的囤积会滋生贫困的陷阱。[5]财富集中起来会产生更多的财富，而贫困集中起来则会产生更多的贫困。贫困本身就会带来痛苦，而作为穷人，被贫困包围会带来更深的伤害。[6]反过来，自己有钱并且周围都是有钱人，这就是特权中的特权。在美国，制造贫困的不是只有讨债人或者私营监狱的典狱长，我们只需要投票赞成那些会导致私域奢靡而公域贫瘠的政策就可以了，然后继续躲在我们维护的高墙后面，用这些财富来经营自己的生活。我们可以给这堵墙挂上加兹登旗或者彩虹旗①，贴上"所有人的命都是命"或者"黑人的命也是命"的标语，但不管我们怎么去装点，都不能改变高墙的本质。[7]

我们都知道，这块丰饶的土地上有太多的贫瘠之处。我们中有许多人需要换4趟公交车去上班，有人只能睡在车里，有人患有牙痛却只能忍耐，直到蛀牙麻木了他们的神经，有人在饮用我们明知道已被污染的水，面对这样的情况，积累那么多财富又有什么用呢？作为一个整体，我们应该大幅增加对经济稳定和基本尊严的投资。用经济学家亚瑟·奥肯的话说，要倡导"体面生活的权利——满足最基本的营养标准、医疗保健和其他生活必需

---

① 加兹登旗常被用来象征保守主义，而彩虹旗象征支持性少数群体的自由主义。——译者注

品","饥饿和尊严是无法并存的"。[8]

\* \* \*

想要迈出解决问题的第一步，最简单的办法就是保证低收入人群能够获得他们有资格领取的援助。我们曾以为，人们之所以不去申领食品券或者劳动所得税抵免，是因为他们害怕丢脸。但是新的研究并不支持这种理论。研究发现，像食品券这种有准入门槛的援助（已被污名化的援助形式）的申领率和失业保险这种更普惠的援助（未被严重污名化的援助形式）的申领率相差不大。而且当政府把发放食品券的方式从实体的纸券变成外观看起来和普通银行卡一样的"电子福利转移"卡时，申领率也并没有提升。显然，并没有几个穷人坐在家里想："倘若排队结账时不会被别人注意到，我肯定会使用食品券。"说到食品券的申领率，在俄勒冈州，几乎所有符合条件的人都申领了；但在相邻的加利福尼亚州，有资格申领的人中大约 1/3 都未使用食品券。这是因为在加利福尼亚州用食品券比在俄勒冈州更加丢脸吗？显然不是这样的。[9]

如果不是因为面子问题，那是什么原因呢？大量证据表明，低收人群没有充分利用政府的援助项目，原因无他：完全是因为我们把项目搞得太过复杂，令人费解。人们要么没听说过这些专门为他们设计的援助项目，要么是申领过程太烦琐。要想提升社会项目的参与度，在行为学上最有用的调整方式就是加强宣传、简化手续。[10]

只要做出一点点的改变就能产生深远影响。有一项措施通过为老年人提供食品券的相关信息，并帮助他们递交申请，使得老年人的申领率提高了两倍。这项措施的内容就是给老年人的住所寄一封信，告诉他们可以申领食品券，并留下一个电话号码。老年人通过拨打该号码就可以与福利专员取得联系，在专员的帮助下填写申请表并整理必要的文件。我想再次强调，这样一项简单的干预措施就让申请人数增加了两倍之多。另一项措施显著提升了劳动所得税抵免的申领率，具体办法就是给人们寄送信件，简化申请表上的文字，并使用更适合阅读的字体。毫不夸张地说，只是把字体换成无衬线字体 Frutiger（这种字体看起来稳重、自信，瑞士的路牌和药物标签都是用这种字体印刷的），就帮助低收入家庭领到了数百万美元。[11]

美国的私营行业懂得如何推销自己的服务，知道如何建设分销渠道才能把客户和产品无缝对接起来。这是联邦政府应该借鉴的。当新手妈妈要申请针对妇女、婴儿和儿童的特别营养补充计划（可以提供尿布和奶粉），当丢了工作的父亲要申请失业救济，其流程就应该和我用手机应用程序网购宠物食品和漱口水一样简单。

\* \* \*

我们还能迈出更大一步。要花多少钱才能消除贫困呢？我说的不是减贫 10%、50%，而是完全消除贫困。2020 年，美国贫困线以下所有人的收入总和与贫困线之间的差距是1 770亿美元。我是这样粗略估算出来的：将贫困线以下的家庭与个人的数量和他们的收入与贫困线之间的平均差距相乘。[12]需要指出的是，这个数字是在目前的福利开支的基础上要额外支出的钱，它既没有考虑到提供援助的行政成本（这需要进一步增加开支），也没有考虑到解决诸如劳动剥削和住房剥削等问题带来的收益（这会节约开支）。想要知道到底需要多少钱才能确保每个美国人都达到一个体面的经济安全水平，还需要更深入的计算。但1 770亿美元是一个很好的起点。它让我们对在美国消除贫困有了一个直观的概念。我们想要实现的目标是触手可及的。1 770亿美元还不到美国GDP的1%，每年美国人浪费的食物价值都比这个数目要大。[13]

1 770亿美元能买到什么呢？能买到很多东西。用这笔钱，我们可以确保在美国每一个人都有一个更安全、更便宜的地方居住。对，是每一个人。我们可以大大减少无家可归的现象，可以让人们不再饿肚子。我们能够为每个孩子提供更公平的机会以获得安稳且成功的人生。我们可以大大改善许多和贫困相关的问题，比如暴力、疾病和绝望。犯罪率将大幅下降，也不再会有那么多人被扫地出门。社区会变得安稳，并充满生机。学校可以更多地专注于教育，不用把那么多资源用来保障学生的生存所需。

这笔钱从哪来呢？在我看来，最好的办法是先从解决偷税漏税问题着手。据国税局估计，美国每年因未缴税款损失超过1万亿美元，其中大部分是由于跨国公司和富裕家庭逃税导致的。国会没有给国税局下发足够的经费去追查偷税漏税的罪犯，令国税局在这个问题上力不从心。[14]

近几十年来，企业越来越多地把赚来的钱放在空壳公司中，这些空壳公司是在税率极低的国家注册的。对于那些开在硅谷和华尔街的公司来说，想要把钱转到空壳公司中，只需要假装它们有一大部分业务是在爱尔兰或者百慕大之类的地方完成的就可以了。脸书最近在爱尔兰上报了150亿美元的利润，平均到每一位爱尔兰员工身上有1 000万美元之多。百时美施贵宝医药公司声称在爱尔兰赚了50亿美元，平均到每位当地员工身上大约是750万美元。显然，许多企业为了避税各显神通。富裕家庭也找到了避税的新办法。有研究表明，大多数美国人支付了应缴纳税款的90%，而超级富豪只付了75%。这种情况是因为有钱人越来越多地聘请专业的税务人员帮忙报税，这是一个迅速发展的行业，业内人士设计出巧妙的方法来避免客户的钱被拿去投资公共福利。[15]企业将利润藏在避税天堂，富裕家庭将有价值的资产藏在海外账户里，他们这样做等于欺骗了美国公众，迫使其他人为其贪婪买单。国会应该打击这种腐败，让国税局不惜一切代价追查偷税漏税问题，并且应该通过立法规定企业缴纳的最低税率，比如其利润的25%，不管这些企业是在哪个国家注册的都必须支付这笔钱。

收入不平等让富裕家庭拥有了更大的政治权力，他们利用这种权力来争取降低税率，这反过来进一步增强了他们的经济和政治力量，形成了一个不民主、不公正的循环。[16]我们需要打破这个循环，这就是为什么我也支持提升最高边际税率和公司税率。自1962年以来，美国的穷人、工薪阶层和中产阶级的实际税率上升了，而对于收入水平排在前10%的美国人，尤其是那些最为富有的美国人来说，税率却在下降，这非常不合理。我们应该提高最高边际税率，也许应该像1986年那样提高到50%，或者像1975年那样提高到70%，并增加更多税率等级，让投资银行家和牙医的税负有所区别。同时，美国目前的公司税率是21%，是近80多年来的最低水平。我们可以像1995年那样将其提高到35%，或像1987年那样将其提高到40%，把这些钱用来资助减贫项目。[17]

有人说，这样做会削弱创新的动力和创业精神，对经济产生不利影响。但没有哪个真正的社会科学家相信适当增加对富人和跨国公司的税收会伤害经济。在过去几十年里，哪怕是最高税率比现在高得多的时候，也仍然有很多富有进取心的人。反而是在最近几年，随着对富人和公司的税率下降，生产力也在下降。有评论人士说今天的美国进入了"堕落的时代"或者"发明和创新的黑暗时代"，也就是发展停滞和放缓的时代。既然富人在享受减税的同时并没有带来他们所承诺的那种经济活力，那他们至少应该拿出更多的钱投资公共领域。[18]

那些富有的美国人会不会召集自己的律师和会计师一起制定对策呢？当然会。他们会不会调整投资策略，尽量止损呢？当然会。但是，那又怎么样？有些批评人士持宿命论论调，称因为实现税收公平有难度，所以干脆不该有这样的提议。请恕我不能理解这种论调。[19]有一次，我因为这个问题和一位经济学家大吵一架。当时我正在纽约的一家餐厅里与朋友讨论伊丽莎白·沃伦的财富税提案，那位经济学家走过来打招呼时听到了我们的谈话，就表示这个提案永远不可能实现，因为有钱人会想办法避税。我对他说，你太悲观了，而且观点毫无新意。三言两语之后，我们就互相指着对方鼻子吵了起来。[20]

想解决我们这个时代最紧迫的问题当然很难。但是这场讨论最让人火冒三丈的部分，并不是实施公平税收有多困难，而是找到足够的钱来消除贫困竟然这么容易，只要堵上税收漏洞就可以实现了。如果你不接受我上面提出的这个建议，我还可以提出20项规模小一点的改革，或者50项更小的，甚至100项不起眼的改革，都能帮助我们达到目标。我们可以减少房贷利息抵税，这样就能省出250亿美元，这项抵免措施给高收入家庭提供了过度的优惠，且没有起到提升住房拥有率的作用。我们还可以提升社保收入的最高应纳税所得额，让高收入和低收入劳动者按相同的比例交税，这样能够多收取647亿美元。如果我们用个人所得税的税率来对富人的资本得利和分红征税的话，就又能多收取373亿美元。[21]

这么多数字，听得人头都大了。但这就是文明的细则，只有将其掰开揉碎才能让这个听起来虚无缥缈的讨论变得实际起来，让我们看清楚美国的社会安全网究竟是多么畸形。有很多方法能够帮助我们在不增加财政赤字的情况下，扩大保障经济机遇和安全的投资规模，只要我们别再把这么多钱花在富人身上就可以了。在我看来，这才是真正负责任的财政政策。

\* \* \*

如果要改革美国的福利制度以支持积极进取、不轻言放弃的减贫工作的话,办法有很多。我们可以大幅度扩大针对贫困家庭、工薪家庭和中产家庭的子女税收抵免优惠,这个项目就是旨在为有孩子的家庭提供保障性收入。说到住房危机,它对穷人造成了极大伤害,让那些买不起房的年轻人看不到希望,我们可以通过投资修建新房和公共住房来应对这一危机。我们还可以在公立教育、儿童保育和交通基础设施方面投入更多资金。

我们是应该设立更有针对性的项目还是更加普惠的项目呢?这是政策讨论当中经常需要面对的问题。有针对性的项目(比如食品券)是为最贫穷的家庭准备的,能够满足边缘人群的特定需求(比如吃饭问题),所以往往更值得投入、容易见效。然而,这样的项目也可能加剧社会的分裂,因为无论如何划定贫困线,都必然会导致收入勉强过线的家庭得不到帮助,导致官方认定的贫困家庭和其他虽然生活在贫困线以上但实际上并无足够经济保障的家庭之间形成裂痕。《平价医疗法案》出台的过程中就产生了这种情况,一些工薪阶层家庭每月不得不支付 1 000 美元以上的保费,而比他们经济条件稍差的家庭就有资格获得免费的医疗补助。2018 年,一名在商场上班的员工格温·赫德发现自己的医疗费用大幅上涨,她对媒体表示:"我觉得,那些一点钱也不挣、什么贡献都不做的人,却能不花一分钱就享受一切。而那些辛苦工作、一分钱掰成两半花的人,只能勉强生存。"[22] 类似全民基本收入计划这样的普惠项目就没有这个问题。普惠项目旨在惠及大量人群，不一定考虑他们的具体情况，因此这些项目不大容易引起争议，在政治层面更具持久性。（以前政策圈里流传这么一句话："只针对穷人的项目都是烂项目。"）但普惠项目更加昂贵，以受到大众支持的全民基本收入计划为例，有些项目每年要花费超过1万亿美元，而且它们"一刀切"的设计可能无法满足那些最需要帮助的家庭的需求。[23]

最近，社区组织者和政策专家在有针对性的项目和普惠项目之外探索出了一些新思路。其中一个办法可以被称为"更广泛或更大范围的针对性政策"，也就是降低针对性项目的门槛，让援助不只给到穷人，也惠及工薪和中产阶级。一个例子就是劳动所得税抵免，只要年收入不超过57 414美元（这是2022年的标准）的家庭都可以享受。这项福利不仅惠及贫困家庭，也惠及贫困线以上的家庭。过去几十年的经验显示，人们很欢迎门槛更低的针对性政策，而且就算政治风向发生变化，国会也很难叫停这样的政策（20世纪90年代的现金福利就是一个例子）。[24]

另一个办法就是法律学者约翰·A.鲍威尔所说的"针对性普惠主义"。先设定一个目标，确定实现这一目标需要哪些条件，并认识到不同群体需要不同类型或者不同程度的援助才能达成目标，没有"一刀切"的办法。比如，我们希望美国所有家庭都能用上互联网。有针对性的方法可能是给所有年收入不超过25 000美元的家庭提供代金券，让他们免费用上互联网，那些收入稍高一些的家庭就得不到这项援助。而普惠的方法是给所有家庭提供代金券，但这样就等于给富裕家庭提供了他们用不上的东西，让网络服务供应商的口袋鼓起来，却没有给最需要帮助的家庭提供足够的服务，因为这些家庭想要上网，除了代金券之外还需要其他东西才行，比如生活在偏远乡村的家庭，或者是付不起电费的家庭和干脆没有电脑的家庭，还有关在监狱里的人。而针对性普惠主义的方法把这些情况都考虑进去，认识到要实现同一个目标，针对不同人群需要不同程度的措施，有些较简单，有些较深入，有些只要一般的措施就可以了，有些则需量身定制。[25]

在我看来，我们可以从这场讨论中吸取的最根本的教训是：如果我们真的想要消除贫困，就需要欢迎那些培育善意的政策，同时对可能激起不满的政策保持警惕。要想清楚：一项政策能否团结那些经济上有困难的人，无论他们的收入有没有超过贫困线？它能否减少贫困并提供经济机会？如果一项政策符合这两个条件，就值得我们认真考虑。实际上，想要消除贫困，可能需要遵循以下这套指导原则：通过那些广受欢迎的政策来调整社会安全网、坚持税收公平，用这种方式对消除贫困进行重大投资。我们应该大胆行动：不要再只是做一些微小的调整，做一些修修补补的工作；不要再在给钱的时候缩手缩脚，然后又责怪一个项目没有奏效。大胆进取的干预措施应该由累进制税收政策和经过调整的福利体系来支持。并且，在实施过程中，不能去进一步分化那些已经在贫困中苦苦挣扎的家庭——这些家庭本应该是政治盟友才对。

有人会问：你这是在呼吁进行财富再分配吗？

我非常不喜欢"再分配"这种说法。它分散了大家的注意力，触发了人们的敏感神经，使我们本能地根据政治立场选择阵营，重复一些陈词滥调，比如"谁也不配得到那么多的财富"或者"创新和努力应该得到奖励"，这些观点听起来让人厌烦。更糟糕的是，"再分配"这种说法让人觉得社会进步是一种剥夺，这会带来恶劣的影响，就好像政府是一个贪婪的、长着很多触手的怪兽，试图把你口袋里的钱掏走。而实际上，政府投入了大量精力（在我看来多得过分）来为美国精英阶层的投资和财产提供担保。

我们国家理应帮人们创造财富，不应该过度补贴财富创造。数百万人仍在贫困中苦苦挣扎，为什么我们如此专注于增加富人的财富呢？PayPal公司的创始人彼得·蒂尔的罗斯个人退休账户价值50亿美元。只要这位亿万富翁在59岁半之前不动用这笔资金，它就是完全免税的。这是我们要纠正的情况的一个极端体现，过去有人管这种情况叫"富人的社会主义和穷人的自由市场"[26]。

我并不是在呼吁"再分配"。我是在呼吁富人正常交税，呼吁调整我们的社会安全网以做到公平均衡，呼吁回归美国在公共福利上做出更大投资的时代，呼吁多关照穷人，给予富人的则适当减少。

\* \* \*

美国当前的政治状况令人感到反感而绝望。两极分化如此严重，民主制度受到的威胁令人担忧，而首都华盛顿则深陷党派争斗的僵局之中。在这种背景下,期望联邦政府能推动变革性的政策来消除贫困,可能听起来过于天真。但话说回来,新冠疫情期间,国会在两党共同支持下出台了大胆的救济措施,在扶贫方面取得了我们几代人都没见过的进步。2008年经济衰退之后,收入水平处于后半部分的家庭花了整整10年的时间,才将收入恢复到衰退之前的水平。而在新冠疫情引发的这波经济衰退后,他们只用了一年半的时间。政府的援助在这次复苏中起到了主要的作用。[27]

我们应当看到新冠疫情期间实施的扶贫政策所产生的深远影响。以紧急租房援助(ERA)项目为例:疫情在美国广泛蔓延,引发了全国范围的驱逐问题,促使联邦政府出台了驱逐暂停令。但是大家都知道这个暂停令不会永远持续下去,这就引发了一个问题:账单最终是要有人付的,到时候那些拖欠几个月房租的家庭该怎么办呢?在全国低收入住房联盟和全国各地几十家志同道合的组织呼吁采取行动后,联邦政府出台了465亿美元的租房援助计划。这是为稳定住房问题进行的一笔巨额投资,超过了2020年住房和城市发展部的全部预算。[28] 为了保证资金能够给到有需要的人,必须从零开始在每个社区建立一个分发渠道。有的州迅速建立起这样的渠道(比如得克萨斯州、弗吉尼亚州),有的州则没能做到(如俄亥俄州、佐治亚州)。因此,紧急租房援助项目最初的进展令人失望。媒体批评道,"分发如同龟速","租金援助慢得令人发指"。[29]

不过,在社区组织者、行政官员和全国各地住房倡导者的积极努力下，分发渠道最终得以建立，资金开始流动，惠及了数百万租房住的家庭。虽然租金和通胀率都在上升，但在联邦驱逐暂停令结束几个月后，驱逐申请的数量仍然远远低于历史水平。2021 年 12 月，明尼阿波利斯的驱逐申请下降了 39%，阿尔伯克基的下降了 53%，奥斯汀的下降了 64%。这样的情况令人大感惊讶。紧急租房援助项目的实施，加上子女税收抵免范围的扩大和其他疫情援助措施，让美国许多城市的驱逐率减半，甚至达到有记录以来的最低点。[30]

这是一场了不起的胜利。我认为负责紧急租房援助项目的行政官员应该得到表彰，但只有少数几个人为他们喝彩。紧急租房援助项目最初确实表现得不尽如人意，引起各方口诛笔伐；但后来，等项目顺利推进时，人们却不再谈论它了。记者、评论人士和"网红"都没有赞扬这个项目，因此华盛顿政界积极拥护这个项目的人很少。民选官员们发现，他们为防止人们流落街头花了大量联邦资金，产生了实实在在的效果，但却没得到什么掌声。于是，紧急租房援助就成了一个临时项目，随后我们便又回到了原本的状态——回到了那个平均每分钟会发出 7 份驱逐申请的社会。[31] 想象一下，如果我们能为紧急租房援助项目鼓掌喝彩，如果我们能在社交媒体上赞扬它带来的影响，如果我们能在报纸的头版读到《拜登政府通过美国历史上最重要的驱逐预防措施》，如果我们共同努力确保新冠疫情期间建立的低驱逐制度成为新的常态，会产生什么影响呢？但我们却选择了无动于衷。今后贫困的租户会为此付出代价，民主党也会为此付出代价。总有人批评民主党"不擅长宣传",但实际上问题可能在于自由派人士过于悲观:他们总是关注问题,却往往忽略了已经取得的进步。

有意义的、切实的变化已经到来,我们却没有看见。如果一项措施确实发挥了作用,我们却选择不去承认,那就可能会受到误导,以为任何措施都没有效果。我们可能会误以为今后也不会有任何改变;可能会陷入绝望,而绝望恰恰可能是最会令我们逃避责任的一种情绪;可能会陷入愤世嫉俗,而愤世嫉俗可能是最保守的思想信条。这将扼杀富有意义的行动,而且对激励他人加入我们的事业毫无帮助。神学家瓦尔特·布吕格曼在1978年写道:"自由派人士擅长批评,却不知道怎么许下承诺。"但如果没有承诺,我们就可能随波逐流,变得空有一腔打击贫困的热情,却没有具体策略。如果一项政策是有效的,就算它还存在许多问题,我们也应该赞赏它有效的地方,因为这样做肯定了变革确实是能实现的。即使在最黑暗的时刻,我们也应该允许自己去想象并赞美一个新的社会契约,因为这样做既表达了我们对现有社会契约的不满,又暗示了现行契约并非铁板一块、不可改变。"我们需要问的不是它是否现实、实用或可行,而是它能否被构想出来,"布吕格曼写道,"我们需要问的是,我们的意识和想象力是否已经被(现有规则)束缚和损伤,丧失了去构想其他解决办法的勇气和能力。"[32]

林登·约翰逊于1963年入主白宫的时候,国家危机重重。肯尼迪刚刚被刺杀身亡,国家陷入越战的泥潭,民众对民权运动看法的不同造成了国家深深的分裂。在1964年的美国总统选举中,虽然民主党在参众两院都获得多数席位，但华盛顿政局和今天一样僵持不下。南方的迪克西民主党人①和共和党人联手，阻挠进步主义改革。有的城市已经经历了严重的暴动，而约翰逊在任期间还有更多城市不断发生冲突。正是在这种政治极化、动荡不安的环境下，诞生了现代美国的福利体系。"向贫困宣战"运动和"伟大社会"运动促成了一系列国内政策，比如长期施行的《食品券法》，为民众提供了食品援助；《经济机会法》的出台，设立了"就业工作团"和"启蒙教育计划"；1965年《社会保障修正案》的出台，创立了联邦医疗保险和医疗补助，并扩大了社会保障福利范围。约翰逊上任的前5年里，共签署近200项法案，活跃程度令人惊叹。这带来了哪些影响呢？从1964年开始推出这些项目后，10年内美国贫困人口的比例比1960年下降了一半。[33]

在过去的几代人乃至我们的近期记忆中，政府投资使生活在贫困中的美国人数量大幅减少。我们可以走得更远，也不难找到资金来支持我们的脚步。据一项估计，每年仅从收入前1%的家庭收取他们未支付的联邦所得税就可以带来约1 750亿美元的税款。只要我们中最富有的人把该交的税款补齐，几乎就可以让美国所有贫困人口脱贫了。[34]

这将带来极大的影响力，但我们也不应该止步于此。"向贫困宣战"运动和"伟大社会"运动启动时，工会势力强大，人们

---

① 这里的迪克西民主党人指的是反对进步主义改革的民主党人士，曾于20世纪40年代短暂组建名为"州权民主党"的新政党，支持扩大州权，反对种族融合。——译者注

的收入在不断提升。而在今天的劳动力市场上，工会已经衰落，大多数人的实际工资都在下降。当经济能够惠及普通劳动者甚至是收入水平垫底的人时，出台反贫困计划是有效的。但在今天的劳动力市场上，这些计划的作用和血液透析差不多——能够稍稍改善贫困现状，但不能完全将其消除。[35] 而且，现在劳动者挣来的钱大多拿去租房了。2021年，劳动力短缺导致工资上涨，而租金也随之上涨，很快人们就发现自己又回到了起点，甚至还不如以前。这是一个老问题了。从1985年以来，租金价格的增长已超过了收入增长的325%。[36]

单单依靠花钱是解决不了这个问题的。在过去50年里，我们已经花过大价钱了——我们把人均反贫困援助翻了一番，但贫困问题并没有发生实质性的改变。一个很重要的原因就是，我们坚持采取适应性的政策，而不是颠覆性的政策。我们最大的现金援助项目就是劳动所得税抵免，它提高了企业的利润，压低了工资。我们最大的保障性住房项目是住房选择券计划，它帮助申领者支付一部分租金，补贴了私人房东，推高了租房成本。[37] 给低收入劳动者的税收抵免和给低收入租房者发放的住房券有没有帮助呢？当然有。如果没有这些项目，会有更多家庭陷入贫困。我多年来一直提倡发放更多住房券，认为这是解决住房危机的一个政治上可行的方案。但在写这本书的过程中，我不得不面对一个事实，那就是从劳动所得税抵免和住房选择券项目推出并扩大涵盖范围以来，贫困问题并未大幅减少。这些项目是针对贫困问题的直接应对措施，但只是小修小补。它们帮助数百万家庭脱离贫困这一社会弊病，但没有解决其根本成因。

  我们不仅需要更深入地投资反贫困措施，还需要采取不同类型的措施，需要不与贫困为伍的政策，需要那些能撼动贫困根源的政策。我们需要确保针对穷人的援助能留在他们的口袋里，而不被别人夺走——不被依赖政府福利补贴其低工资的公司、在租户工资上涨时提高租金的房东，或是收取高额罚款和费用的银行与发薪日贷款机构掠夺。如果我们不能解决市场底层存在的种种剥削，就可能白白增加了政府支出，还白白浪费了50年时间却没能解决贫困问题。我们必须让穷人拥有权力。

# 8

[第八章]

# 让穷人拥有权力

Chapter Eight

人人都应该得到公平对待，但穷人往往是得不到的。有选择权，就能对抗剥削。因此，消除贫困的一个关键步骤是让更多人有权决定在哪里工作，住在哪里，在什么地方办理银行业务，什么时候组建家庭。

先说工作的问题。2020年，有110万劳动者的时薪不超过7.25美元的联邦最低工资标准，这个标准已经10多年没有变过了。大多数州仍然允许餐馆和其他服务行业支付低于最低工资的薪水，按照联邦规定，只要每小时不低于2.13美元就可以了，这让500万劳动者被迫依靠小费生存。（为什么会有比最低工资更低的薪水呢？这是奴隶制遗留的问题。曾被奴役的黑人获得自由后，一些餐馆老板雇他们工作，却不付工资，让他们不得不依靠顾客的施舍才能有收入。）这是不对的，国会应该提高最低工资标准，并且保证所有劳动者的收入不低于这一水平，不再允许比最低工资更低的薪水存在。此外，国会还应该确保劳动者不需要为生存挣扎。至少有80个设立最低工资标准的国家都规定政府差不多每年需要重新评定相关标准，但我们国家没有这个要求。美国也应该要求定期（并且以人道的方式）评定最低工资，还应该效仿其他100多个国家，授权中央政府或者相关官员（比如劳工部长），允许其在与企业和劳动者组织磋商后提高最低工资，或者更进一步，允许员工和雇主进行集体谈判以确定最低工资。这样就可使基本工资及时增加，而不需要等待国会行动。[1]

多年来，每当劳动力市场威胁到人们的健康和自由时，国会都会出手干预。国会禁止契约奴役和童工，强制工作场所施行安全措施，并给受工伤的人员提供赔偿。这些保护措施对我们每个人都是有利的。同样，国会也应该禁止雇主支付过低的工资，这样的工资是没有尊严的，甚至是危险的。根据《预防医学》刊登的一篇论文，低工资"可以被视为职业危害"。从这个角度看，给员工过低的工资和让员工暴露在石棉或有害化学品当中没有什么区别。[2] 如果我们不允许企业将员工置于不必要的危险之中，不允许企业存在歧视和骚扰等有辱员工人格的行为，那么为什么允许企业维持危险且具有侮辱性的工资水平呢？

提升劳动者的权力是解决劳动剥削的最好方式。工会在这方面有过非凡的成就，但工会已经不可能回到以前风光的时代。就像《圣经》里写的："新酒必须装在新皮袋里。"新的市场也需要新的劳动法。那么新劳动法应该是什么样子的呢？

首先，我们需要承认过去的劳工运动是具有排他性的。1935年出台的《国家劳资关系法》具有里程碑意义，为美国的劳工运动奠定了基础，但是该法案的适用范围并没有拓展到那些女性和有色人种占多数的经济领域，比如家政和农业领域。并且，工会长期排斥黑人劳工，这也削弱了劳工运动的力量。新的劳工运动必须具备包容性和反种族主义的特性，无论是年轻人还是老年人，无论是在田间劳作的农民、餐馆的服务员、家庭或办公室的清洁工，还是为我们的老人和病患提供照顾的护理工作者，都应被包含其中。[3]

与美国劳动者订立的新契约应该帮他们更容易地组织起来。按照目前的情况，在职场组建工会是非常困难的。关于组建工会的法律极其复杂烦琐，而且联邦政府对工会组织者的保护工作做得不到位，导致这些人容易遭到解雇或者受到不公平对待。因此，不难理解为什么组建工会的努力大都失败了。[4] 按照当前的劳动法，劳动者想组建工会，一次只能局限于一个仓库或一家咖啡店。在这样的情况下，想要把全国的仓库工人和咖啡店服务员组织起来几乎是不可能的。[5]

这就是为什么现在许多新兴的劳工运动在尝试将整个行业组织起来。比如，由服务业雇员国际工会（SEIU）领导的"为15美元时薪奋战"运动并不针对具体的某家连锁店（比如某一个麦当劳门店）或者某家企业（比如麦当劳公司），而是把许多家快餐连锁企业的员工聚在一起。在西雅图、纽约和其他地方，这些劳动者联合起来向民选官员施压，使当地所有劳动者的工资都得到了提升。这是一种新的劳工权力，它致力于把整个地区组织起来，并且能够继续扩大：如果特定的经济领域（比如零售业、酒店业和护理业）有足够多的劳动者投票支持相关措施，劳工部长就可以建立一个由劳动者代表组成的谈判小组。这个小组可以与企业进行谈判，为整个行业的劳动者争取最好的条件。这样就可以一次性把所有的亚马逊仓库和星巴克门店都组织起来，还可以赋权 Meta 和苹果公司的所有独立承包商。[6]

这种做法被称为行业集体谈判，它能对数千万未能享受工会保护的美国劳动者产生深远影响，正如它曾改善欧洲和拉丁美洲劳动者的生活状况一样。比如，2017 年在奥地利，各行业的集体谈判促成了 1 500 欧元的全国最低月薪水平。[7] 行业集体谈判能创造更公平的环境，不仅是在员工和老板之间，而且在同一行业的不同公司之间，让公司不再需要恶性竞争，以牺牲员工的利益为代价来换取竞争优势。相反，这些公司将竞相提供更高质量的商品和服务。通过这样的办法，经济发展本该给人们带来的好处也许最终能够成为现实。[8]

这些关于新劳动法的思路是一项为期两年的研究项目的成果，汇聚了来自全球的70多位工会领导、学者、倡导者和工人的智慧，共同勾勒出在21世纪为劳动者赋权的蓝图。2020年，该团体发布了一份题为《劳动者权力的新开始》的报告，还提出了许多其他的解决方案，包括要求企业董事会必须有足够数量的员工代表，并且对阻碍工会组织工作的企业进行重罚。这些提议并不反对资本主义本身，而是反对剥削，反对不公正的待遇，反对毫无意义、荒谬至极的不平等。（奥威尔曾经说过："我们可以少用'资本家'和'无产者'这类词语，而用'抢劫者'和'受害者'代替。"）[9]这是在呼吁资本主义服务于人民，而不是让人民服务于资本主义。

\* \* \*

再说住房问题。那些想在美国拥有安全、平价住房的贫困家庭，实际上往往只有一个选择，那就是从私人房东那里租房，而且至少要把一半的收入用来交房租。想象一下，如果这些家庭能有其他选择，比如从私人市场上租一套价格适中的公寓，或者搬进公共住房，或者能自己买一套房，又或者搬去一个由租户集体拥有和管理的住房合作公寓，会怎么样呢？如果这样的设想能够实现，那么贫困家庭就会拥有一定的议价权和市场权力，不必将就住在又破又贵的房子里。想要消除哄抬房租以及不按时维护房产的情况，我们就必须为低收入家庭提供更多的住房选择。想要达到这一目标，不止有一条路，但我们现在的路显然是行不通的。

一个直接的办法就是加强我们既有住房项目的执行力度。公共住房项目为数百万美国人提供了便宜的住所，但该项目的资金严重不足，无法满足所有人的需求，有需要的人往往被迫等待不止几个月、几年，而是要等几十年。[10] 既然有这么大的需求，我们就应该懂得一个道理，那就是平价住房是人们的救命稻草，贫困家庭对此有迫切的需要。

那些认为美国的公共住房项目全盘失败的人可能对此会感到惊讶。他们通常会想到芝加哥和圣路易斯等城市里那些种族隔离的、苏联式的公寓大楼。那些建筑最终变得破旧不堪，暴力事件频发，甚至有时令人感到将其爆破也好过继续留存。但我建议这些人在下结论前先去参观一下绿色步道住宅项目（Via Verde），这是位于纽约市南布朗克斯区的一处公共住房，这个漂亮的社区配有健身房和带绿植的屋顶露台；或者去看看奥斯汀的弯树公寓（Bent Tree），共有 126 户，小区被郁郁葱葱的橡树环绕，甚至配有游泳池；还可以去看看密尔沃基、匹兹堡或首都华盛顿特区那些漂亮的复式住宅，它们带有整洁的阳台，还刷着亮丽的油漆。[11] 这些已经不是以前的那种公共住房了。研究证实，比起那些因为得不到援助而被迫在私人租房市场上自力更生的家庭的孩子来说，在补贴性住房中长大的孩子健康状况更好，遭遇铅中毒的可能性更低，在学校里的表现也更优秀——这就是为什么有那么多家长排队等待搬进公共住房的机会。而且，相比同龄人，那些能住进公共住房的孩子在成年后进监狱的比例更低，收入水平更高。对于少数幸运的贫困家庭而言，公共住房能够改善他们的生活。如果能扩大公共住房的覆盖范围，我们就可以为更多甚至所有低收入人群提供永久的、平价的住房。[12]

我们还可以帮助更多人成为业主，贫困阶层、工薪阶层和中产阶级家庭以及大量的年轻人都会因此受益。一个租房住的家庭往往比有房家庭的开销更大。比如，2019年，肯塔基州路易斯维尔市一个典型的租户每个月要花900美元支付租金和保险，而一个典型的业主每个月仅需支付573美元，其中包括贷款、保险和财产税。问题在于，银行不愿意为便宜的房屋提供贷款。2019年，大约27%的房屋（210万套）成交价不到10万美元，但其中只有23%的房屋是通过按揭贷款购买的，其余的房屋则是由投机者和房东全款购买的。帮助更多租户成为业主不仅可以大幅降低住房成本，还能提供一种积累财富的途径。美国历史上曾存在各种政策为黑人购房设置障碍，最典型的就是"红线政策"；帮助更多租户成为业主是修复这种不公平需要迈出的第一步。[13]

银行通常不愿发放小额贷款，并不是因为小额贷款风险更大（实际上它们与额度更大的贷款的违约率相同），而是因为利润少。启动任何一项贷款，无论额度大小，都有固定的成本，因此从银行的角度而言，房子越贵越好，要是房子太便宜，就干脆不批准贷款申请。同样的贷款周期，100万美元贷款的利息自然能比7.5万美元贷款的利息带来更高的利润。政府可以从这里介入，提供额外的贷款机会帮助首次购房者。实际上，美国政府在农村地区已经推出了这种项目，名为"502直接贷款计划"，该计划已经帮助200多万个家庭住进了自己的房子。美国农业部给这些贷款提供全额担保和服务，利率很低；对于非常贫困的家庭，该项目可以提供全额贷款，无须支付首付。如果有修缮房屋的需求，家庭也可以申请低息贷款或补助。2021年，502直接贷款的平均额度为187 181美元，但政府的总成本仅为10 370美元，对于这样一项持久的干预措施来说，这笔账太划算了。如果我们将这个计划扩展到城市，就能帮更多低收入和中等收入家庭购房。[14]

要想知道一个没有贫困的世界是什么样子，可以看看那些为实现这个目标付诸行动的人是怎么做的。几年前，我开始和租房者正义联合会（Inquilinxs Unidxs por Justicia）接触，这是一个明尼阿波利斯的租户权利组织，简称IX，成员包括保安、店员、夜班楼管、移民和年轻人。租房者正义联合会的成员不想搬进公共住房或补贴公寓里，甚至不想拥有自己的房子，他们想做的是从房东手里买下公寓楼，再把它变成一个由租户共有的合作公寓。[15]

"共有化"是指建造由居民集体拥有和控制的住房。这在美国城市中有着悠久的历史传统。从20世纪60年代末开始，纽约的一些穷人开始修缮被房东遗弃的公寓楼，许多大楼因为火灾和年久失修而受损。一个人可以通过投入时间和劳动来获得一份所有权，也叫"血汗产权"。这些努力得到了纽约市政府的支持，政府将几十栋建筑的所有权转给了创建合作公寓的租户组织。从1979年末到1980年末，主要由黑人女性领导的租户组织在首都华盛顿特区创建了17个合作公寓，共有1 000户成员，这些租户把破旧的房产买下来，然后亲自整修。[16] 这种所有权的常见模式是，由住户购买合作公寓的股份并支付低额的月费，来负担公寓楼的维护费用。如果其中一户要搬走，可以用略微高于买入价的价格出售其股份，但不能高太多。即使有很多人等着买，也不许哄抬价格，因为这与合作公寓的社会使命不相符。[17]

在明尼阿波利斯市，有一群租户意识到他们的房东非常不负责任：房子漏水不去修，而是用水桶接漏下来的水，窗户破了也不去补。于是，租户们开始组织起来，说服市议会吊销了房东的出租许可，让其无权继续收租金。由于租户不再支付房租，房东就要把他们赶走。租房者正义联合会成员举行了游行抗议活动，在房东家门口甚至教会门口抗议。他们从当地的基金会筹措资金，并与双子城地产银行合作，这是一个房地产投资者的组织，其目标不是将利润最大化，而是保住平价住房。

房东与租房者正义联合会的租户之间的谈判进行到最后几天，局势一触即发，人们不知道会出现什么结果。租户们筹集了足够的资金，希望以公平的市场价买下这栋公寓楼，但房东看起来已经下定决心要把所有人都赶出去。一位黑人单亲妈妈克洛伊·杰克逊自愿第一个站出来,让陪审团审理她的驱逐案件。最早加入租房者正义联合会时,她在机场的数码产品专卖店 iStore 工作,每小时赚 15.69 美元。房东的律师首先发言,他说房东只是想把房子腾空,装修翻新,然后在自由市场上出售。"这不是一种报复,而是明智的商业决策,"他说,"赚一点钱,这没什么不对的。"克洛伊的律师辩称,房东实际上就是出于报复想把租户赶走,这种驱逐是非法的。他说:"这个案件的实质,就是一名租户勇于维护自己的权利,结果却面临被扫地出门的命运。"

到了午餐时间,陪审团离席进行审议。克洛伊和她的邻居们聚在法院大楼的一角等待判决。我坐在克洛伊的好朋友特卡拉·艾勒旁边,她颧骨上文着一朵小花,浓密的黑色头发染成了粉色和黄色,她把这种造型称为凤凰。每当她想要增强自信时,就会把头发染成这样。"凤凰涅槃,"她会边染边念叨,"妖魔再现。"

几个小时过去了,外面飘起了雪。下午 4 点钟左右,租户们得知陪审团已经回家了,他们叹了口气。一位组织者要去接儿子放学,她正一路小跑准备出门时,忽然转过身来对朋友们喊道:"当我们奋起抗争?"她努力让自己听起来显得斗志昂扬,其他人则意兴阑珊地回应道:"我们必胜。"

一天后,胜利确实到来了。陪审团做出了对克洛伊有利的判决。结果公布时,租户们在走廊里彼此拥抱庆祝。

经过多年的斗争,房东在判决结果出来两个月后终于同意以约 700 万美元的价格将 5 栋公寓楼出售给双子城地产银行,银行再把房子转卖给租户，不收取利息。这些租户将他们的合作公寓命名为"天空无极限社区"。

如今，5栋公寓楼几乎全部住满。如果有东西坏了，维修非常及时。当然，条件还谈不上完美，比如热水的供应时间不够长，屋顶也还需要修缮，但租金已经变得更便宜了。在全国租金飙升的情况下，这个合作公寓的月租金反而下降了100美元。支持像租房者正义联合会这样的租户权利组织也是打击租赁市场剥削的一种方式，无论是给予直接支持，还是通过给热心公益的地产银行提供更多资金都可以。[18]

陪审团为什么花了两天时间审议呢？特卡拉有一个猜想。"你知道他们为什么用了那么长时间吗？"她对我说，"我猜是因为他们想不通：租户买下这么破的一栋楼是想要做什么呢？要我说，有些人就是不知道梦想为何物。"

这真是我听过的"最美国"的一句话了。

\* \* \*

目标只有一个，那就是结束对穷人的剥削，但实现的方式有很多种。我们应该赋权美国劳动者，并扩大公共住房的覆盖范围，还应该确保人们能公平地获得资本。银行应该停止每年从贫困人群和接近贫困的人群掠夺巨额资金的行为，立即停止收取过高透支费用的做法。正如法律学者梅尔莎·巴拉达兰指出的，当有人透支他们的账户时，银行完全可以冻结这笔交易，或者允许客户在资金不足的情况下兑现支票，但收取较低的利息（比如每天1%），相当于给客户提供短期贷款。美国政府可以像英国政府和以色列政府一样监管银行收费，后两个国家的透支费用还不到我们的 1/10。[19]

各州应该管制发薪日贷款机构。首先，各州必须强制要求贷款机构向潜在的借款人清楚地说明贷款需要花费的成本，就像快餐店现在必须在菜单上标注汉堡和奶昔的热量一样，发薪日贷款机构也应该把不同种类贷款的平均总成本公布出来。得克萨斯州强制要求贷款机构对客户披露发薪日贷款的成本和其他形式的信贷成本之间的差别。这一规则施行后，得克萨斯州居民的不良贷款明显减少。[20] 如果得克萨斯州能做到，为什么其他州做不到呢？

现在有 16 个州（包括阿肯色州、亚利桑那州和新泽西州）以及华盛顿特区都通过限制最高利率来禁止高成本的发薪日贷款，或者干脆完全禁止这个行业。我支持这些限制，但仅做到这些还不够。研究表明，在各州禁止发薪日贷款后，低收入的借款人有时会转向其他形式的高息信贷，比如典当贷款。[21] 为了停止财务剥削，我们需要扩大而非限制低收入人群获取信贷的途径。

有人建议政府介入，由美国邮政或美联储发放小额贷款。还有人主张我们应该修改法规，鼓励商业银行提供相关服务。无论我们怎么做，解决方案都应该为低收入人群提供更多选择，让掠夺性的贷款机构不再是他们获取信贷的唯一途径，这样他们就不用再被这些机构抢钱。[22]

\* \* \*

既然说到给穷人更多选择，就让我们来谈谈生育选择权。避孕药的使用让我们了解到，对于女性而言，生育赋权和经济赋权是紧密相连的。避孕药从20世纪60年代末期开始普及，从那以后，女性的大学入学率和就业率飙升，她们的人生不再像以前一样依赖男性。今天也一样，那些能采取可靠避孕措施的女性比其他女性受教育的时间更长，参与工作的比例也更高。她们生孩子较晚，生育次数也较少。然而，对许多贫困女性而言，可靠的避孕措施仍然遥不可及。她们怀上孩子往往是因为意外，也就是说，她们本来要么没有要孩子的打算，要么想晚一点再孕育生命。[23]

2010年，特拉华州的意外怀孕率是全国最高的（57%）。为了改变这一状况，州政府和一家名为"美国上游"（Upstream USA）的非营利组织合作，于2014年开启了一项旨在确保育龄妇女能够采取最合适的避孕措施的计划。具体办法看起来很简单：当一名女性去看病时，除了常规的筛查问题，护士或医生会多问一句——"你计划在12个月内怀孕吗？"，如果病人表示自己没有这个打算，医务工作者就有义务确保她在回家之前能够获得自己想要的避孕方式选择。因此，来做体检的女性可能会带着宫内节育器或避孕药离开，但如果她们不想避孕，也可以选择什么都不做。

这种干预措施确实有效。一项评估显示，2014—2017年，该计划成功地帮助了低收入、无保险的女性降低了24%的意外怀孕率。换句话说，当特拉华州的医护人员不受限于女性的收入或保险状况，为她们提供多种避孕选择后，这些女性愿意采纳他们的建议。这种方法可以在全国范围内推广，也理应推广，让所有女性拥有更多权力来决定在什么时间、以什么方式、和什么人组建家庭。[24]

社会学家多萝西·罗伯茨曾指出节育政策的阴暗面。就在不久前，有的州还强迫处在缓刑期的女性接受长效的避孕措施，甚至对其中一些女性进行强制绝育和不必要的子宫切除手术，即所谓的"密西西比阑尾切除手术"。这些卑鄙的行为剥夺了女性，特别是贫困女性和黑人女性生育的权利。[25]而现在，由于低收入女性很难采用高质量的避孕措施，她们就难以掌握生育的时机。"让女性获得最好的避孕照护应该是一项最基本的服务，而不是特殊服务。""美国上游"组织的CEO和联合创始人马克·爱德华兹对我说道。爱德华兹之所以投身这项事业，是因为他理解生育选择权对经济进步至关重要。

当女性掌握生育计划的控制权时（包括选择终止妊娠的权利），她们就能在教育和经济领域为自己争取更多可能性。当生育选择受到限制，女性和她们的孩子往往会陷入贫困。关于不允许女性堕胎导致的经济后果，加州大学旧金山分校的研究人员所做的一项"拒绝的研究"（Turnaway Study）提供了最强有力的证据，这项研究对大约1 000名试图在医疗机构终止妊娠的女性进行追踪，她们遍布全国各地。研究人员比较了那些在法定期限内（每个州的规定各有不同，通常是妊娠的前10周到前24周）

寻求医疗服务、因而得以终止妊娠的女性，和因孕期已超过法定期限而被拒绝终止妊娠的女性的情况。

这项研究的设计具有开创性和严谨性，最终的结果明确无疑且令人不安。相比那些终止妊娠的女性，那些被迫生下孩子的女性在4年后更有可能在贫困线下挣扎。这两组女性在怀孕时的生活轨迹是相似的，但其中一组得以终止妊娠，她们的生活就此变得不同。在接受超声检查确定怀孕后的几个月甚至几年时间里，被医疗机构拒绝提供堕胎服务的女性拥有全职工作的可能性更低，更难负担生活必需品的开销，并且更有可能陷入虐待性的情感关系之中。她们的孩子也受到影响。许多曾接受过堕胎的女性后来又生了孩子，研究者比较了这些孩子和因为母亲无法选择堕胎而生下来的孩子的状况，发现后者成长在贫困环境中的可能性要高得多。[26]

在仔细看过"拒绝的研究"的证据后，我想去堕胎诊所亲眼看一看。一天，我来到费城妇女中心，这是一家位于市中心的提供堕胎服务的独立机构。机构的墙壁刷成了淡紫色和绿松色，前台装有防弹玻璃，后面写着："到这来，你只需带着爱。"在等候室里，员工把灯光调暗，关闭电视，创造出一个宁静祥和的环境。这里看上去和福利办公室或驱逐法庭的等候室里那种昏昏沉沉、被日光灯笼罩的气氛完全不同，只不过等待的人群十分相似。那天等着完成堕胎的女士们看起来经济条件不好，精神消沉。有人怀里抱着婴儿，还有人蜷缩在椅子上枕着自己的手睡着了。一名实验室的技术人员对我说，她们中有一半的人缺铁，这是怀孕和

[第八章] 让穷人拥有权力　　145

贫困所引发的健康问题。

在费城妇女中心，孕早期的堕胎费用是 445 美元。除非是因遭受强奸和乱伦受孕，或者是怀孕者面临生命危险，否则不能用联邦医疗补助来支付堕胎费用，因此这里有人专门负责帮助前来堕胎的女性筹措资金。瑞恩·比伯就是负责这项工作的，他每天早晨都要问病人同样的问题："你能支付一部分费用吗？能付多少钱？有车送你回家吗？"我去的那天，瑞恩从全国堕胎联盟获得了援助，还从当地组织那里获得了额外的资金，帮助大约 45 名女性筹措到了堕胎费用。他服务的对象包括收容所里的女性、对阿片类药物上瘾的女性，还有那些只能把租房和吃饭的钱拿出来支付堕胎费用的在职女性。瑞恩还会问她们："联邦医疗补助可以用来支付遭受强奸和乱伦情况下的堕胎费用，你属于这类情况吗？"他说，15%~20% 的女性会给出肯定的回答。

我发现美国关于堕胎的辩论停留在非常抽象的层面，这令人十分失望。"身体完整性的界限是什么？""生命从什么时候开始？"我不知道怎么回答这些问题。但我确切地知道，联邦最高法院推翻"罗诉韦德案"，从联邦层面收回对堕胎权的保护，将产生灾难性的后果。当然，我们可以确保美国没有孩子出生在贫困之中；也可以保证所有女性都能采取最好的避孕措施、获得最好的医疗保健服务，让更多人在想要孩子的时候再去孕育生命，并保证妊娠和生产的安全；我们可以为生产后的女性提供像带薪育儿假和免费托儿服务这样的有力支持。也就是说，像我们这么富裕的国家，除了嘴上说支持生命，更应该把钱用来做实事。但对于贫困人群，我们似乎总是一味地索取。

* * *

对于美国严重的贫困问题，那些积累了最多权力和资本的人要负最大的责任，包括在过去50年里使低收入人群彻底失望的政治精英、把利润摆在人之上的企业老板、为一己私利而不顾美国人民意愿的说客，还有把穷人从城里赶出去、加剧住房危机的业主。认识到这些问题是至关重要的，但也把我们自己的责任摘干净了，让我们的眼睛盯着上层阶级，而看不到我们自己也以种种方式（许多方式并非故意）加剧了贫困问题。全球变暖不仅是由大型工业污染企业和跨国伐木公司引起的，我们选择开的车和我们选择使用的能源也起了作用。同样地，美国的贫困问题不仅仅是国会和企业董事会采取的行动导致的，也是我们每天处理日常事务时所做的大量决策的结果。

在当代美国生活和奋斗，就必须参与到一系列充满道德问题的体系之中。如果一个家庭的财务状况完全取决于其房屋的价值，那么这个家庭自然而然会反对任何有可能导致其房屋贬值的事情——比如，有人提议在附近开发平价住房。如果一对老夫妇的积蓄取决于股市的表现，也就不难理解为什么他们会支持旨在推高股市回报的立法，即便这些立法意味着劳动者会受到剥削。种族隔离、剥削等社会弊病，既可能由偏见和自私驱动，也可能由好心驱动，比如想保护自己的孩子——尤其是涉及孩子时。

二战后的社会学家 C. 赖特·米尔斯把这些情况称为"结构性不道德",后来政治学家杰米拉·米切纳将其称为"社会层面"的剥削。[27] 人与人是互相关联的,我们是作为一个共同体的成员共享这个国家和经济体,其中富人得到的优势往往是以牺牲穷人的利益为代价换来的。但这种安排并不是不可避免、无法改变的,而是人为制造的,也可以由人来解决。我们可以塑造一个新的社会,从我们自己的生活着手。我们选择在哪里工作和生活、买什么样的东西、投票给谁,以及我们作为公民把精力放在什么事情上,都会对贫困家庭产生影响。因此,要成为一个贫困废除主义者,就意味着要对我们自己的生活进行审视,审视自己是怎么和贫困问题产生联系的,以及要用什么办法去解决它,通过这种审视将贫困问题和自身联系起来。

我们可以用我们的钱包投票,重新考虑我们该在哪里买东西、该买什么东西,尽可能不去支持那些剥削员工的企业。这要求我们做好功课,查看一家企业的历史记录。需要寄包裹的时候,要了解联合包裹服务公司(UPS)的驾驶员是有工会的,而联邦快递(FedEx)的驾驶员则没有;想喝一杯的时候,要记得 Rolling Rock 啤酒公司和米勒啤酒公司都是有工会的;想吃点糖果的时候,要知道制作 Jolly Ranchers 糖果的工人是有工会的。[28] 越来越多的美国消费者在做决定时会把环境因素纳入考量,与此同时,我们也应该考虑贫困问题。

从波士顿倾茶事件到反"血汗工厂"学生运动,美国的消费主义者有着悠久的行动主义历史。当年美国革命者不穿从英国进口的服装，而是穿着本土纺织的衣服，并引以为豪；20世纪60年代，农场工人在全国范围内领导了一场抵制运动，让美国家庭拒绝购买葡萄；①近年来，美国消费者不再购买依赖动物实验的化妆品，也不再支持使用西非儿童采摘下来的可可豆生产巧克力的公司。消费者行动主义派认识到，每一次购买都是一次道德选择。对于贫困废除主义者来说，这意味着拒绝抹去产品背后的人，转而选择那些支持自己员工的企业进行消费。[29]

如果一家企业逃税、破坏工会或压低薪酬，那么它就是一家剥削性的企业。并非每个人都能充分自由地选择在哪里买东西，特别是要依靠打折券和其他方法节省开支的人，他们的选择很少。但我们这些有选择的人应该拒绝让剥削性的企业从我们口袋里挣钱，我们不应该成为这些企业的客户或者股东。如果我们在股市里有投资，应该以消除贫困为指引，重新审视自己的投资项目，除了我们个人的投资，还要审视我们所在州的养老基金。许多人都会极力避免投资"罪恶股票"，即军火商、博彩业或石油钻探公司的股票。那么，那些带来苦难和绝望、逃税、不为公共服务做贡献的企业呢？我们从这些投资中获得回报，那些受到直接或间接伤害的人就要付出代价。

我们还可以进一步审视自己所在的机构。比如，可以去看看

---

① 20世纪60年代，美国加利福尼亚州葡萄种植园的采摘工人发起罢工，以抗议恶劣的工作条件和待遇，即"德拉诺葡萄罢工"。经过5年的斗争，工人获得了胜利，并促成了1975年《加州农业劳动关系法》的通过。——编者注

我们的母校或现在所在的高校：它们是否为初代大学生[①]提供了足够的支持？是否公平对待兼职教员、园丁和后勤人员？是否对低收入社区的房价上涨负有责任？它们接受的捐赠基金是否在给剥削性的企业进行投资？还可以看看我们的工作场所和行业：是否存在剥削劳动者的情况？例如，相关职业许可是否设置了不必要的入门障碍（比如要求进行长时间的培训、参加昂贵的考试）来保护行业内的人，却伤害了试图入行的人？再看看我们的银行：是否收取高额的透支费用？是否在资助发薪日贷款行业？如果是这样，那我们是否应该考虑到别处存钱？无论我们身处何处，都可以利用自己在教会、军队、公司和学校委员会的影响力来开启一场变革。[30]

当贫困废除主义者根据自己对人类尊严和物质幸福的承诺来进行购物和投资决策时，他们应该自豪地说出来，塑造一种相关的表达方式甚至生活方式。有大量证据表明，改变规范比改变理念更容易。"我们不再这么做事了"这句话要比"你这样做是错的"更有影响力。[31]你可能对气候变化有所担忧，但只有在邻居安装了太阳能电池板后，你才会跟着安装；你也许已经认识到快时尚带来的影响，但只有在同学们都改变购物习惯后，你才会随之改变。我们有许多道德信念，但往往只有在受到社会力量的推动时才会行动。心理学家贝茨·莱维·帕鲁克曾告诉我们："规范给了我们权力去实现我们已经认同的事情。"这就是为什么找到途径

---

[①] 初代大学生，一般指的是父母没有从四年制大学取得学位的学生，这些学生通常来自相对贫困的家庭，不易获得学习资源和社会资源。——编者注

将消除贫困的私人行为公之于众是很重要的，要让大众看到。如果我们有足够多的人在个人生活中对这个问题负起一些责任，并开始在自己的工作场所、宗教场所和学校做动员工作，那么就会有更多人参与消除贫困的行动，引发全国性的道德反思，并迫使剥削最严重的行为主体和机构做出改变。[32]

我希望看到企业宣传它们消除贫困的政策，比如集体谈判、支付员工能够维生的工资等，就像企业宣扬它们致力于气候正义和可持续发展一样。美国饮料品牌斯纳普公司宣布其装饮料的瓶子由 100% 可回收塑料制成，而我希望它也能告诉大家制作瓶子的工人是否拥有工会。既然大多数美国人都支持工会，那么为什么不去宣传这一点呢？[33] 现在，本地企业在橱窗里挂起支持跨性别权利的旗帜或者"黑人的命也是命"的标语已经是很常见的现象了，何不同时把员工的起薪也贴出来？像 DoneGood 和 Buycott 这样的购物平台会引导客户支持那些公平对待员工的企业。非营利组织 B Lab 给那些在社会和环境方面满足高标准的公司提供认证，评分标准基于员工薪酬和福利、工作灵活性、员工是否有可能实现对公司的所有权和其他一系列条件。如果我们能在 B Lab 认证过的企业和未认证的企业之间做选择，那么就让我们选择那些对劳动者和环境更有利的企业吧！[34]

消费者行动主义给我们带来了便宜的商品和服务，但这是以对其他人的剥削为代价的；消费者行动主义同样可以帮我们扭转这种趋势，惩罚那些制造贫困的企业，让它们知道，我们不再允许它们进行剥削了。剥削能带来利益，因此反对剥削可能会让股票收益缩水；以和穷人站在一起的态度开展银行业务和购物可能意味着我们需要多付一些钱。承认这些成本，就等于承认我们对贫困的现状负有责任。当我们欺骗和抢劫他人，我们也失去了一部分自我。为所应为，这是一个非常麻烦、耗时甚至昂贵的过程，我明白这一点。我会去尝试，然后失败，然后再去尝试。这是我们为了修复人性必须付出的代价。[35]

# 9

[第九章]

## 拆掉高墙

Chapter Nine

最后还有一件事是我们必须做的，那就是拆掉高墙。在认识到殖民带来的危害后，我们已经对教科书进行了修订，也对一些节假日的名字做了更改；在认识到奴隶制的恐怖后，我们开始将一些大理石雕像移除，并给街道重新命名。但当我们动员起来阻止在自己的社区修建平价住房时，我们难道不就是当代的隔离主义者吗？当我们把未来留给自己的孩子，却不给其他孩子提供公平的机会时，难道不就是在对未来进行殖民吗？

把人们更好地融合起来，就能把存在于学校和社区里的贫困分散开，让贫困不那么集中。只要把贫困家庭迁移到机会丰裕的社区，就能够极大地改善他们的生活，无须采取其他行动增加他们的收入。即使这些家庭仍然生活在贫困线以下，他们的犯罪率也会下降，同时心理健康状况能有所改善，其子女能在学校中茁壮成长，从这些角度来说，他们就变得"不那么贫穷"了。研究发现，贫困儿童在机会丰裕的社区每多居住一年，其成年后的收入都会随之增加——弟弟妹妹会比哥哥姐姐收获更大的好处，因为他们在一个更安全、更富裕的地方居住了更长的时间。[1]

然而，即使是目前最受欢迎的反贫困提案（比如全民基本收入计划），往往也没有触及隔离问题，这让人倍感失望，好像我们已经不想解决这个问题了，好像我们最多只能做到建立一个不平等程度稍低、但仍旧彼此隔离的国家。当富人和穷人过着完全不同的生活，任何只有穷人才需要的机构或项目都会支持者寥寥。如果你自己的孩子不在公立学校就读，你自然会觉得关闭一所公立学校没什么大不了的；如果你知道自己的侄子不会遭到警察搜身,你就会更愿意去支持那种咄咄逼人的警务手段。然而,当各个阶层的家庭都把孩子送到同一所学校,在同一个公园里野餐,在同一条街道上行走,那么这些场所的好与坏就和所有家庭都联系起来了。

此外,我们也必须承认:隔离会毒害我们的心灵。当有钱人基本上只和有钱人一起生活、工作、娱乐和进行宗教活动时,他们就会变得更为与世隔绝,把穷人完全抛诸脑后。隔离会暴露出我们最坏的一面,助长我们的偏见,加剧道德的沦丧。在融合社区中,我们互相接触,能够认识到自己的盲点,而不是活在自己的孤岛上,因此那些穷人需要面对的问题也能触及更富裕的人。正如尼采所说:"一个人必须用自己的身体和灵魂去体会重大的问题。"[2]在我看来,贫困就是最重大的问题之一。融合意味着我们人人都参与其中。它不仅能够打破贫困,而且在精神层面上,随着时间的推移,它能够培育出人们的同理心和团结精神。[3]这就是为什么反对隔离对于消除贫困是至关重要的。

如果围墙不再那么高,贫困家庭有机会搬到机会丰裕的社区居住,其中一些人自然会选择这样去做,也有一些人不会做这样的选择。毕竟,在贫困的社区里,除了贫困本身之外,还有家人和熟悉的环境,有社群关系和爱的氛围,更不用说还有最能满足人们味蕾的食物。对于在主要由白人组成的机构中学习和工作的非白人来说,黑人社区和其他少数族裔的社区提供了一种心灵的慰藉。我主张的是,给人们更多权力来选择在什么样的社区生活,要确保一个孩子出生的地方不会对其未来的人生起到决定性作用。

而且，我从未听说过富裕社区的平价住房有住不满的情况，事实恰恰相反。2021年，新泽西州富裕的樱桃山镇开放了29套平价住房的申请，报名人数达9 309人。[4]

融合是能起到作用的，这是通过半个世纪的研究得出的响当当的结论。1954年，最高法院在"布朗诉教育委员会案"中裁定，支持公立学校实行种族隔离的法律是违宪的。想想看，这个判决对学校的种族融合产生了怎样的影响。在判决宣布后的几年里，全国各地对解除种族隔离命令的执行力度不同，社会学家借此机会比较了那些就读于融合学校的黑人儿童与就读于隔离学校的黑人儿童之间的差距。经济学家拉克·约翰逊研究发现，在融合学校就读的黑人儿童课堂表现更好，毕业率更高，更有可能上大学。这些教育收益也反映在经济收益上。约翰逊的研究显示，从法院的强制融合命令中获益的黑人学生，成年后陷入贫困的可能性显著降低。同时，融合学校里的白人孩子的人生也在正常轨道上：他们的学术成就和后来的生活水平并没有因为黑人同学的加入而受到影响。[5]

不断加深的不平等导致不同学区之间的收入差距拉大。政策制定者已经通过教育财政改革帮助平衡这种差异，将更多的资金投入较为贫穷的学校。这的确有所帮助，但显然不足以解决问题。我们可以参考马里兰州蒙哥马利郡的情况：21世纪初，蒙哥马利的房屋管理局将申请平价住房的家庭随机分配到不同的公共住房单元里，有的单元位于富裕社区，那里有着富裕的学校。同时，当地政府对最贫困的学校进行重大投资，投入大量资金缩小班级规模、加强教师培训。研究者利用这个机会观察贫困家庭学生是在贫困程度低的学校表现更好，还是在贫困程度高但拥有更多资源的学校里表现更好，研究结果是引人注目的：就读于贫困程度低的学校的贫困家庭学生表现明显优于就读于进行了"最先进的教育干预"的、贫困程度高的学校的学生。就算我们将贫困学校的预算提升到超过富裕学校的水平，也不能让这些学校实现平等。[6]

环境对孩子的影响很大——这听起来像一句正确的废话。我们都知道环境的影响很重要，这就是为什么我们许多人花这么多的精力和财富来强化自己的学校和社区，把它们带来的所有机会和保障都据为己有。当我们明目张胆地以"为了自己孩子好"的名义堵上其他孩子的大门，我们的孩子又会从我们身上学到什么呢？

从"布朗诉教育委员会案"裁决至今，美国已经发生了倒退，以至于我们的孩子今天就读的学校在经济多样性上还不如我们父母辈的学校；虽然我们已向种族融合迈出了小小的步伐，但我们大多数社区仍然严格按照种族划分。随着我们的城市生活成本变得越来越高，穷人和富人之间的距离只会越来越大。过去，我们会议论"住在铁轨另一边"的穷人家庭；现在，我们和那些穷人已经不住在同一个郡了。[7]今天的我们仍然非常分裂，非常不平等。但是，我们这代人可以终结这种机会的不公。

\* \* \*

怎么样才能最终给隔离画上句号呢？我们能做的最重要的事，

[第九章] 拆掉高墙

就是不再施行排他性的区划政策，代之以包容性的政策，拆除我们的高墙，并用高墙的瓦砾搭建新的桥梁。这里我们要分两步走。第一步是摒弃那些为了把低收入家庭挡在机会丰裕的社区之外而搞出来的法律门道，把那些不允许建造多户型公寓或面积更小、更便宜的住房的规定都废除。排他性区划政策实际上就是一种更礼貌、文雅的隔离政策，如果我们继续施行这样的区划规定，就无法诚心诚意地说我们的社区是反种族主义或反贫困的。

结束排他性区划规定，能让开发商合法承建低收入家庭所需要的住房，但这并不能保证开发商就会付诸实践。这时候就需要第二步：批准包容性区划规定。所谓包容性区划，不仅是要清除排他性区划，而且要积极采取措施，站到排他性区划的对立面。排他性区划导致开发平价住房变成了违法的事情，而包容性区划应该做出规定：不开发平价住房才是违法的。这是较为强硬的政策，要求新开发的住房项目必须为低收入家庭预留出一部分单元。较柔和的政策是通过提供激励措施把这种操作变成自愿的——如果开发商在计划中预留了面向低收入家庭的平价住房，就可以获得税收减免，或"密度奖励"，也就是允许他们扩建。比如，一个开发商本来获批建设一栋50户的公寓楼，如果同意以低于市场价的价格提供15%的公寓，那么就允许其扩建为75户。[8]

爱尔兰和西班牙等国已经强制实施包容性区划政策，以解决住房短缺问题。在美国，新泽西州在这方面走在了前沿。新泽西州的几乎每个城郊辖区都有平价住房。这是怎么做到的？因为新泽西州最高法院做出了一系列具有里程碑意义的判决，不仅禁止了排他性区划，还要求所有市镇提供"公平份额"的平价住房。这个公平份额是根据每个市镇的人口数据计算出来的，如果市镇没有尽到自己的责任，法院可以强制它们完成，重新划定市镇的区划地图，帮助平价住房项目向前推进。共和党控制地区和民主党控制地区对此都进行了抵抗，但在法律的强制要求下，有340多个市镇都开始修建平价住房。一旦这些计划确定下来，开发商很快会竞标，因为他们建造多户型建筑比建造独栋建筑更赚钱，就算要把一部分单元租给低收入家庭也不影响利润。新泽西州通过这一策略修建了数千套平价公寓，而且不需要州政府或联邦政府出一分钱。[9]

开发平价住房真的会影响周围房地产的价值吗？如果这些平价住房盖得不好，又不好好维护，那么就像所有缺乏维护的房屋一样，自然会对周围房地产的价值产生影响。但是研究发现，如果平价住房能够融入周围的社区，管理良好、分布合理，而不是集中在某一个地方，那么它对周围房地产的价值就没有任何影响。[10]（自从新泽西州牵头推进社区经济水平融合后，其房地产价值一直保持全国领先，在公立教育方面也排第一。）国会可以用联邦资金鼓励更多社区投资平价住房，这些资金可以用来抵销当地的财产税，或者是改善公共服务。如果说业主投票赞成修建平价住房对自己的钱包有好处，那么会发生什么情况呢？如果一个社区欢迎更多低收入家庭入住后，当地的小学就能够修缮体育设施或者聘请更多教师，那又会如何？

像这样的激励措施可以让更多社区愿意分享它们的资源。同时，惩罚措施也能起到作用。比如，如果某个地方政府拒绝摒弃排他性区划政策，国会就可以停止给它拨款。现在，每当那些排他性的城镇或社区使用联邦资金修缮人行道、改善下水系统或者修建公园，就等于把低收入人群上交的税款用在了不欢迎他们的地方。国会可以通过拒绝向实施排他性区划政策的辖区提供联邦资金，给这种不合理的安排画上句号。那些希望继续待在高墙后面的人，不应该得到我们其他人的帮助。

说起来，这个想法并不是我原创的，而是共和党人乔治·罗姆尼提出的，他是犹他州联邦参议员米特·罗姆尼的父亲。1970年，乔治·罗姆尼在尼克松任内担任住房和城市发展部部长，他提出美国政府不应该再出钱支持种族隔离了。他的提议让那些住在郊区的白人火冒三丈，导致尼克松扼杀了这个想法，并最终迫使罗姆尼离职。[11] 那些郊区的白人居民不只给议员打电话，还通过政治集会和写信的方式表达自己的态度。

你近期参加一次居住地规划委员会的会议就会明白，现在的情况基本上还是老样子。那些关注区划政策的人通常都是富人、老人和白人，而且大多数都有房产。这个活跃的选民群体绝大多数都反对平价住房甚至是反对任何形式的新建住房项目，并且积极发声，加剧了国家严重的住房危机。托克维尔在19世纪就观察发现，美国人平时不怎么关心政治，但一旦镇上提出要修一条路，而这条路会穿过他们的土地，他们就会去公开场合表达政治态度。同样，在21世纪，美国人通常不会去研读规划委员会的会议纪要，但如果有人提议在他们家附近建造平价住房，你就会突然发现他们在工作日的晚间跑去市政厅会议上振臂疾呼。[12]

"这些会议现场可谓剑拔弩张。"埃里克·多布森对我说。多布森是一名黑人牧师,也是新泽西州公平份额住房中心的副主任,这是一家致力于在新泽西州修建更多平价住房的公益律所。多布森经常参加社区会议。在这些会议上,居民会尽全力阻止执行法院要求的建设工作。有时候,会议会一直持续到凌晨时分。多布森偶尔会提醒志同道合的倡导者不要在会上发言,免得会后在停车场被人骚扰。有一次,多布森前往位于新泽西州郊区、距离纽约市35公里的老桥镇开会,一名白人男子大声质问他:"你们怎么不去自己的社区建这些东西?"多布森回答说,已经建了。

支持隔离的有产阶级是现状的捍卫者,他们很明显愿意付出心血维系这座高墙。他们努力拖延和阻止建设更多住房。这种努力取得了成效,因为地方政府官员更愿意回应自己听到的声音。[13] 我们需要让他们听到不同的声音。我们特别需要听到那些欢迎更多新同学进入他们学校的初中生和高中生的声音;那些想要搬进新建平价住房的家庭也能发出格外有力的声音。

我知道这些很难做到。2022年,我认识了汀可·博奇,她是夏威夷欧胡岛上一个由无家可归者组成的社区POW(Puʻuhonua O Waiʻanae)的负责人,这个社区有250人。2020年,POW用从各种渠道筹来的资金在欧胡岛东部购买了20英亩①土地,并开始与公益建筑师和开发商合作建设永久性住房。但首先,POW社

---

① 1英亩≈4 047平方米。——编者注

区的家庭必须在公开听证会上面对他们未来的邻居。"真的非常残忍，"博奇对我说，"他们说什么：'我们的孩子以后都不能在街上玩了！'当着我们和我们的小孩的面这样说，可真是伤人。"

虽然 POW 社区的家庭坚持了下来，但每当回想起那些听证会时，积极乐观的博奇还是会黯然神伤。她和她的邻居，以及全国各地类似情况的家庭，不应该独自面对那些隔离主义者。贫困废除主义者想要建立一种不同的社区，一种更开放、更包容的社区，也必须在工作日晚上抽时间参加那些规划委员会会议。我们必须从座位上站起来，告诉我们的地方官员：这个社区长期以来的隔离传统到此为止，我自己的孩子在这里生活所拥有的机会，其他孩子也应该拥有，请建设平价住房。

\* \* \*

我书桌里放着一份土黄色的三折宣传册。这份宣传册是明尼苏达州人权委员会在 1953 年发布的，内容是关于种族融合的。那时，黑人家庭的收入在不断增长，其中一些人希望在中产社区、包括白人居住的地段买房。认识到这一趋势后，人权委员会针对白人家庭制作了这份宣传册，里面写明了黑人家庭想要的是什么。归结起来，他们和白人家庭想要的东西是一样的：平等的机会和一个舒适的家。关于为什么种族隔离仍然存在，宣传册中写道："许多白人反对（与黑人为邻），因为他们对自己的社会地位感到不确定。"[14]

这是一个深刻的社会学洞察。当脚下的地面动摇时，我们倾向于留在原地自保，不愿意去思考我们已经拥有的，而是更关注我们可能失去什么。大量的社会心理学证据显示，当我们感到资源匮乏或者可能变得匮乏时，当我们感到自己（或我们整个种族）的地位在下滑时，我们就会放弃对平等机会的承诺。[15]如果你在美国做一个民调，就会发现大多数人都希望减少贫困和不平等，至少原则上是这样的。但是当被问到实现这些目标的具体政策，特别是如果觉得相关政策可能会让自己的家庭付出代价的时候，人们就会变得犹豫不决。[16]明尼苏达州的这份宣传册希望缓解这种不安情绪，希望美国白人能够把所声称的价值观付诸实践。"不让（黑人家庭）搬进自己社区的白人违反了他自己的（美国）信条，"宣传册结尾写道，"对许多白人而言，这些段落可能令人不适。坦率地说，在实际生活中践行这些观念是有困难的。但是……只有当人们去完成这件艰难的事情，美国社会才能进步。"

贫困废除主义者要做的就是这件艰难的事情。他们向相关的组织捐款，这很好，但同时他们还有更多事情必须完成。如果只做慈善就够了，那事情就简单了，也就没必要写这本书了。捐款是一种美好的行为，但是无法消除贫困。与其隔着墙把钱扔过去，不如把墙拆掉。证据就摆在面前：我们可以在不降低房地产价值、不妨碍学校质量、不伤害富裕家庭的孩子的前提下，使我们的社区变得融合。那么，为什么我们这么多人仍然"对自己的社会地位感到不确定"？我们为什么这么容易恐惧？

因为我们被灌输了这种恐惧。我们的体制人为创造出资源短缺的情况，然后将其正常化，从而使我们习惯于稀缺性。比如，因为富裕社区的居民成功阻挠了在他们社区建设新房屋的计划，开发商就把目光转向低端社区，但在那里开发商又常常遭遇为生计苦苦挣扎的租客的反对，因为租客担心社区会被中产阶级化[①]。这种情况在美国各地反复出现，使得解决平价住房危机和促进包容性社区的讨论变成了中产阶级化之争，将有稳定住房的低收入家庭和需要住房的低收入家庭对立起来。但请注意，这是一件多么不自然、多么奇怪的事情——有钱的业主们实际上在他们的社区周围画了"红线"，我们只能在他们框定出来的一个很小的范围里采取行动。[17]

同样值得考虑的是，这种稀缺思维如何给我们大部分的政治议题圈定了条条框框，压制了我们的想象力，阻碍了我们的道德志向。立法者、学者和评论人士总是喜欢说"在这个资源稀缺的世界里……"，好像这种情况是自然而然、显而易见的，像自然法则一样不容置疑，而不是我们人为创造的结果。在投资公共服务方面，美国远远落后于其他发达国家。2019 年，法国、德国、荷兰、意大利和其他一些西方民主国家的税收收入都至少占 GDP 的 38%，而美国的税收收入仅占 GDP 的 25%。[18] 我们不仅没有迎头赶上这些国家，还为富裕家庭提供大量福利，而且不去

---

[①] 中产阶层化（gentrification），又译为士绅化、贵族化，指一个旧社区原本聚集的是低收入人士，但重建后地价及租金上升，引致较高收入人士迁入，取代原有的低收入者。——编者注

起诉偷税漏税的人。然后，当有人提出刺激经济流动性或者结束饥饿的办法时，我们又开始哭穷。

大幅增加我们在消除贫困上的共同投资必然需要付出一些成本，这个成本并非小事。但鉴于我们每年花费数十亿美元给业主提供税收优惠，我认为担心让每个家庭都有房住是不是要花太多钱是毫无必要的，正如大企业每年通过避税赚取巨额资金这件事，让我觉得担心给劳动者发放可以维生的工资会导致成本太高是毫无必要的。稀缺思维限制并扭曲了消除贫困的行动，迫使其在想象出来的财政约束下运作。

稀缺思维还将经济公平与气候正义对立起来。比如，立法者希望通过征收拥堵费来控制污染和缓解交通拥堵问题，即对高峰时段进入繁忙市区的车辆收取费用，而批评者称这种提案对居住在交通不便地区的低收入工人影响最大。在很多情况下，事实确实如此，但并不一定非得如此。我们让这么多劳动者生活拮据，然后又利用他们的困境来为我们在其他社会和环境问题上的不作为找借口。政治家和权威专家用权威的语气说，很遗憾，我们不能对高油耗的车辆征税，不能转向清洁能源，也不能提高牛肉的价格，因为这会伤害到贫困家庭和工薪阶层家庭。我并不是说这些权衡不重要，而是说它们并非无法避免，它们是人为创造的稀缺性的副产品。

稀缺性让各个议题之间互相冲突，让邻里产生矛盾。自从美国建国以来，这个国家的阶级政治就是白人劳工和黑人劳工、本地人和新移民之间的故事。跨种族、大规模的劳工运动本来可以带来深远的经济改革（包括建立一个劳工党），就像19世纪的法国和英国那样，但种族主义导致这样的运动没能成为现实。种族主义使社区和学校无法实现融合，把贫困（尤其是城市黑人居民的贫困）局限在贫民窟里，加剧了贫困带来的痛苦。人为创造的稀缺性让种族主义变得更强，并被合理化，因此历史社会学家奥利弗·克伦威尔·考克斯曾经推测，如果没有资本主义，"这个世界可能永远不会经历种族偏见"。[19]

我们姑且称这场游戏为"稀缺性转移"，具体策略如下：第一，允许精英阶层囤积资金和土地这样的资源。第二，假装这种情况是自然而然、不可避免的，或者干脆完全避而不谈。第三，试图用剩余的稀缺资源来解决资源囤积引起的社会问题。比如，我们没有让富人交他们该交的税，而是设计一套福利体系，用富人偷税漏税后剩下的那些微薄的税金支撑预算。第四，遭遇失败。降低贫困率失败，建平价住房失败。第五，声称我们只能做到这个份上。每每评论时事都用这个万金油开头："在这个资源稀缺的世界里……"怪政府的项目不好，怪资本主义，怪另一个政党，怪移民，怪所有人，就是不怪那些最应该负责的人。这样的虚伪，即便用"煤气灯效应"① 来形容也不为过。

与稀缺性转移相对的，是认识到这个国家的富裕。生态学家罗宾·沃尔·基默尔最近在提倡"丰盈经济"[20]的概念，这既是一种立场，也是一种立法纲领，是视角和政策设计的转变。承认丰盈

---

① 煤气灯效应（gaslighting）指一种心理操纵手段，施害者用否定、误导等方式让受害者质疑自己的记忆力和判断力，产生认知失调。——译者注

意味着认识到这个国家有着丰富的资源，有足够的土地和资本可以分享，假装没有这么一回事是非常荒唐的。"在这个体系中，财富意味着有足够的东西可以分享，我希望成为这种体系的一员，"基默尔写道，"并且，满足家庭需要所带来的成就感，不会因为破坏了他人的机会而变得不光彩。"听起来不现实吗？也许吧。但是话说回来，谁有权决定什么可行、什么不可行？富人的梦想往往会成为现实（比如附带权益和无限的收入），而穷人的梦想总是被批判为荒诞不经，难道不是这样吗？我们是否还记得，就像历史学家 E. P. 汤普森说的，曾经有一个时代，人们认为即使在干旱和饥荒的时期"利用他人的需求获利"也是不道德的，甚至是不合法的，人们提倡的是"道德的供给经济"。[21]

为什么我们继续把稀缺性当成既定事实，把它作为我们的经济学、政策制定、城市规划和个人道德的核心组织原则呢？打个比方，有一位农民发现自家的狗趴在干草堆上，牛想吃草，但牛只要一靠近干草堆，狗就龇牙咧嘴，于是农民就决定减少牛的口粮，从干草堆旁边胡乱抓一些草喂牛，而不是去把狗牵走。我们为什么要像这位农民一样行事呢？

\* \* \*

我们应该调整我们的社会安全网，提高最低标准；遏制剥削，让穷人拥有权力；远离种族隔离，支持共同富裕。这才是在美国根除贫困的途径。如果我们这样做了，会发生什么情况呢？

事情会发生改变，有时候这种改变会让我们所有人感到不舒服甚至痛苦，这是大实话。保持现状需要付出可怕的代价，而戒断我们对贫困和隔离的依赖也会有代价。首先是政治上的代价，那些把社会融合看作威胁的业主和家长会激烈反抗；那些以往不大需要为学生提供免费午餐和创伤心理疏导的学校也会面临挑战；曾远离贫困的社区可能需要修建公交站，增加社会服务，或者要想办法维持公共秩序。一开始，每个人在日常生活中都会遭遇更多摩擦：会出现更多的冒犯、过失、因误解导致的尴尬，毕竟你的社区里不是人人都上过大学、看过芭蕾舞或者去加勒比海岛度过假。

詹姆斯·鲍德温写道："经历任何真正的变化，都意味着对世界固有认知的瓦解，意味着失去一切给我们带来身份认同的东西，意味着丧失安全感。这种时候，人们看不清，也不敢想未来会发生什么，于是他们紧紧抓住自己熟知或者自以为熟知的东西，抓住自己拥有或幻想要拥有的事物。"想给隔离画上句号，富裕家庭必须放弃一些东西，但人们会获得更有价值的回报。我们必须停止囤积机会和保障，不过这样一来，我们也就不必再参与排斥他人和制造贫困的无良生意，不必感到羞愧。我们必须在某种程度上放弃高墙内那种舒适而熟悉的生活，放弃以前曾告诉自己的有关墙内生活和自己在里面所扮演角色的叙事。但与此同时，我们也不必再承受上流社会的孤独和空虚的物质主义。用鲍德温的话说，我们可以让自己追求"更高尚的梦想和更广阔的特权"[22]。

我住过的最好的地方是威斯康星州的一个社区，名为布莱姆斯附加区，位于麦迪逊市南部，由各个种族和收入阶层的居民组成。住在我街对面的邻居是一对从南美洲移民来的夫妇，隔壁住的是一位年长的黑人老兵，他手腕上戴着几个铜手镯，常在当地的农夫市场打鼓赚小费。这个社区确实存在一些问题，比如有人在街上做毒品交易。我大致记得有一份社区通讯中的警务专栏写道：对一些人来说，佩恩公园是玩耍和锻炼的地方；不幸的是，对另一些人来说，那里是开枪的地方。这种情况确实存在。

但这些问题并不是这个社区的全貌。我认为，我们这个社区的灵魂是大家共用的一片菜园，赫蒙族裔、西班牙语裔、白人和黑人居民们在这里种豆子、辣椒和卷心菜，并举办聚餐，每家带一两个菜；还有做灵魂料理的加达餐厅，餐厅里摆放着教堂地下室用的那种折叠椅，那家的甜地瓜让我至今回味无穷；还有瓜达拉哈拉墨西哥餐厅，挂着粉红色的招牌，我这个加利福尼亚人吃过的最好吃的莫雷酱牛肚煲就是在这里。到了冬季，天空飘起鹅毛大雪，大家都没有铲雪机，一些人就会拿起铲子清理车道和人行道，不是只清理自家门口的道路，而是清理整个街区。在这些人铲雪的时候，另一些人会做早饭。等雪铲完了，大家就会聚在某个人的家里吃东西、取暖。

后来因为工作原因，我们一家搬到波士顿郊区的东阿灵顿社区。这个地方没有那么多问题，但生活也没什么乐趣。冬天来了，邻居们也会清理门前的步道，但仅限于自家门口。我记得有一次下了一场暴雪，而我被困在洛杉矶无法回家。那天晚上，我的太太挺着孕肚扫雪，却没有人来帮她。我们楼下的邻居有个 20 多

[第九章] 拆掉高墙 169

岁的儿子，他把家里的新英格兰式花园打理得漂漂亮亮。当晚他就从窗户里默默看着我太太铲雪，这让她至今想起来还觉得生气。我太太生气并不是因为她讨厌体力劳动（她现在常常做农活），而是因为在我们以前的社区里从来不需要她独自铲雪。如果我们一开始就能在东阿灵顿社区买得起房，房屋价值会比麦迪逊南部的房子增长得快得多。但是作为交换，我们必须放弃一个自己热爱的社区以及被邻居认识和接纳的感觉，来换取不道德的财富。在我们看来，这是不划算的。

一个没有贫困问题的美国既不是乌托邦，也不是没有色彩和差异的国度。看看别的国家我们就知道，有许多资本主义国家的贫困程度远低于我们。在一个没有贫困问题的美国，我们仍会拥有迪士尼世界，市场和私有财产权也会存在，爱马仕手提包、特斯拉电动车、李维斯牛仔裤和耐克鞋也不会消失。你仍然可以发财。结束贫困并不会导致社会崩溃，也不会消除收入不平等。如今美国的收入差距这么大，我们即使在争取平等方面取得很大进步、能够完全消除贫困，也无法做到让最顶层和最底层之间的巨大差距消失不见。保守派总说他们支持的不是结果平等（即每个人都得到相同的东西），而是机会平等（即每个人都有相同的机会）。我觉得这没什么问题，但我们必须付出真正的努力使机会平等成为现实。

结束贫困对于数百万生活在贫困线以下的劳动者、租户、父母和孩子意味着什么，这是难以用语言形容的。它意味着完全不同的生存状态，过上一种更安全、健康、公平、稳定的生活；意味着生活不再仅仅为生存而挣扎，而是以热情和抱负为导向；意味着能够自由呼吸；意味着我们国家对穷人张开双臂，将他们纳入我们的社会，也让整个社会受益。结束贫困并不会让我们所有的问题都消失不见，但由于贫困是无数社会弊病的催化剂和根源，消除贫困能让美国社会在许多方面迎来巨大的进步。

结束贫困将促进广泛的繁荣。在当今的美国，我们可以攀登到令人难以想象的高度，积累巨大的财富，却时刻被贫困包围。贫困随处可见，在我们早晨读报纸的时候，在上下班的路上，在公园里散步时，都能看得到，它拖了我们所有人的后腿，让经济条件很好的人都感到被贬损和压抑。马丁·路德·金在伯明翰的监狱里写道，"任何地方的不公不义都威胁着所有地方的公平正义"，因为"我们都处在一个无法抽身、相互依存的网络中，我们的命运紧紧连在一起"。[23] 这些话我们太耳熟能详了，也许不会特意停下来去思考"威胁"这个词的深意。不公平不仅仅是对公平的"冒犯"或"嘲讽"，还是对公平的威胁和掠夺。马丁·路德·金提出的是一个实证观点，也是一种道德立场。如果任由不公正滋生，它就会去试探自己的界限，向外蔓延，甚至威胁到那些尚未被其掌控的生命。这一点在经济不公平的问题上尤为明显。贫困侵蚀了美国的繁荣，使其成为一种封闭的、吝啬的、充满恐惧的富裕。

没有贫困的繁荣将是非常不同的。想象一下，如果我们消除了贫困，生活会是什么样子？夜深人静时，我们不用再时刻担心自己成为犯罪行为的受害者，因为一个共享财富的社会将变得更加安全；早上看新闻时，头条报道不再是更多的人被扫地出门，或者救济站排起长龙，或者某些企业又想出了什么新的剥削手段；走出家门，我们会感到更轻松自在，因为举目四望，我们不会再发现到处都是帐篷，也不会看到在通勤路上的贫困劳动者疲惫不堪的面孔。我们自己也不会成为其中一员，因为我们知道自己上班赚到的钱是足够维生的。去餐厅吃饭或者住酒店的时候，我们知道给我们做饭和换床单的人会得到好的报酬。地方和全国选举会有更广泛的公民参与和更高的投票率。无论我们生活过得如何，都很清楚，即使遭遇意外，一家人也不至于吃不起饭。

如果用一句话总结，可以这样说：没有贫困，我们会更自由。一个为结束贫困而努力的国家，就是真正地、执着地致力于自由的国家。富兰克林·罗斯福说得对，他说："没有经济安全和独立，就没有真正的个人自由。被贫困包围的人不是自由的人。"被贫困包围的国家也不是自由的国家。相比以金钱为前提的自由（富人的自由）来说，我认为来自共同的责任、共同的目标和收益以及共同的丰盈和投入的自由，是一种完全不同的人类解放——是更为深刻、热烈而丰盛的人类解放。正如罗宾·沃尔·基默尔所说，这种自由"使你感到快乐，也让你承担责任"，"所有的繁荣都是相互的"。为什么这么说呢？因为任何地方的贫困都威胁着所有地方的繁荣。[24]

有一种情绪暴力我们都体会过，那就是明知我们的丰裕给别人带来了苦难时的那种自责。在与他人隔绝开的生活中，我们常常会感受到羞耻和不安，酒足饭饱却充满空虚，生活枯燥无味，内心充满了愧疚和不适，就好像人性被扭曲了一般。2020年芝加哥大学的一份民意调查显示："声称自己过得非常快乐的人所占的比例已经降至历史最低水平（14%），而与此同时，对家庭财务状况感到满意的人所占的比例却达到了历史最高点（80%）。"[25]

再思考一下，当数以千万计的美国人被迫打起全部精神才能勉强维生，会导致多少潜在的才华和美好被白白浪费。《经济学季刊》在2019年发表的一项研究显示，相比家庭收入水平处于后半部分的孩子来说，富裕家庭的孩子成为发明家的可能性要大得多，是前者的10倍。研究人员认为造成这一差距的原因并非先天能力的差异，而是环境因素。他们在比较了孩子们的数学水平（数学好的孩子未来有更大的可能性做出发明创造）后发现，虽然一些来自低收入家庭的孩子数学成绩很好，但与他们数学成绩相当的富裕家庭的孩子更有可能做出发明创造。研究人员从中得出了什么结论呢？那就是有许多"迷失的爱因斯坦"，倘若可以发挥出自己全部的潜能，原本能做出极大的贡献，可惜最终没能发光发热。贫困让那些有潜力取得巨大成就的人未能发挥出应有的实力。[26]

贫困从我们身边抢走了多少艺术家和诗人，多少外交家和有识之士，多少政治家和精神领袖，多少护士、工程师和科学家？想想看，如果我们拆掉那些高墙，会有多少人得以蓬勃发展，我们的国家又会是多么充满生机、积极向上？[27]

# 结　语

消除贫困需要个人和政治层面的努力。我们这些希望为结束贫困而奋斗的人，将通过自己在消费、投资和工作方面的选择来做出贡献。我们支持政府通过调整国家的社会保障体系、强化赋权穷人的政策，来为结束稀缺性做出积极努力。我们痛恨一切形式的剥削，无论实施剥削的主体是企业、有房一族还是金融机构，也不管这种剥削是不是对我们自己有利，越是对我们有利，我们越痛恨。我们反对种族主义和隔离，拒绝在自己的社区里囤积机会，主张共享繁荣。贫困废除主义者是解决问题的人，是实干家。我们更看重具体的方案，而不是不切实际的空论；我们要实实在在的进步，而不是口头的胜利；我们更在意实用性，而非纯粹性。而且，我们必须团结起来。[1]

美国每一次对贫困施以决定性的打击，其背后都是普通人团结一致，实现了不起的成就。社会运动能激发创意，为改革提供新的思路，比如19世纪末的失业工人运动就开始呼吁进行公共建设，而直到几十年后，这一想法才通过罗斯福新政得以实现。社会运动能保证纸面上的权利变成现实，就像20世纪的工会要求雇主尊重新的劳动法一样。[2]

最关键的是，社会运动能产生压力。美国劳工运动是推动罗斯福新政出台的主要力量；大萧条时期兴起的租户运动促使国会建立了公共住房体系。约翰逊总统是如何打破国会的僵局，出台《民权法案》，发起"伟大社会"和"向贫困宣战"运动的呢？是民权运动不断给立法者施压，迫使约翰逊采取行动。约翰逊本人在1965年向国会承认了这一点，他说参与民权运动的美国黑人用他们的行动"呼吁我们兑现美国的承诺。如果不是因为他们一贯的勇敢无畏和对美国民主的信念，有谁敢说我们能取得同样的进步呢？"约翰逊做出上述表态时，国会正处在两极分化时期，民主党内部四分五裂；同时，由于黑人公民无法行使投票权，整个国家实际上空有民主之名，而无民主之实。换句话说，当时的华盛顿当局和今天一样矛盾重重，但依然通过了变革性的立法，禁止种族歧视，帮助更多人获得医疗、食品和教育，大幅减少了贫困率。既然当时的美国大众能想出制胜策略，我们今天也必须要做到。[3]

只有当广大民众齐心协力共同呼吁消除贫困的时候，美国才能真正实现这一目标。今天，这样的运动正在酝酿之中。美国的劳工正在团结起来，他们变得更加强硬、更具战斗力，把那些在以往看来像是一盘散沙的工作场所有序组织起来。住房公平运动风云再起，在租房者权力重振的背景下，租户团结一致反对驱逐，他们用链子把自己锁在住房问题法庭的大门口以示抗议，用自己的力量对被迫流离失所的状况说不。"穷人运动"让全国各地低收入人群的声音被更多人听到，这些声音驳斥了"在富裕的背景下大谈匮乏的谎言"，并且动员人们争取实现教育公平，增加对公共住房的投资。[4] 他们的游行可能打着不同的旗号，有的是工人联合会，有的是租户联合会，有些为了争取种族正义，有些为了争取经济正义，但他们的目标是一致的，那就是在美国消除贫困。

这些运动的领导者往往对贫困带来的轻视和羞辱有亲身体会，我们大家都可以从他们领导的运动中学习，给他们以支持，并且加入其中。具体来说，我们可以参加集会，签署请愿书，出钱出力，在社交媒体上表态，给人们打电话拉票，公开抗议发声，或者给参与罢工的人运送物资。

对那些想要与消除贫困运动者成为盟友的人，"社区变革中心"前任主席兼执行主任迪帕克·巴尔加瓦给出的建议是：建立关系。"想办法在你的生活中与工人阶级和穷人建立关系。"迪帕克说的并不是做慈善，做慈善是有能力的人对有需求的人给予帮助。他说的是建立真正的联结，这种联结是建立在相互尊重和理解的基础上的，它能使各个阶层的人参与到低收入人群的政治斗争中，争取更多的尊严和权力。

你可能觉得自己不是那种善于上街抗议的人——我也不是，但每个人都能够找到适合自己的方式投身于大众运动中。曾经的废奴主义者中，有人参与了奴隶起义，并给逃出来的奴隶提供庇护；有人则慷慨激昂地布道，并拒绝购买由被奴役的人制造的商品。运动既需要有人上街游行，也需要平面设计师、厨师、宣发人员、教师、宗教领袖和律师。我们都可以运用自己的热情和天赋来助力消除贫困。我们怎么可能袖手旁观呢？组织起来反对剥削的美国人是美国劳工运动最优秀的精神后裔，是马丁·路德·金倡导的多种族反贫困运动在当代的体现。他们反抗经济和税收的不公，是美国独立精神的真正继承人。[5]

当你的力量来自人民时，你就需要争取尽可能多的人的支持。消除贫困运动必须扩大，这意味着我们不能放弃任何一个人。"黑人的命也是命"全球网络的共同创始人阿莉西亚·加尔萨说："为了打造我们需要的那种运动，以得到我们应得的东西，就不能仅仅与那些让我们感到舒适的人为伍。"换句话说，"我们必须争取他人的支持"。

这就是消除贫困运动正在做的事情。"人民行动"组织（其口号是"加入我们欢乐的反抗行动"）将农村和城市的贫困家庭与工薪阶层家庭聚集在一起，争取实现住房公平和全民医保。"穷人运动"组织的联合主席威廉·巴伯牧师不光争取到了民主党为主的城市里的贫困黑人家庭的支持，还争取到了共和党为主的农村地区的贫困白人家庭的支持，他主张由不同宗教、种族和政治身份的人组成"融合联盟"，从"道德角度"争取变革。贫困废除主义超越了党派分歧，因为说句实话，过去50年来任何一个党派都未能给予穷人和工薪阶层他们应得的东西。有远见的组织者不会将"外人"视为对手，而是把他们看作反贫困斗争中的潜在盟友，无论这些人是自由派还是保守派，是年轻人还是老年人，是无证移民还是拥有公民身份的人。他们遵循古老的政治智慧，即没有永恒的朋友，也没有永恒的敌人，只有永恒的议题。消除贫困这项事业是缓慢的、充满矛盾的，也是令人振奋且充满活力的，就像民主本身一样。上街抗议的人之所以经常高喊"这就是民主的样子"这句口号，也许就是因为我们太容易忘记这一点了。[6]

2022年5月，"公平薪酬"组织的负责人萨茹·贾亚拉曼和三名组织成员一起在密歇根州西部的一个购物中心里收集支持提高最低工资的签名，那里是共和党的地盘。萨茹对我说："我当时真以为自己会挨揍之类的。"她和她的团队很显眼，都是少数族裔女性，其中两人戴着头巾，而购物中心里的顾客几乎是清一色的白人。"但当我们走上前去问他们：'你愿意签署请愿书支持15美元（时薪）吗？' 99%的人回答说'我已经签过了'，或者'我该在哪里签名？'。"这让萨茹想起两年前，也就是2020年11月发生的一件事情。当时"公平薪酬"组织的成员们聚集在纽约州奥尔巴尼的州议会大楼外，呼吁将靠小费生活的劳动者的最低工资提高至每小时15美元。集会参与者主要来自纽约市，大多是黑人和西班牙语裔劳动者，他们带来了一座高24英尺的雕像，名叫"必要劳工埃琳娜"①，是一位戴着围裙、鼓起手臂

---

① 这里的必要劳工（essential worker）指的是新冠疫情期间从事医疗、公共安全、能源、交通等行业的一线劳工，这些人可豁免居家要求，留在原工作岗位，也译为"核心劳工"等。——译者注

肌肉的黑人女性形象。当劳动者们喊着口号为演讲者加油鼓劲时，一群戴着红色帽子的白人男女走了过来，帽子上印着"MAGA"（"让美国再次伟大"）。"公平薪酬"组织者不知道的是，当天恰好也是纽约州立法机关确认总统选举结果的日子，支持特朗普的抗议者一早就已经聚在那里反对计票。然而，当特朗普的支持者得知劳动者们集会是希望提高最低工资时，就过来和他们握手，并加入了他们的抗议活动。

这让人不禁感到纳闷：是不是所谓的政治极化只是另一种"稀缺性转移"，是另一种缩小我们视野的手段，从而阻止我们去畅想一个实现解放的未来？"人们总说：'啊，关于这个问题的观点太两极分化了，我们是如此对立，我们的想法太不一样了。'"萨茹对我说，"这完全是胡扯。我们彼此之间并没有对立，只是我们和我们选出的人之间形成了对立而已。"大多数美国人都认为从经济中受益的是有钱人，穷人则受到损害；大多数人认为富人并未支付他们应该支付的税款；大多数人支持把联邦最低工资设为每小时15美元。[7]那么，为什么我们选出来的官员没有代表民众的意志呢？这是我们必须要求他们做到的。

这究竟是谁的战斗？如果你没有地方住，没有工作，如果你是一位只有固定收入的残障人士，如果你受到过剥削和排斥，曾被监禁或驱逐，那么这就是你的战斗；如果你是没有身份的移民，为这个国家贡献了血汗，却几乎没有得到什么回报，或者你是被企业欺压和蹂躏的工人，那么这就是你的战斗；如果你是美国数以千万计的努力勉强维生、在贫困与温饱间挣扎的人之一，那么这就是你的战斗;[8]如果你是年轻人,对城市的生活成本和高昂的大学学费感到失望,对那些为现状辩护的花言巧语感到厌倦,那么这就是你的战斗;如果你的生活已经有了保障,也希望你的邻居和你一样生活得到保障,如果你想让这个国家所有人都过上有尊严的生活,如果你热爱公平和正义,不想为了一己私利参与剥削,如果你的国家存在任何苦难都会让你感觉有失体面,那么这也是你的战斗。

美国这个幅员辽阔的国家面临着许多挑战,其中最要紧的就是满足民众基本的生活需求。我们必须问问自己,也问问我们的社区组织、雇主、宗教组织、学校、政党、法院、城镇和家庭成员:我们为结束贫困做了什么?每个人,每个企业,每个对贫困负有责任的机构,都有责任去改善它。消除贫困是一项值得我们提供支持、付诸行动和为之牺牲的事业,因为贫困会扼杀梦想和天赋,会浪费人类的潜能。贫困是一种苦难,是国家的耻辱,让任何爱国情怀都显得苍白无力。这个世界上最富裕国家的公民有能力也有责任终结贫困。[9]

我们需要的并不是多么高明的办法。我们需要的是解决问题的意志。

## 致　谢

感谢特卡拉·艾勒、克洛伊·杰克逊，以及租房者正义联合会的每个人；感谢迪帕克·巴尔加瓦、苏珊娜·布兰克利、汀可·博奇、埃里克·多布森、亚当·戈登、彼得·奥康纳，以及新泽西州公平份额住房中心的全体成员；感谢马克·爱德华兹、乔治·格尔、拉基亚·希格比、萨茹·贾亚拉曼、胡利奥·帕耶斯、克里斯特尔·梅伯里、阿琳、瓦内塔、金博尔，以及我在密尔沃基市的每一位朋友；感谢林赛·佩克；感谢罗克珊·苏托基和费城妇女中心的全体工作人员；感谢瓦妮莎·索利文——感谢你们的慷慨、友谊和信任，感谢你们给予的一切。

这本书能够成形，得益于我和吉尔·尼利姆的一系列对话，富有智慧的她是独一无二的作家经纪人。等我的初稿完成时，吉尔已在病榻之上。我记得她的临终病房里洒满了阳光，也记得我把书稿放在毯子上，她对我说的话。曾有一个美好的人，一个对世界充满好奇、充满信任的人，现在她离开了我们。吉尔，我想念你，爱着你。

感谢阿曼达·库克，谢谢你敦促我进步，谢谢你为这本书赋予了灵魂，谢谢你对贫困的痛恨。感谢皇冠出版集团的顶级团队，特别是克雷格·亚当斯、凯蒂·贝里、吉利安·布莱克、克里斯·布兰德、朱莉·塞普勒、戴维·德雷克、梅森·恩格、安斯利·罗斯纳、彭尼·西蒙以及斯泰西·斯坦，感谢你们对本书提供的支持。

感谢菲比·安德森-达纳、米丽亚姆·弗伊尔勒、汉娜·斯科特，以及莱西厄姆团队，感谢你们相信思想的力量，感谢你们在宣发上的帮助。感谢凯瑟琳·弗林、莎拉·哈利勒，以及Kneerim & Williams 代理公司，感谢你们对本书的坚持。

感谢哈维尔·布里格斯、道尔顿·康利、特蕾西·麦克米兰·科特姆、杰森·德帕尔、特莎·洛温斯克·德斯蒙德、米奇·杜奈尔、凯西·埃丁、菲利兹·加里普、凯瑟琳·赫夫曼、哈维·莫洛奇、蒂姆·尼尔森、贝茨·莱维·帕鲁克、约翰·罗宾森、卢克·谢弗、埃尔达尔·沙菲尔、帕特里克·夏基、保罗·斯塔尔、莎拉·斯蒂尔曼、基昂加-亚玛塔·泰勒、布鲁斯·韦斯顿，以及弗雷德里克·惠里，感谢你们阅读本书的草稿并参与一系列的研讨会，这些研讨会在思想和政治方面给了我人生最多的启发。感谢你们所有人的重要反馈和建议。书中还有任何缺陷和不足，都是我个人的责任。

普林斯顿"驱逐实验室"的雅各布·哈斯是本书主要的研究人员。谢谢你，雅各布，感谢你对细节毫不放松，感谢你的不知疲倦和沉着冷静。还要感谢"驱逐实验室"的亚当·查普尼克、布里亚·迪克森、凯瑟琳·多伊尔、乔·菲什、丹尼·格拉布斯-多诺万、安伯·杰克逊、奥利维亚·金、贾丝明·兰格尔，以及塔斯尼姆·尤苏法利等人组织书籍研讨会，把研究整合起来，特别感谢你们在长达数周的事实核查中做出的贡献。特别感谢赖利·布兰顿为本书做了精确而细致的事实核查。

近年来，我有幸与几位学生、博士后研究员和同事在一些项目上进行合作，这些项目对我的工作产生了深远的影响。感谢安妮·卡特、亚历山大、莫尼卡·贝尔、艾米莉·本弗、阿里扎·杜拉纳、拉瓦尔·埃德蒙兹、伊恩·费洛斯、胡安·巴勃罗·加纳姆、卡尔·格申森、玛德琳·吉尔森、亨利·戈莫里、尼克·格雷茨、阿什利·格罗米斯、詹姆斯·亨德里克森、彼得·赫伯恩、格雷西·希梅尔斯坦、凯蒂·克里沃库尔斯基、艾米莉·莱默曼、莉莉安·梁、勒妮·路易斯、詹姆斯·明顿和 Hyperøbjekt 团队。感谢马特·姆莱奇科、海伦娜·纳吉姆、扎卡里·帕罗林、亚当·波顿、德温·鲁坦、吉利安·斯利、蒂姆·托马斯、亚当·特拉维斯、内森·威尔默斯，以及克里斯·威默，感谢你们的远见卓识和辛勤努力。

感谢我的学生和普林斯顿大学的同事，你们持续的激励和挑战令我受益匪浅。同时感谢《纽约时报杂志》团队，特别是克莱尔·古铁雷斯、杰克·西尔弗斯坦，以及比尔·瓦希克，感谢你们支持我慢慢书写美国贫困的故事。

衷心感谢以下人士，他们解答了我的问题，分享了数据，推荐了相关研究，并在本书写作过程中以多种方式为我提供了帮助，他们是：罗伯特·艾伦、朗尼·伯杰、克莱尔·布朗、菲利普·科恩、罗伯特·多尔、彼得·埃德尔曼、凯文·费根、菲尔·加博登、莉莉·盖斯默、拉里·格利克曼、梅根·格林、比拉尔·哈比卜、亚历克斯·霍罗威茨、希拉里·霍恩斯、珍妮弗·詹宁斯、谢默斯·汗、詹姆斯·科希巴、凯文·克鲁斯、安吉拉·李、伊丽莎白·利诺斯、埃薇·洛普、金伯利·勒福金、伊恩·伦德贝格、达伦·卢茨、凯特·曼内、道格·马西、苏珊·梅特勒、罗伯特·莫菲特、桑尤·莫佐拉、凯利·缪齐克、劳拉·诺兰、阿曼达·诺夫塔、爱丽丝·奥康纳、安·欧文斯、乔书亚·佩奇、格温·波利、希拉·雷纳森、瑞恩·里佩尔、伊娃·罗森、杰克·罗森菲尔德、阿里·萨法维、马特·萨尔加尼克、罗布·桑普森、伊莎贝尔·索希尔、黛安·惠特莫尔·尚岑巴赫、朱丽叶·朔尔、利兹·肖特、扎卡赖亚·西皮、莫拉·史密斯、卡罗尔·斯塔克、柯克·斯塔克、汤姆·萨格鲁、劳拉·塔克、萨赫里什·塔奎姆、露丝·洛佩兹·特利、劳伦斯·韦尔、温迪·王、布拉德·威尔科克斯、罗布·威勒、谢宇（音译）、黛安·延特尔，以及美国农业部和国会预算办公室不愿具名的人士。

普林斯顿大学、比尔和梅琳达·盖茨基金会，以及威廉·T.格兰特学者计划的资助让我得以利用学术休假的机会撰写这本书。我还要感谢福特基金会、JPB 基金会、约翰·D. 和凯瑟琳·T. 麦克阿瑟基金会，以及拉塞尔·塞奇基金会，还有陈·扎克伯格项目以及住房和机会项目的资助者，感谢你们支持"驱逐实验室"

和本书中引述的研究。感谢罗宾·皮斯佩基和普林斯顿人口研究办公室的团队，谢谢你们提供的资金支持。

感谢"巴松管演奏家"，感谢"挖掘者"，感谢我所有的朋友们。感谢妈妈和爸爸，还有米歇尔、戴夫、锡达和梅根，感谢你们无条件的爱与支持。感谢斯特林和沃尔特，感谢你们给我的生活带来欢笑与希望。感谢特莎——感谢你的远见和勇气，感谢你的坚定和爱，感谢你始终伴我左右。

德瓦·佩吉，你曾是我们的榜样。这本书献给你。

# 译后记

  2022年的秋天，我搬到了旧金山湾区南部的门洛帕克市。我住的公寓距离斯坦福大学约10分钟车程，学校为我提供了住房补贴。这里社区环境优美，道路两旁树木林立，步行几分钟就有一座公共图书馆，以及健身房、体操馆、篮球馆、游泳池和公园，居民可以免费或者以非常低的价格使用这些设施。

  我刚搬来的时候，恰逢美国的中期选举，许多邻居正在联合起来投票反对门洛帕克市的一项平价住房计划。这个计划由附近的公立学校提出，要在一片空置已久的土地上修建一栋90户的公寓楼，多数将以便宜的价格租给学校的教职工，剩余部分则面向社会出租，每年大约能为学校创收50万美元，用于改善教职工的待遇。

  反对这项计划的人说，他们理解湾区公立学校教师当下面临的生活压力，只是非常担心平价住房落成后会带来交通拥堵，并且"改变社区本来的样子"。

  我注意到附近现有的房屋大多是独栋别墅，均价在300万美元。几乎每家每户都有不止一辆车，奔驰和特斯拉最为常见。夜幕降临，人们便会把车停进自家车库或车库门口的坡道上，因为市政府规定夜间路边不允许停车——这样有车的流浪者就不会到这里来过夜了。

"公寓面向社会出租，谁知道会搬来什么人呢？"一位邻居对我说，"以后我们还能放心让自己的孩子在外面玩吗"？

"有人说我们是种族主义者，是 NIMBY，这太不公平了，"另一位邻居说，"我们并不是不欢迎新邻居，只是不想要高密度住房而已。"NIMBY 指 "not in my backyard"，即反对在自家社区修建平价住房的人。

搬来后不久，我认识了玛格丽塔·门德斯。她也是门洛帕克的居民，在附近的公立学校里当了 30 年的西班牙语老师。在投票前的几周时间里，玛格丽塔挨家挨户劝说邻居支持修建平价住房。她告诉我，因为这里缺少平价住房，有的中学教师被迫住在两小时车程外的地方，每天通勤来学校教课。"我知道在这当老师有多辛苦，"她说，"我希望居者有其屋。"

在一个阳光灿烂的星期六，我跟她去了北边的贝尔黑文区。这里和我家隔着一条高速公路，也属于门洛帕克市，有着数量更多的公寓楼，以及面积更小的独栋别墅。大部分房子维护得不太好，院子里杂草丛生，栅栏上布满锈迹。街上行道树很少，浅色地面反射的阳光有些刺眼。

玛格丽塔戴着墨镜，健步如飞。她敲开一户人家的门，住户是一名微胖的中年男子，他们用西班牙语交谈起来。贝尔黑文区的居民有 70% 和她一样是西班牙语裔，另有 18% 是黑人。与此形成对照的是，门洛帕克市作为一个整体，60% 的居民是白人，16% 是亚裔，家庭收入中位数近 20 万美元，是全美平均水平的三倍，是加州的两倍有余。

开门的男子说他在斯坦福大学做装修工人，几年前租下这处房子，同住的还有他的妻子和两个女儿。玛格丽塔提醒他投票支持修建平价住房，留下几张宣传材料，并向他道了谢。那天下午，她一共敲开了十几户人家的门，除了一户没有投票权的人家，其他都答应一定会投票。

与贝尔黑文区相邻的东帕洛阿尔托市也是湾区收入较低的地区之一。在 2022 年中期选举前不久，这里有居民发现家里的自来水呈现棕色并且味道刺鼻，大约 70% 的居民不得不购买瓶装水，而整体而言美国是全世界饮水质量最高的国家之一。这让我联想到马修·德斯蒙德在这本书里提到的"精力税"：贫困社区的居民为贫困付出的代价，是富人不需要承担的。

在写美国住房危机的《扫地出门》一书中，德斯蒙德用冷静克制的方式讲述了居无定所的穷人的故事，而在本书开篇，他直接明言："要理解贫困产生的原因，我们不能只盯着穷人本身。我们这些拥有特权、过着丰裕生活的人，必须检视自己。"

旧金山湾区是全美国最富有的地区之一。在这里，高收入群体居住的社区有着漂亮又平整的道路，而低收入社区的居民就得忍受坑坑洼洼的路面。越有钱的社区，越少有公交车和地铁（一些人觉得只有这样才能把贫困挡在外面），人们可以直接从自己家的车库开车到公司，或者干脆居家办公。住在这样的社区里，人们可以不与其他人和事物产生联系。

位于南湾的斯坦福大学，本科录取率仅4%。作为一所顶尖私立学校，它拥有400亿美元的捐赠基金。按照世界银行最新的经济数据，400亿美元超过了近100个国家和地区全年的GDP。几年前，有新闻机构通过报税记录发现，斯坦福有一半学生的家庭年收入排在全美前10%，近1/5的学生家庭年收入属于前1%。最优越的教育资源被最富有的人群握在手里。

如果以斯坦福大学为中心，车程15分钟为半径画一个圆，上述所有故事全部发生这个小圆圈里。圆圈之外，美国各地的情况也十分相似。

在这本书中，作者写道：

> 在这样一个贫富差距巨大的国家，穷人越来越依赖公共服务，而富人越来越想摆脱它们，这就导致"私域奢靡而公域贫瘠"的现象，这种模式会不断自我强化，改变我们的社区，进一步拉大我们的差距。

在严重不平等的世界，在"私域奢靡而公域贫瘠"的国家，享受更好社会资源的人能够承认自己对他人的贫困负有责任，愿意审视并参与解决问题，这就是德斯蒙德的呼吁。他认为：作为消费者，可以了解相关企业给环境和劳工权利带来的影响，并根据这些知识做出消费决定；作为学生或教职人员，可以检查自己学校的捐赠基金是否被用于投资剥削性的企业；作为"打工人"，要看自己的行业是否设置了不必要的门槛，把试图入行的人挡在门外。

这样做很难，但也确实有人在进行尝试。2022年的中期选举结束后，近62%的门洛帕克市居民投票支持了修建平价住房的计划，这让玛格丽塔非常欣慰。虽然这可能并不利于房产持续升值（值得一提的是，在距离平价住房选址较近的地方，支持该计划的票数是比较低的），但这个城市里的多数选民还是做出了这个抉择。这也许说明，人们对别人的困境并非无动于衷，许多人还是愿意用自己手中的权利，推动一些改变的发生。

正如作者所写的：

> 想给隔离画上句号，富裕家庭必须放弃一些东西，但人们会获得更有价值的回报。我们必须停止囤积机会和保障，不过这样一来，我们也就不必再参与排斥他人和制造贫困的无良生意，不必感到羞愧。

最后，翻译与所有工作一样，有权衡与妥协。这本书的英文原版书名为"Poverty, by America"，原本希望译成《贫困，美国制造》。最终的书名是尊重出版方意见做出的决定。

感谢你读到这里，译文如有疏漏，期待指正与包涵。

董孟渝

2024年4月

# 注　释

### 前言

1. Matthew Desmond, "Severe Deprivation in America: An Introduction," *RSF: The Russell Sage Foundation Journal of the Social Sciences* 1 (2015): 1–11; Liana Fox, *The Supplemental Poverty Measure*, 2019 (Washington, D.C.: U.S. Bureau of the Census, 2020), figure 2, appendix table 1; Organisation for Economic Co-operation and Development (OECD) Data, "Poverty Rate (indicator)," Organisation for Economic Co-operation and Development, 2022; U.S. Census Bureau, Current Population Survey, 2021 Annual Social and Economic Supplement, HINC-01; U.S. Census Bureau, Table B-1. People in Poverty by Selected Characteristics: 2019 and 2020. 另见：PolicyLink, *100 Million and Counting: A Portrait of Economic Insecurity in the United States* (Oakland, Calif.: PolicyLink, 2018)。
2. DigDeep and the U.S. Water Alliance, *Closing the Water Access Gap in the United States: A National Action Plan* (Los Angeles: DigDeep, 2019), 8, 12; Megan McKenna et al., "Human Intestinal Parasite Burden and Poor Sanitation in Rural Alabama," *The American Journal of Tropical Medicine and Hygiene* 97 (2017): 1623–28; National Center for Homeless Education, *Student Homelessness in America: School Years 2017–18 to 2019–20* (Greensboro, N.C.: National Center for Homeless Education, 2021), 1; Monica Parise et al., "Neglected Parasitic Infections in the United States: Needs and Opportunities," *The American Journal of Tropical Medicine*

*and Hygiene* 90 (2014): 783–85.

当然，从长远来看，监禁所带来的其他问题，尤其是孤立和暴力，会对健康造成损害。见：Bruce Western, "Inside the Box: Safety, Health, and Isolation in Prison," *Journal of Economic Perspectives* 35 (2021): 97–122, 109; David Rosen, David Wohl, and Victor Schoenbach, "All-Cause and Cause-Specific Mortality Among Black and White North Carolina State Prisoners, 1995–2005," *Annals of Epidemiology* 21 (2011): 719–26; Christopher Wildeman and Christopher Muller, "Mass Imprisonment and Inequality in Health and Family Life," *Annual Review of Law and Social Science* 8 (2012): 11–30.

3. U.S. Bureau of Economic Analysis, *GDP Summary, Annual by State* (Washington, D.C.: U.S. Department of Commerce, 2022); The World Bank, *GDP (Current US$)* (Washington, D.C.: World Bank Group, 2022).

4. Jane Addams, "Jane Addams's Own Story of Her Work: The First Fifteen Years at Hull-House," *Ladies' Home Journal*, April 1906, 11–12; Jane Addams, *Twenty Years at Hull-House with Autobiographical Notes* (New York: Macmillan, 1912), 175–76; James Agee and Walker Evans, *Let Us Now Praise Famous Men: Three Tenant Families* (New York: Mariner Books, 1941); Michael Harrington, *The Other America: Poverty in the United States* (New York: Penguin Books, 1962), 170; Jacob Riis, *How the Other Half Lives: Studies Among the Tenements of New York* (New York: Penguin, 1997 [1890]).

## 第一章

1. Carmen DeNavas-Walt and Bernadette Proctor, "Income and Poverty in the United States" (Washington, D.C.: U.S. Bureau of the Census, 2015), 44, table B-1; Bruce Meyer and James Sullivan, "Identifying the Disadvantaged: Official Poverty, Consumption Poverty, and the New Supplemental Poverty Measure," *Journal of Economic Perspectives* 26 (2012): 111–36; National Academies of Sciences, Engineering, and Medicine, *A Roadmap to Reducing Child Poverty* (Washington, D.C.: National Academies Press, 2019), 291–92; National Research Council, *Measuring Poverty: A New Approach* (Washington, D.C.: National Academies Press, 1995); Alice O'Connor, "Poverty Knowledge and the History of Poverty Research," in *The Oxford History of the Social*

*Science of Poverty*, eds. David Brady and Linda Burton (New York: Oxford University Press, 2016), 169–92; Alice O'Connor, "When Measurements Matter: Poverty, Wealth, and the Politics of Inequality in the United States," *History of Political Economy* 52 (2020): 589–607; Mollie Orshansky, "Counting the Poor: Another Look at the Poverty Profile," *Social Security Administration Bulletin*, January 1965, 4; James Scott, *Seeing Like a State: How Certain Schemes to Improve the Human Condition Have Failed* (New Haven, Conn.: Yale University Press, 1998); Office of the Assistant Secretary for Planning and Evaluation, *2020 Poverty Guidelines* (Washington, D.C.: U.S. Department of Health and Human Services, 2020).

2. Layli Long Soldier, *Whereas* (Minneapolis: Graywolf Press, 2017), 44; Office of the Assistant Secretary for Planning and Evaluation, *2022 Poverty Guidelines* (Washington, D.C.: U.S. Department of Health and Human Services, 2022).

3. 克里斯特尔·梅伯里为化名。Desmond, "Severe Deprivation"; Matthew Desmond, *Evicted: Poverty and Profit in the American City* (New York: Crown, 2016).

4. Robert Bullard, *Dumping in Dixie: Race, Class, and Environmental Equality* (New York: Westview Press, 2009); National Center for Health Statistics, *Health, United States, 2019*, Centers for Disease Control and Prevention, "Table 28: Untreated Dental Caries, by Selected Characteristics: United States, Selected Years 1988–1994 Through 2015–2018"; Robin Cohen et al., "Health Insurance Coverage: Early Release of Estimates from the National Health Interview Survey, 2021," National Center for Health Statistics, Centers for Disease Control and Prevention, 2022; Bhargavi Ganesh et al., "The Relationship Between Housing and Asthma Among School-Age Children," Urban Institute, October 2017; Emily Guendelsberger, *On the Clock: What Low-Wage Work Did to Me and How It Drives America Insane* (New York: Little, Brown, 2019); Helen Hughes et al., "Pediatric Asthma Health Disparities: Race, Hardship, Housing, and Asthma in a National Survey," *Academic Pediatrics* 17 (2017): 127–34; Gerald Markowitz and David Rosner, *Deceit and Denial: The Deadly Politics of Industrial Pollution* (Berkeley: University of California Press, 2013); Christopher Muller, Robert Sampson, and Alix Winter, "Environmental Inequality: The Social Causes and Consequences of Lead Exposure," *Annual Review of Sociology* 44

(2018): 263–82; Kamyar Nasseh, Marko Vujicic, and Cassandra Yarbrough, *A Ten-Year, State-by-State Analysis of Medicare Fee-for-Service Reimbursement Rates for Dental Care Services* (Chicago: Health Policy Institute, American Dental Association, 2014); Leah Rosenbaum, "Tooth Decay: An Epidemic in America's Poorest Children," *Science in the News*, Harvard University, June 22, 2017; Andrew Wasley, Christopher Cook, and Natalie Jones, "Two Amputations a Week: The Cost of Working in a US Meat Plant," *The Guardian*, July 5, 2018.

5. Anthony Braga and Philip Cook, "The Association of Firearm Caliber with Likelihood of Death from Gunshot Injury in Criminal Assaults," *JAMA Network Open* 1 (2018): 1–10; Jooyoung Lee, "Wounded: Life After the Shooting," *Annals of the American Academy of Political and Social Science* 642 (2012): 244–57; Laurence Ralph, *Renegade Dreams: Living Through Injury in Gangland Chicago* (Chicago: University of Chicago Press, 2014); Rosenbaum, "Tooth Decay"; Gillian Slee and Matthew Desmond, "Resignation without Relief: Democratic Governance and the Relinquishing of Parental Rights," Working Paper, Princeton University, 2022; Bruce Western, "Lifetimes of Violence in a Sample of Released Prisoners," *RSF: The Russell Sage Foundation Journal of the Social Sciences* 1 (2015): 14–30. 笔者在2021年3月2日与帕特里克·夏基沟通后获取了芝加哥枪支暴力的相关数据。

6. 斯科特为化名，我在密尔沃基市进行《扫地出门》一书的研究时与他相识。

7. CoreLogic, "United States Residential Foreclosure Crisis: Ten Years Later," 2017; Desmond, *Evicted*, part 2; Matthew Desmond, "Unaffordable America: Poverty, Housing, and Eviction," Institute for Research on Poverty, *Fast Focus* 22 (2015): 1–6; Will Fischer, "President's Budget Would Provide More Vouchers to Help Families with Rising Housing Costs," Center on Budget and Policy Priorities, April 20, 2022; Ashley Gromis et al., "Estimating Eviction Prevalence Across the United States," *Proceedings of the National Academy of Sciences* 119 (2022): e211616911; Dowell Myers and JungHo Park, "A Constant Quartile Mismatch Indicator of Changing Rental Affordability in U.S. Metropolitan Areas, 2000 to 2016," *Cityscape* 21 (2019): 163–200; RealtyTrac, "Record 2.9 Million U.S. Properties Receive Foreclosure Filing in 2010 Despite 30-Month Low in December," 2011; U.S. Census Bureau, American Community

Survey, 1985–2022; U.S. Census Bureau, Current Population Survey/Housing Vacancy Survey, April 27, 2022, table 11A; U.S. Department of Housing and Urban Development, "40th Percentile Fair Market Rent, 1985–2022"; U.S. Census Bureau, American Housing Survey, 2019, table 10. 相关的住房成本估算未包括以下几类人：那些未报告支付现金租金的租户，以及那些在住房上的开销超过其家庭总收入的人。

8. U.S. Bureau of Labor Statistics, "Table 16. Annual Total Separations Rates by Industry and Region, Not Seasonally Adjusted," March 10, 2022; Business Wire, "Temporary Employment in the U.S. to Grow Faster Than All Jobs Through 2025, According to New Job Forecast from TrueBlue and Emsi," November 1, 2019; Matthew Desmond, "Americans Want to Believe Jobs Are the Solution to Poverty. They're Not," *The New York Times Magazine*, September 11, 2018; Henry Farber, "Job Loss and the Decline in Job Security in the United States," in *Labor in the New Economy*, eds. Katharine Abraham, James Spletzer, and Michael Harper (Chicago: University of Chicago Press, 2010), 223–62; Jacob Hacker and Elisabeth Jacobs, "The Rising Instability of American Family Incomes, 1969–2004: Evidence from the Panel Study of Income Dynamics," Economic Policy Institute, May 29, 2008; Erin Hatton, *The Temp Economy: From Kelly Girls to Permatemps in Postwar America* (Philadelphia: Temple University Press, 2011); Wojciech Kopczuk, Emmanuel Saez, and Jae Song, "Earnings Inequality and Mobility in the United States: Evidence from Social Security Data Since 1937," *The Quarterly Journal of Economics* 125 (2010): 91–128; Jake Rosenfeld, *You're Paid What You're Worth: And Other Myths of the Modern Economy* (Cambridge, Mass.: Harvard University Press, 2021), 158, 173; U.S. Bureau of Labor Statistics, Temporary Help Services, 1991–2021, source code CES605613200.

9. PolicyLink, *100 Million and Counting*; Ann Huff Stevens, "The Dynamics of Poverty Spells: Updating Bane and Ellwood," *American Economic Review* 84 (1994): 34–37; U.S. Census Bureau, Current Population Survey, 2021 Annual Social and Economic Supplement, HINC-01.

10. Karl Marx, "The Eighteenth Brumaire of Louis Bonaparte," in *The Marx-Engels Reader*, 2nd ed., ed. Robert Tucker (New York: Norton, 1978 [1852]), 594–617.

11. National Academies of Sciences, Engineering, and Medicine, *Roadmap to*

*Reducing Child Poverty*, 62; Office of the Assistant Secretary for Planning and Evaluation, *2020 Poverty Guidelines* (Washington, D.C.: U.S. Department of Health and Human Services, 2020); U.S. Census Bureau, Current Population Survey, 2021 Annual Social and Economic Supplement (CPS ASEC), POV-01: Age and Sex of All People, Family Members and Unrelated Individuals: 2020, Below 50% of Poverty.

12. Robert Allen, "Absolute Poverty: When Necessity Displaces Desire," *American Economic Review* 107 (2017): 3690–721; Robert Allen, "Poverty and the Labor Market: Today and Yesterday," *Annual Review of Economics* 12 (2020): 107–34, 113–15; Angus Deaton, "Price Indexes, Inequality, and the Measurement of World Poverty," *American Economic Review* 100 (2010): 5–34; Angus Deaton, "The U.S. Can No Longer Hide from Its Deep Poverty Problem," *The New York Times*, January 24, 2018.

近期进行国际贫困状况评估变得越发困难，因为世界银行的"国际比较项目"已停止公布廉价小米和高粱的价格，而这些价格是计算基础食品成本的重要指标。

13. Jason DeParle and Robert Gebeloff, "Living on Nothing but Food Stamps," *The New York Times*, January 2, 2010; Poverty Solutions, *Markers of Extreme Poverty* (Ann Arbor: University of Michigan, 2021); National Center for Homeless Education, *Federal Data Summary, School Years 2016–17 Through 2018–19* (Browns Summit, N.C.: National Center for Homeless Education, 2021); National Center for Homeless Education, *Analysis of Data, from the 2007–08 Federally Required State Data Collection for the McKinney-Vento Education Assistance Improvements Act of 2001* (Browns Summit, N.C.: National Center for Homeless Education, 2009); H. Luke Shaefer and Kathryn Edin, "Extreme Poverty Among Households with Children Since the 1996 Welfare Law," in *Social Stratification*, 5th ed., eds. David Grusky, Nima Dahir, and Claire Daviss (New York: Routledge, 2022); H. Luke Shaefer and Kathryn Edin, *Extreme Poverty in the United States, 1996 to 2011* (Ann Arbor, Mich.: National Poverty Center, 2012), table 1; H. Luke Shaefer et al., "The Decline of Cash Assistance and the Well-Being of Poor Households with Children," *Social Forces* 98 (2020): 1000–25. 有关极度贫困的探讨，见：Bruce Meyer et al., "The Use and Misuse of Income Data and Extreme Poverty in the United States," National Bureau

of Economic Research, Working Paper 25907, May 2019; and H. Luke Shaefer, "Critique of $2.00 a Day, or New Evidence of Need Among America's Poor?" at twodollarsaday.com。

14. Deborah Johnson, "Connections Among Poverty, Incarceration, and Inequality," Institute for Research on Poverty, *Fast Focus* 48 (May 2020); Melissa Kearney et al., "Ten Economic Facts About Crime and Incarceration in the United States," Policy Memo, Brookings Institution, May 2014; Becky Pettit, *Invisible Men: Mass Incarceration and the Myth of Black Progress* (New York: Russell Sage Foundation, 2012); Pew Charitable Trusts, "Probation and Parole Systems Marked by High Stakes, Missed Opportunities," September 25, 2018; Wendy Sawyer, "How Much Do Incarcerated People Earn in Each State?," Prison Policy Initiative, April 10, 2017; Wendy Sawyer and Peter Wagner, "Mass Incarceration: The Whole Pie 2022," Prison Policy Initiative, March 14, 2022; U.S. Census Bureau, "Fact Sheet: Differences Between the American Community Survey (ACS) and the Annual Social and Economic Supplement to the Current Population Survey (CPS ASEC)" (Washington, D.C.: U.S. Bureau of the Census, 2021); Bruce Western, *Punishment and Inequality in America* (New York: Russell Sage Foundation, 2006), 98.

15. Katherine Beckett and Steve Herbert, *Banished: The New Social Control in Urban America* (New York: Oxford University Press, 2010); Gun Violence Archive 2021, verified August 28, 2022; Sheila Harris, "More Than Three-Quarters of Black Mothers Worry Their Children Will Be Victims of Police Brutality, *Essence* Survey Finds," *Essence*, June 15, 2020; Christopher Ingraham, "1 in 13 People Killed by Guns Are Killed by Police," *The Washington Post*, June 1, 2015; Susan Schweik, *The Ugly Laws* (New York: New York University Press, 2009). 枪击死亡数据归属于非自杀死亡数据。

16. Alexes Harris, Heather Evans, and Katherine Beckett, "Drawing Blood from Stones: Legal Debt and Social Inequality in the Contemporary U.S.," *American Journal of Sociology* 115 (2010): 1755–99; Alexes Harris, Mary Pattillo, and Bryan Sykes, "Studying the System of Monetary Sanctions," *RSF: The Russell Sage Foundation Journal of the Social Sciences* 8 (2022): 1–34; Issa Kohler-Hausmann, *Misdemeanorland: Criminal Courts and Social Control in an Age of*

*Broken Windows Policing* (Princeton, N.J.: Princeton University Press, 2018); Joshua Page and Joe Soss, "Preying on the Poor: Criminal Justice as Revenue Racket" in *Money and Punishment, Circa 2020*, ed. Anna VanCleave et al. (New Haven, Conn.: Yale Law School, 2020), 15; Devah Pager et al., "Criminalizing Poverty: The Consequences of Court Fees in a Randomized Experiment," *American Sociological Review* 87 (2022): 529–53; Vesla Weaver, "The Only Government I Know," *Boston Review*, June 10, 2014; Vesla Weaver and Amy Lerman, "Political Consequences of the Carceral State," *American Political Science Review* 104 (2010): 817–33.

17. Dean Herd, Andrew Mitchell, and Ernie Lightman, "Rituals of Degradation: Administration as Policy in the Ontario Works Programme," *Social Policy and Administration* 39 (2005): 65–79; Linda Nochlin, *Misère: The Visual Representation of Misery in the 19th Century* (London: Thames and Hudson, 2018), 8; Celeste Watkins-Hayes, *The New Welfare Bureaucrats: Entanglements of Race, Class, and Policy Reform* (Chicago: University of Chicago Press, 2009).

18. Patrick Sharkey, "The Acute Effect of Local Homicides on Children's Cognitive Performance," *Proceedings of the National Academy of Sciences* 107 (2010): 11733–38.

19. Sendhil Mullainathan and Eldar Shafir, *Scarcity: Why Having Too Little Means So Much* (New York: Times Books, 2013), 13, 54, 161; Baba Shiv and Alexander Fedorikhin, "Heart and Mind in Conflict: The Interplay of Affect and Cognition in Consumer Decision Making," *Journal of Consumer Research* 26 (1999): 278–92.

20. John Creamer, "Poverty Rates for Blacks and Hispanics Reached Historic Lows in 2019," U.S. Bureau of the Census, September 15, 2020; Lincoln Quillian et al., "Meta-Analysis of Field Experiments Shows No Change in Racial Discrimination in Hiring over Time," *Proceedings of the National Academy of Sciences* 114 (2017): 10870–75; H. Luke Shaefer, Pinghui Wu, and Kathryn Edin, "Can Poverty in America Be Compared to Conditions in the World's Poorest Countries?," *American Journal of Medical Research* 4 (2017): 84–92; U.S. Bureau of Labor Statistics, "Labor Force Statistics from the Current Population Survey" (Washington, D.C.: Bureau of Labor Statistics, 2021).

21. Douglas Massey, "Still the Linchpin: Segregation and Stratification in the USA,"

*Race and Social Problems* 12 (2020): 1–12; Douglas Massey and Nancy Denton, *American Apartheid: Segregation and the Making of the Underclass* (Cambridge, Mass.: Harvard University Press, 1993); Robert Sampson, *Great American City: Chicago and the Enduring Neighborhood Effect* (Chicago: University of Chicago Press, 2012); William Julius Wilson, *The Truly Disadvantaged: The Inner City, the Underclass, and Public Policy* (Chicago: University of Chicago Press, 1987).

22. 在美国，业主和租户之间的鸿沟和其他所有鸿沟一样深刻，这种鸿沟的形成具有历史原因，是为了维护和推动种族不平等而精心设计的治国方略所导致的。房屋所有权在我们国家历史上并非一直如此重要，其重要性是由新政塑造出来的，其中《退伍军人权利法案》发挥了重要作用。该法案规模庞大，在 1948 年占到联邦预算的 15%，没有其他任何一项社会政策能够在广度和深度上与《退伍军人权利法案》比肩。该法案鼓励大量退伍军人办理按揭贷款，这些贷款利率较低，而且最高可免除 30 年贷款的首付。二战后回到美国的老兵们排队购买了数以百万计的新房。在二战结束后的几年里，退伍军人的按揭贷款占到所有家庭贷款的 40% 以上。但与此同时，从设计到实施，该法案都将许多公民排除在外。罗斯福为了争取新政能赢得国会支持，需要安抚南方的民主党人。因此，罗斯福不得不默许国会将许多非白人排除在这些新出炉的机会之外，特别是非洲裔美国人。在社会保障和失业保险等项目中，许多主要由非洲裔美国人从事的工作领域，如农业劳动、家政服务等，都被排除在外。地方退伍军人管理局和其他践行种族隔离的机构也参与其中，系统性地把非白人退伍军人挡在《退伍军人权利法案》门外。同时，联邦住房管理局不为非白人社区的按揭贷款提供担保，导致银行拒绝了这些社区的贷款申请。因此，就算少数族裔老兵们能过得了退伍军人管理局这一关，他们仍然需要面对与银行的斗争。"相关影响是深远的，"历史学家艾拉·卡茨内尔森在他的书中写道，这本书的书名起得相当贴切——《当平权为白人服务：美国 20 世纪种族不平等未被讲述的历史》。见：*When Affirmative Action Was White: An Untold History of Racial Inequality in Twentieth-Century America* (New York: Norton, 2005), 16–23, 55, 116, 122–28, 170. "到了 1984 年，《退伍军人权利法案》提供的按揭贷款大部分已经到期。这一年白人家庭的净资产中位数为 39 135 美元，而黑人家庭只有 3 397 美元，仅为白人的 9%。这种差距大部分源于房屋所有权的差异。"另见：Matthew Desmond, "House Rules," *The New York Times Magazine*, May 9, 2017.

23. Mehrsa Baradaran, *The Color of Money: Black Banks and the Racial Wealth Gap* (Cambridge, Mass.: Harvard University Press, 2017); Neil Bhutta et al., "Disparities in Wealth by Race and Ethnicity in the 2019 Survey of Consumer Finances," Board of Governors of the Federal Reserve System, September 28, 2020; Desmond, "House Rules"; Heather Long and Andrew Van Dam, "The Black-White Economic Divide Is as Wide as It Was in 1968," *The Washington Post*, June 4, 2020.

24. 发展经济学领域最初创立了多维度的贫困测量方法。美国相关的定量研究参见：Udaya Waglé, "Multidimensional Poverty: An Alternative Measurement Approach for the United States?," *Social Science Research* 37 (2008): 559–80; Roger White, *Multidimensional Poverty in America* (New York: Springer Books, 2020). 相关评论参见：Sudhir Anand and Amartya Sen, "Concepts of Human Development and Poverty: A Multidimensional Perspective," in *United Nations Development Programme, Poverty and Human Development: Human Development Papers* (1997): 1–20; Matthew Desmond and Bruce Western, "Poverty in America: New Directions and Debates," *Annual Review of Sociology* 44 (2018): 305–18。

## 第二章

1. Centers for Disease Control and Prevention, "History of Smallpox," February 20, 2021; GSM Arena, "Apple iPhone 12," May 10, 2021; Lauren Medina, Shannon Sabo, and Jonathan Vespa, "Living Longer: Historical and Projected Life Expectancy in the United States, 1960 to 2060" (Washington, D.C.: U.S. Bureau of the Census, 2020), figure 1; National Center for Health Statistics, *Health, United States, 2019* (Hyattsville, Md.: Centers for Disease Control and Prevention, 2021), table 5; Emily Shrider et al., "Income and Poverty in the United States: 2020" (Washington, D.C.: U.S. Bureau of the Census, 2021), 56, table B-4; The World Bank, "Mortality Rate, Infant (Per 1,000 Live Births)—United States," May 10, 2021; "Infant Mortality Rate for the United States," FRED, Federal Reserve Bank of St. Louis, February 16, 2022; The World Bank, "Individuals Using the Internet (% of Population)—United States," May 10, 2021.

2. 批评者（包括莫莉·奥珊斯基本人）早就指出过官方贫困衡量标准的缺陷。首先，这种测量方法并未把某些公共援助算进人们的收入，比如住房援助和联邦医疗补助,也没有计算劳动所得税抵免这样的税务优惠。举例而言,假设有两个家庭都是一对家长带两个孩子,家庭 A 年收入为 26 000 美元,同时他们享受着价值 5 000 美元的租房券,还有 2 000 美元的劳动所得税抵免,这样算下来,家庭 A 实际年收入为 33 000 美元。家庭 B 年收入为 28 000 美元,但并未获得这些项目的帮助。因此,尽管家庭 A 经济状况更好,但它属于官方认定的贫困家庭,有资格接受某些政府援助;而家庭 B 则不然,因为其年收入刚好超过了贫困线。同时,不同地方的生活成本有巨大差异,官方贫困衡量标准并未把这些差异纳入考量。此外,官方贫困衡量标准对于"家庭"的定义过于狭隘,如果家庭 A 中的两名家长没有结婚,则只会计算一名成年人的收入(通常是母亲的收入);如果家长已婚,则会计算两个人的收入。

考虑到这些缺陷,研究人员开发了另一种衡量方法,即补充贫困衡量标准(SPM)。它考虑了不同地区的生活成本差异,也考虑了政府福利、税费和主要支出,如医疗和育儿成本,还有家庭开销以及未成年人与成年人缴纳的款项,这些都是官方贫困衡量标准没有纳入考量的。根据补充贫困衡量标准,美国要多出 300 万贫困人口。也就是说,将食品券、住房援助和税收优惠等政府项目和影响低收入人群的住房与医疗成本上涨都考虑在内,贫困人口实际上比此前估计得更多。研究人员还想出一种办法来估计补充贫困衡量标准出台之前的贫困人口数量。回溯到 1967 年,研究发现:首先,基于补充贫困衡量标准计算出的贫困率总是比基于联邦贫困线计算出的贫困率更高;其次,自 20 世纪 70 年代以来,这个贫困率一般是恒定的,每年在 14% 与 17% 之间波动,只有 1997—2006 年的 10 年间一直低于 14%。这么看来,我们仍然停滞不前。

补充贫困衡量标准也并非无懈可击。由于它过分强调不同地区生活成本的差异(这种差异往往也和公共服务质量相关,比如学校和公共交通),根据补充贫困衡量标准计算,加利福尼亚州是美国最贫困的州,排名甚至比密西西比州和西弗吉尼亚州还靠后,这显然是不合理的。

研究人员还开发了一种锚定补充贫困衡量标准。根据这一标准人们发现,在过去 50 年里,贫困率下降了大约 40%。2022 年,非党派研究机构"儿童趋势"(Child Trends)在一份广受引用的报告中采用了一种锚定补充贫困衡量标准,并表示儿童贫困率从 1993 年到 2019 年下降了 59%。这是怎么一回事呢?主要就是"锚定"的原因。

锚定是一种常用的统计方法，研究人员假定生活福祉的标准本身没有改变，以此评估生活福祉随着时间推移的变化。但这种方法可能对任一具体年份的贫困程度产生不准确的评估，因为实际上福祉的标准确实是在发生变化的。如果我们锚定当下的生活标准来评估贫困率，然后把时间回溯到 1800 年，那么奴役大量黑人劳工的庄园主就成了农民，而相比之下我们自己就成了皇帝，因为我们大多数人家里都通了电，有私家车，这些都是 19 世纪的上流社会做梦也想象不到的奢侈品。同样的道理，如果我们把贫困线锚定在 1800 年，那么当今的美国就不存在所谓的"贫困"。

因此，当研究人员表示近几十年来贫困率大幅下降时，他们的意思并不是说 1980 年的贫困人口占比（按照 1980 年的贫困线衡量）比今天的贫困人口占比（按照今天的贫困线衡量）更大；他们的意思是，严格来说，如果按照 2012 年（这是研究人员锚定的年份）的贫困线衡量，1980 年的贫困人口占比相比 2012 年的贫困人口占比更大，后者是以补充贫困衡量标准测定的。也就是说，如果使用锚定方法测量的研究人员表示贫困程度出现了大幅下降，那是因为他们提高了过去几十年的贫困线，从而形成了一条向下的斜线。（从这个角度看，"儿童趋势"报告表示儿童贫困程度大幅下降，是因为相比使用传统的未锚定的补充贫困衡量标准统计的 1993 年的贫困儿童数量，使用锚定方法统计的数量要多出 300 万。）虽然锚定补充贫困衡量标准有不少利用价值，比如它能显示出政府的投资项目取得了成果，但我总觉得这就好像是先把一个病人的病情描述得严重一些，好让随后的改善幅度显得更大。

即使我们使用锚定补充贫困衡量标准，有一个事实也不会改变，那就是减贫主要发生在两个时期，即 1970—1980 年和 1995—2000 年。换句话说，一些学者更喜欢用锚定补充贫困衡量标准来展示美国在帮助家庭脱贫方面取得的重大进步，但即使根据这个指标来看，自 2000 年以来这一势头已然停滞不前。实际上，自 2000 年以来，美国的城市贫困率已经增加，无家可归的学龄儿童数量和极端贫困家庭数量等指标都在上升。我觉得，这些研究想要展示政府项目取得的成就，但掩盖了上述不足。政府项目确实有帮助，但显然是不够的。

有关官方贫困衡量标准，见：DeNavas-Walt and Proctor, "Income and Poverty in the United States," 44, table B-1; Bruce Meyer and James Sullivan, "Identifying the Disadvantaged: Official Poverty, Consumption Poverty, and the New Supplemental

Poverty Measure," *Journal of Economic Perspectives* 26 (2012): 111–36; National Academies of Sciences, Engineering, and Medicine, *Roadmap to Reducing Child Poverty*, 291–92; National Research Council, *Measuring Poverty: A New Approach* (Washington, D.C.: National Academies Press, 1995); O'Connor, "Poverty Knowledge and the History of Poverty Research," 169–92; O'Connor, "When Measurements Matter"; Lawrence Vale, *From the Puritans to the Projects: Public Housing and Public Neighbors* (Cambridge, Mass.: Harvard University Press, 2009), 68; Office of the Assistant Secretary for Planning and Evaluation, *2020 Poverty Guidelines* (Washington, D.C.: U.S. Department of Health and Human Services, 2020)。

有关补充贫困衡量标准，见：Fox, *Supplemental Poverty Measure: 2019*, 16–21, figure 3; National Academies of Sciences, Engineering, and Medicine, *Roadmap to Reducing Child Poverty*; National Research Council, *Measuring Poverty*; Kathleen Short, "The Research Supplemental Poverty Measure: 2011" (Washington, D.C.: U.S. Bureau of the Census, 2012), table 1; Shrider et al., "Income and Poverty in the United States"; and Christopher Wimer et al., "Progress on Poverty? New Estimates of Historical Trends Using an Anchored Supplemental Poverty Measure," *Demography* 53 (2016): 1207–18。

有关锚定补充贫困衡量标准，见：Center on Poverty and Social Policy, *Historical Supplemental Poverty Measure Data* (New York: Columbia University, 2021); Jason DeParle, "Expanded Safety Net Drives Sharp Drop in Child Poverty," *The New York Times*, September 11, 2022; Fox, "Supplemental Poverty Measure: 2019," figure 4; Laura Nolan, Jane Waldfogel, and Christopher Wimer, "Long-Term Trends in Rural and Urban Poverty: New Insights Using a Historical Supplemental Poverty Measure," *The Annals of the American Academy of Political and Social Science* 672 (2017): 123–42; Jessica Semega et al., "Income and Poverty in the United States: 2019" (Washington, D.C.: U.S. Bureau of the Census, 2020), 12, 61; H. Luke Shaefer and Pat Cooney, "How Much Did Child Poverty Fall Between 1993 and 2019?," Working Paper, University of Michigan, Poverty Solutions, September 2022; Shaefer and Edin, "Extreme Poverty Among Households with Children Since the 1996 Welfare Law"; Dana Thomson et al., *Lessons from a Historic Decline in Child Poverty* (Bethesda, Md.: Child

Trends, 2022); and Wimer et al., "Progress on Poverty," 1207–18。

3. Daniel Bell, *The End of Ideology: On the Exhaustion of Political Ideas in the Fifties* (New York: Free Press, 1965), 283; George Orwell, *The Road to Wigan Pier* (New York: Harvest Books, 1958 [1937]), 88–90.

4. Ron Haskins and Isabel Sawhill, *Creating an Opportunity Society* (Washington, D.C.: Brookings Institution Press, 2009), 39.

5. U.S. Bureau of Labor Statistics, *Consumer Price Index Databases for All Urban Consumers*, 2022. 总体而言，2000—2022 年，消费价格指数所涵盖的商品和服务的成本增加了 69.3%。像微波炉和电视这样的非必需品在近年来变得更便宜了，但更为基本的生活需求，如房租、水电和医疗保健的价格却变得更昂贵。Monica Prasad, *The Trade-Off Between Social Insurance and Financialization: Is There a Better Way?* (Washington, D.C.: Niskanen Center, 2019), figure 2。

6. Harrington, *Other America*, 12.

7. Paul Pierson, *Dismantling the Welfare State? Reagan, Thatcher and the Politics of Retrenchment* (New York: Cambridge University Press, 1994).

8. 数据以 2009 年的美元为单位计算。约翰斯·霍普金斯大学的罗伯特·莫菲特和威斯康星大学麦迪逊分校的格温·波利整理了这些数据，并大方地在 2021 年 8 月 12 日通过私人通信与我分享。他们统计了 13 项有准入门槛的转移支付项目：联邦医疗补助，儿童健康保险项目，补充保障收入，现金福利（抚养未成年儿童家庭援助项目和贫困家庭临时性援助项目），劳动所得税抵免，子女税收抵免，额外子女税收抵免，食品券，住房补贴，学校餐食项目，针对妇女、婴儿和儿童的特别营养补充计划，还有启蒙计划。除了上述有准入门槛的项目外，莫菲特和波利把最大的几项社会保险项目也纳入考量，其中包括社保涵盖的老年及遗属保险、联邦医疗保险、失业保险、劳工保险，还有残障保险。他们发现，联邦支出从 1980 年的每人 3 780 美元上涨到 2018 年的每人 9 457 美元（以 2009 年的美元为单位计算），涨幅达到 150%。

9. Office of Management and Budget, "Historical Tables," table 11.3; H. Luke Shaefer, Kate Naranjo, and David Harris, "Spending on Government Anti-Poverty Efforts: Healthcare Expenditures Vastly Outstrip Income Transfers," Poverty Solutions, University of Michigan, September 2019。另见：Office of

Management and Budget, *Appendix, Budget of the U.S. Government, Fiscal Year 2023* (Washington, D.C.: Government Printing Office, 2022), 164, 450, 1021。

10. 数据以 2009 年的美元为单位计算。罗伯特·莫菲特和格温·波利在 2021 年 8 月 12 日通过私人通信与我分享了相关数据。Shaefer et al., "Spending on Government Anti-Poverty Efforts." 莫菲特在其他几项研究中指出，政府支出的大幅扩张主要应用于贫困人群，这并非一小部分项目（如联邦医疗补助或社会保险）的增长所引起的。尽管在经历了几十年的稳定期（婴儿潮）后，随着婴儿潮一代在 21 世纪头 10 年步入老年，领取社会保险的退休工人数量逐渐攀升，但实际上人均支出的增长比这来得更早。Robert Moffitt, "The Deserving Poor, the Family, and the U.S. Welfare System," *Demography* 52 (2015): 729–49; Social Security, *Fast Facts and Figures: About Social Security, 2020* (Washington, D.C.: Social Security Administration, July 2020), 14。

11. 苏珊娜·梅特勒在《隐藏的国家：看不见的政府政策如何损害美国民主》一书中指出，显而易见的公共项目（如公共住房）已经减少，而更为隐蔽的政府福利（如税收抵免）在增长。如果有人认为福利在缩减，那是因为摆在明面上的福利确实减少了，但是国家福利体系的整体规模其实是在扩大的，这些新的福利项目从设计上给人一种它们不是公共援助的感觉。参见：*The Submerged State: How Invisible Government Policies Undermine American Democracy* (Chicago: University of Chicago Press, 2011), 6, 16. 另见：Aaron Rosenthal, "Submerged for Some? Government Visibility, Race, and American Political Trust," *Perspectives on Politics* 19 (2020): 1098–114。

12. Jana Parsons, "To Target Aid to the Neediest Families, We Need to Strengthen TANF," Brookings Institution, June 10, 2020.

13. Center on Budget and Policy Priorities, on "State Fact Sheets: How States Spend Funds Under the TANF Block Grant," January 12, 2022; Diana Azevedo-McCaffrey and Ali Safawi, "To Promote Equity, States Should Invest More TANF Dollars in Basic Assistance," Center for Budget and Policy Priorities, January 12, 2022; U.S. Department of Health and Human Services, *TANF Financial Data—FY 2020* (Washington, D.C.: Office of Family Assistance, 2021).

黑人人口较多的州很少以现金形式发放贫困家庭临时性援助资金。更常见的做法是，拿这些资金给单身女性生育设置障碍。帕罗林估计，消除贫困家庭临时性援助支出中的种族不平等现象,将会增加对贫困家庭的直接援助,并将黑人儿童与白人儿童的贫困率差距缩小15%。见:Zachary Parolin, "Temporary Assistance for Needy Families and the Black-White Child Poverty Gap," *Socio-Economic Review* 19 (2019): 1–31。

14. Trevor Brown, "State Ends Marriage Initiative as Part of Budget Cuts," *Oklahoma Watch*, August 3, 2016; Krissy Clark, "Oh My God— We're on Welfare?!," *Slate*, June 2, 2016; Jenifer McKenna and Tara Murtha, *Designed to Deceive: A Study of the Crisis Pregnancy Center Industry in Nine States* (Allentown, Pa.: The Alliance, State Advocates for Women's Rights and Gender Equality, 2021), 58; Zach Parolin, "Welfare Money Is Paying for a Lot of Things Besides Welfare," *The Atlantic*, June 13, 2019; Mississippi Department of Human Services, *Mississippi State Plan for Temporary Assistance for Needy Families*, reauthorized by the Deficit Reduction Act of 2005; State of Arizona, *State Plan for Temporary Assistance for Needy Families (TANF)*, effective October 1, 2020; Texas Health and Human Services, *Texas State Plan for Temporary Assistance for Needy Families*, October 1, 2019; State of Washington, *State Plan for Temporary Assistance for Needy Families (TANF)*, effective January 28, 2020, attachment B11.

15. 联邦政府无权监督各州如何使用联邦贫困家庭临时性援助资金。Cindy Boren and Des Bieler, "Brett Favre to Repay Welfare Money for Appearances He Didn't Make, Mississippi Auditor Says," *The Washington Post*, May 7, 2020; Steve Rabey, "How Mississippi Turned Your Tax Dollars into Welfare for the Rich," Ministry Watch, May 7, 2020; Luke Ramseth, "MS Welfare Scandal Audit," *The Clarion Ledger*, May 6, 2020; Shad White et al., *Single Audit Report* (Jackson: State of Mississippi, Office of the State Auditor, 2020)。

16. Azevedo-McCaffrey and Safawi, *To Promote Equity*, 14; Organisation for Economic Co-operation and Development (OECD), "CO2.2: Child Poverty," OECD Family Database, August, 2021, 1; Talk Poverty, "Child Poverty—2020"; U.S. Census Bureau, American Community Survey 2019, 1-Year Estimates, table S1701.

17. Center on Budget and Policy Priorities, "Chart Book: Social Security Disability Insurance," February 12, 2021; Social Security Administration, *Annual Statistical Supplement to the Social Security Bulletin*, 2019, SSA Publication No. 13-11700

(Washington, D.C.: Social Security Office of Retirement and Disability Policy, 2020), table 6.C7. 在此期间，申请补充保障收入的人数也大幅增加，从 1996 年的 192 万上升到 2010 年的大约 315 万。在那之后，申请数量开始下降，到 2018 年恢复到 20 世纪 90 年代中期的水平。Social Security Administration, *SSI Annual Statistical Report, 2019, SSA Publication No. 13-11827* (Washington, D.C.: Social Security Office of Retirement and Disability Policy, 2020)。

18. Social Security Administration, "How You Earn Credits"; Social Security Administration, *SSI Annual Statistical Report, 2019*.

19. 我所说的"残障保险和其他福利"指的是社会保障计划的第二款，再加上社会保障残障保险，就包含了老年和遗属保险。2016 年，社会保障管理局向处理补充保障收入的申请人代表额外发放了 2.14 亿美元，这笔钱来自另外的资金流。

    Michael J. Astrue, Commissioner of Social Security, "Maximum Dollar Limit in the Fee Agreement Process," *Federal Register* 74 (2009): 6080; Social Security Administration, *Representation of Claimants*, Sec. 206 [42 U.S.C. 406]; Office of the Inspector General, *The Cost of Administering Claimant Representative Fees* (Woodlawn, Md.: Social Security Administration, 2018), B2; Social Security Administration, *Statistics on Title II Direct Payments to Claimant Representatives* (Washington, D.C.: Social Security Office of Retirement and Disability Policy, 2020). 另见：Hilary Hoynes, Nicole Maestas, and Alexander Strand, "The Effect of Attorney and Non-Attorney Representation on the Initial Disability Determination Process," National Bureau of Economic Research, Working Paper DRC NB16-15, September 2016。

20. 私营部门也从其他主要的反贫困项目中抽取联邦资金。以美国政府给平价住房建设提供的最大规模的政府补贴，即低收入房屋税收抵免（LIHTC）为例，由于与房屋建设相关的建筑和监管成本，一些城市通过低收入房屋税收抵免项目给低收入人群提供住房，其相关成本比直接提供住房补贴券高出一倍。此外，一个城市最大的联邦资金来源往往是社区发展补贴金（CDBGs），研究显示这一补贴常常被用来在高收入社区建设住房、基础设施和经济发展项目。低收入房屋税收抵免项目相关研究参见：Lan Deng, "The Cost-effectiveness of the Low-Income Housing Tax Credit Relative to Vouchers: Evidence from Six Metropolitan Areas," *Housing Policy Debate* 16

(2005): 469–511; Michael Eriksen, "The Market Price of Low-Income Housing Tax Credits," *Journal of Urban Economics* 66 (2009): 141–49; Edward Glaeser and Joseph Gyourko, *Rethinking Federal Housing Policy: How to Make Housing Plentiful and Affordable* (Washington, D.C.: AEI Press, 2008). 社区发展补贴金项目相关研究参见: Leah Brooks and Maxim Sinitsyn, "Where Does the Bucket Leak? Sending Money to the Poor via the Community Development Block Grant Program," *Housing Policy Debate* 24 (2014): 119–71; Robert Collinson, "Assessing the Allocation of CDBG to Community Development Need," *Housing Policy Debate* 24 (2014): 91–118; Michael Rich, *Federal Policymaking and the Poor* (Princeton, N.J.: Princeton University Press, 1993)。

21. Arthur Okun, *Equality and Efficiency: The Big Tradeoff* (Washington, D.C.: Brookings Institution Press, 2005 [1975]).

22. Centers for Medicare and Medicaid Services, *Financial Management Report for FY 2019* (Woodlawn, Md.: Centers for Medicare and Medicaid Services, 2020); Robert Greenstein and CBPP Staff, "Romney's Charge That Most Federal Low-Income Spending Goes for 'Overhead' and 'Bureaucrats' Is False," Center on Budget and Policy Priorities, January 23, 2012; Social Security Administration, *FY 2021 Congressional Justification* (Woodlawn, Md.: Social Security Administration, 2021), 40, 44, 138; Social Security Administration Office of Retirement and Disability Policy, *Annual Statistical Supplement to the Social Security Bulletin, 2020* (Washington, D.C.: Social Security Administration, 2021), table 4, A3; U.S. Department of Agriculture, *2021 USDA Explanatory Notes—Food and Nutrition Service* (Washington, D.C.: USDA, 2021), 34–60, 34–65.

23. Josh Boak, "AP Fact Check: Trump Plays on Immigration Myths," *PBS News Hour*, February 8, 2019; Matthew Desmond and Mustafa Emirbayer, *Race in America* (New York: Norton, 2015), 76; Alan Gauthreaux, "An Inhospitable Land: Anti-Italian Sentiment and Violence in Louisiana, 1891–1924," in *Louisiana History: The Journal of the Louisiana Historical Association* 51 (2010): 41–68; Jessica Barbata Jackson, *Dixie's Italians: Sicilians, Race, and Citizenship in the Jim Crow Gulf South* (Baton Rouge: Louisiana State University Press, 2020).

24. Abby Budiman, "Key Findings About U.S. Immigrants," Pew Research Center, August 20, 2020; U.S. Census Bureau, America's Foreign Born in the Last 50

Years, 2021.

25. U.S. Census Bureau, 1970 Census: Count 4Pa—Sample-Based Population Data, tables NT23, NT126; U.S. Census Bureau, American Community Survey 2019 1-Year Estimates, table B05012; U.S. Census Bureau, 1970 Census: Count 4Pa—Sample-Based Population Data, tables NT18, NT83, NT89; U.S. Census Bureau, American Community Survey 2019 1-Year Estimates, table S1701. 另见：Jeff Chapman and Jared Bernstein, "Immigration and Poverty: How Are They Linked?," *Monthly Labor Review*, April 2003。

26. Ran Abramitzky and Leah Boustan, *Streets of Gold: America's Untold Story of Immigrant Success* (New York: PublicAffairs, 2022).

27. Francine Blau and Christopher Mackie, eds., *The Economic and Fiscal Consequences of Immigration* (Washington, D.C.: National Academies Press, 2017), 5, chap. 5.

28. 美国在20世纪20年代出台政策限制欧洲移民，对某些国家实施严格的移民配额制度，因此，外国出生的美国居民数量大幅减少。为应对这一状况，地主们开始购买拖拉机。拖拉机的发明本身并没有开创自动化农业时代，地主们是在移民劳动力减少之际，才开始采用拖拉机这种新技术，因为从商业角度来说这样是最明智的。今天，美国大型农场也是同样的情形，由于无证移民人数减少，农场主购置了机器来采摘蔬菜和坚果等。100年前，许多欧洲移民在美国做矿工。由于移民配额的限制，来自欧洲的工人人数大幅下降，矿业公司找不到本国出生的工人（当时一位评论人士说，本国工人"不愿意拿起镐头和铲子下矿井"），也无法借助机器，因为当时还没有自动化技术。结果，矿业公司接二连三倒闭。如今，美国农场正在重复矿业公司的老路。2000年，加利福尼亚州的农业工人手动采收了37 000英亩的芦笋，这种作物是无法用机械来采收的。而到了2020年，这一数字下降到4 000英亩。见：Ran Abramitzky et al., "The Effect of Immigration Restrictions on Local Labor Markets: Lessons from the 1920s Border Closure," *American Economic Journal*, forthcoming (2022); Eduardo Porter, "Farming Transformation in the Fields of California," *The New York Times*, May 28, 2022。

29. Blau and Mackie, eds., *Economic and Fiscal Consequences of Immigration*, 11

30. U.S. Census Bureau, Current Population Survey, Historical Poverty Tables: People and Families—1959 to 2020, tables 4 and 10; Vee Burke, Thomas Gabe,

and Gene Falk, *Children in Poverty: Profile, Trends, and Issues* (Washington, D.C.: Congressional Research Service, 2008), 17.

31. David Brady and Rebekah Burroway, "Targeting, Universalism, and Single-Mother Poverty: A Multilevel Analysis Across 18 Affluent Democracies," *Demography* 49 (2012): 719–46; David Cooper, *Raising the Federal Minimum Wage to $15 by 2024 Would Lift Pay for Nearly 40 Million Workers* (Washington, D.C.: Economic Policy Institute, 2019); Organisation for Economic Co-operation and Development (OECD), *Hours of Work Needed to Escape Poverty for Workless Families* (Paris: OECD.Stat, 2021). 另见：Laurie Maldonado and Rense Nieuwenhuis, "Family Policies and Single Parent Poverty in 18 OECD Countries, 1978–2008," *Community, Work and Family* 18 (2015): 395–415; Joya Misra, Stephanie Moller, and Michelle Budig, "Work-Family Policies and Poverty for Partnered and Single Women in Europe and North America," *Gender and Society* 21 (2007): 804–27。

32. Andrew Cherlin, *Labor's Love Lost: The Rise and Fall of the Working-Class Family in America* (New York: Russell Sage Foundation, 2014), 2; Kathryn Edin and Maria Kefalas, *Promises I Can Keep: Why Poor Women Put Motherhood Before Marriage* (Berkeley: University of California Press, 2011); Christina Gibson-Davis, Anna Gassman-Pines, and Rebecca Lehrman, "'His' and 'Hers': Meeting the Economic Bar to Marriage," *Demography* 55 (2018): 2321–43.

33. 既然贫困的伴侣往往选择等到合适的时候再结婚，那么他们为什么不干脆晚一点再要孩子呢？其中一个原因是他们难以获得最有效的避孕措施。此外，社会也不再强迫女性一旦怀孕就必须和伴侣结婚。但同时我们也必须认识到，孩子能给枯燥的生活带来欢乐、荣耀、认同和目标，凯瑟琳·埃丁和其他学者的翔实研究都证明了这一点。家庭条件不好的孩子当然会面临困境，但他们也会享受家人的爱，他们会听到大人讲代代相传的笑话，享受用传统的菜谱制作的食物，沐浴着家人温柔的儿歌声成长。见：George Akerlof and Janet Yellen, "An Analysis of Out-of-Wedlock Births in the United States," Brookings Institution, August 1, 1996; Suzanne Bianchi, John Robinson, and Melissa Milke, *Changing Rhythms of American Family Life* (New York: Russell Sage Foundation, 2006); Stephanie Coontz,

*The Way We Never Were: American Families and the Nostalgia Trap* (New York: Basic Books, 2016 [1992]), xxvii, 25, 33, 43–44, 392, 402; Edin and Kefalas, *Promises I Can Keep*; Dorothy Roberts, *Killing the Black Body: Race, Reproduction, and the Meaning of Liberty* (New York: Vintage, 2014)。

丹尼尔·贝尔在《资本主义的文化矛盾》一书中指出，资产阶级在经济上信奉激进主义，"愿意在这个过程中撕毁所有传统的社会关系"，但在文化和性方面则采取了保守主义。美国富人的放纵体现在物质方面，而不是精神或肉体层面。这也许有助于我们理解为什么有些人认为婚外生子比砍光一片森林或者为了利润去毁掉竞争对手的公司更为可耻。见：*The Cultural Contradictions of Capitalism* (New York: Basic Books, 1996 [1976], 18)。

34. Anna Gassman-Pines and Hirokazu Yoshikawa, "Five-Year Effects of an Anti-Poverty Program on Marriage Among Never-Married Mothers," *Journal of Policy Analysis and Management* 25 (2006): 11–30; Lisa Gennetian, *The Long-Term Effects of the Minnesota Family Investment Program on Marriage and Divorce Among Two-Parent Families* (New York: MDRC, 2003); Daniel Schneider, "Lessons Learned from Non-Marriage Experiments," *The Future of Children* 25 (2015): 155–78.

35. Laura Maruschak and Todd Minton, "Correctional Populations in the United States, 2017–2018," U.S. Department of Justice, Bureau of Justice Statistics, 2020; Pew Charitable Trusts, "One in 100: Behind Bars in America 2008," February 28, 2008; Becky Pettit and Bruce Western, "Mass Imprisonment and the Life Course: Race and Class Inequality in US Incarceration," *American Sociological Review* 69 (2004): 151–69; Jeremy Travis, Bruce Western, and F. Stevens Redburn, *The Growth of Incarceration in the United States: Exploring Causes and Consequences* (Washington, D.C.: National Academies Press, 2014); Bruce Western and Becky Pettit, "Incarceration and Social Inequality," *Daedalus* 139 (2010): 8–19; Western, *Punishment and Inequality in America*.

36. Maurice Chammah, "Can German Prisons Teach America How to Handle Its Most Violent Criminals?," The Marshall Project, 2015; Travis et al., *Growth of Incarceration in the United States*, 260–67. 另见：Daniel Schneider, Kristen Harknett, and Matthew Stimpson, "What Explains the Decline in First Marriage in the United States? Evidence from the Panel Study of Income Dynamics, 1969

to 2013," *Journal of Marriage and Family* 80 (2018): 791–811; Western, *Punishment and Inequality in America*, 155。

37. Center on Budget and Policy Priorities, *A Quick Guide to SNAP Eligibility and Benefits* (Washington, D.C.: CBPP, 2020); Rahim Kurwa, "The New 'Man in the House' Rules: How the Regulation of Housing Vouchers Turns Personal Bonds into Eviction Liabilities," *Housing Policy Debate* 30 (2020): 926–49; SSI Spotlights, *Understanding Supplemental Security Income—Spotlight on Living Arrangements* (Washington, D.C.: Social Security Administration, 2021); Robert Stalker, "Protecting Subsidized Housing for Families of Released Prisoners," *Clearinghouse Review* 41 (2007): 198–201.
关于家庭政策与现代家庭实际情况之间的脱节，见：Lawrence Berger and Marcia Carlson, "Family Policy and Complex Contemporary Families: A Decade in Review and Implications for the Next Decade of Research and Policy Practice," *Journal of Marriage and Family* 82 (2020): 478–507。

38. Congressional Research Service, *The Earned Income Tax Credit (EITC): How It Works and Who Receives It* (Washington, D.C.: U.S. Government Printing Office, 2021).

39. Marianne Bitler et al., "The Impact of Welfare Reform on Marriage and Divorce," *Demography* 41 (2004): 213–36; Sarah Halpern-Meekin et al., *It's Not Like I'm Poor: How Working Families Make Ends Meet in a Post-Welfare World* (Berkeley: University of California Press, 2015); Robert Moffitt, *The Effect of Welfare on Marriage and Fertility* (Washington, D.C.: National Academies Press, 1998).

40. Wendy Wang and W. Bradford Wilcox, "The Millennial Success Sequence: Marriage, Kids, and the 'Success Sequence' Among Young Adults," AEI Institute for Family Studies, 2017; George Will, "Listen Up, Millennials. There's a Sequence to Success," *The Washington Post*, July 5, 2017. 美国企业研究所报告的作者王和威尔科克斯很热情地为我做了额外的分析，研究表明获得一份全职工作是成功的顺序中最重要的一步。

41. Matt Bruenig,"The Success Sequence Is About Cultural Beefs, Not Poverty," People's Policy Project, August 5, 2017; Philip Cohen, "The Failure of the Success Sequence," Cato Institute, May 16, 2018; Ashley Fetters, "The Working-

to-Afford-Child-Care Conundrum," *The Atlantic*, January 18, 2020; Haskins and Sawhill, *Creating an Opportunity Society*, 69–74; Dylan Matthews, "Conservatives Love This Deeply Misleading Factoid About Poverty in America," *Vox*, July 24, 2015; Richard Reeves, Edward Rodrigue, and Alex Gold, "Following the Success Sequence? Success Is More Likely If You're White," Brookings Institution, August 6, 2015.

42. 由贫困的单身母亲带大的孩子，自己以后也很可能会在贫困中挣扎。但社会学家雷吉娜·贝克的研究表明，自20世纪70年代中期以来，家长的婚姻状况对儿童贫困的影响力已经减弱，而工作状况的影响力则在增强。到20世纪90年代中期，家长的婚姻状况对儿童贫困的影响力急剧下降。这表明，那个时期采取的大规模政策改革（即不再发放现金福利，转而以就业为基础，将政府的援助与工作挂钩）是造成这一趋势的原因。Regina Baker, "The Changing Association Among Marriage, Work, and Child Poverty in the United States, 1974–2010," *Journal of Marriage and Family* 77 (2015): 1166–78。

## 第三章

1. 1987年，威廉·朱利叶斯·威尔逊出版了《真正的弱势群体》一书，改变了关于贫困的探讨。2001年，有学者回顾这本书时称之为"过去25年里关于城市贫困研究的最重要的作品"。威尔逊关注那些脱离了劳动力市场的极端贫困黑人男性，他认为贫困集中在城市中心是去工业化导致黑人男性失业率增加的结果。在芝加哥和布法罗这样的城市的工厂倒闭后，黑人社群失去了经济基础，导致许多年富力强的黑人男性失业。威尔逊强有力的论点指出了贫困背后的驱动因素，但他的理论并不认为是富人为了自身的利益而努力压制穷人。在威尔逊看来，城市贫困的根源是美国工业主义的衰退，以及黑人贫困人口被系统性地排除在报酬较高的工作机会之外所造成的。他认为，城市贫困并非由不公平的工作条件引起，而是由根本没有工作机会引起的。
Mario Luis Small and Katherine Newman, "Urban Poverty After *The Truly Disadvantaged*: The Rediscovery of the Family, the Neighborhood, and Culture," *Annual Review of Sociology* 27 (2001): 23–45, 23; Arthur Stinchcombe, "The Social Determinants of Success," *Science* 178 (1972): 603–4; Donald Tomaskovic-Devey and Dustin Avent-Holt, "Observing Organizational Inequality

Regimes," *Research in the Sociology of Work* 28 (2016): 187–212; Wilson, *Truly Disadvantaged*; Erik Olin Wright, *Interrogating Inequality* (London: Verso, 1994), 36.

2. Matthew Desmond, "Capitalism," in *The 1619 Project: A New Origin Story*, ed. Nikole Hannah-Jones (New York: One World, 2021), 165–85; Sven Beckert and Seth Rockman, eds., *Slavery's Capitalism: A New History of American Economic Development* (Philadelphia: University of Pennsylvania Press, 2016); "A Little Priest," *Sweeney Todd, the Demon Barber of Fleet Street*, music and lyrics by Stephen Sondheim, book by Hugh Wheeler, based on Christopher Bond's *Sweeney Todd*, directed by Hal Prince, opened at the Uris Theatre March 1, 1979.

3. 理查森有多项研究表明，许多人对种族进步的观感远远超过实际的进步情况。2019年的一篇论文显示，美国人对1963年黑人和白人之间的财富差距的估计，比实际差异低了大约40个百分点；但对于2016年两个群体的财富差距，人们的估计比实际情况低了大约80个百分点。两个群体2016年的财富差距与20世纪60年代相同，但普通人以为差距已经大大缩小了。根据这些研究，理查森总结道："人们愿意去假设50年前的情况不那么理想，但他们同时认为现状已经有了大的改善。" Michael Kraus et al., "The Misperception of Racial Economic Inequality," *Perspectives on Psychological Science* 14 (2019): 899–921; Jennifer Richeson, "Americans Are Determined to Believe in Black Progress," *The Atlantic*, September 2020。

4. 关于剥削的社会学解释，见：David Brady, Monica Biradavolu, and Kim Blankenship, "Brokers and the Earnings of Female Sex Workers in India," *American Sociological Review* 80 (2015): 1123–49; Arthur Sakamoto and ChangHwan Kim, "Is Rising Earnings Inequality Associated with Increased Exploitation? Evidence for U.S. Manufacturing Industries, 1971–1996," *Sociological Perspectives* 53 (2012): 19–44; Aage Sørensen, "Toward a Sounder Basis for Class Analysis," *American Journal of Sociology* 105 (2000): 1523–58; Erik Olin Wright, *Class Counts: Comparative Studies in Class Analysis* (New York: Cambridge University Press, 1997)。

5. Annette Bernhardt et al., *Broken Laws, Unprotected Workers: Violations of Employment and Labor Laws in America's Cities* (Chicago: Center for Economic

Development, 2009), 42, 44; Reuben Miller, *Halfway Home: Race, Punishment, and the Afterlife of Mass Incarceration* (New York: Little, Brown, 2021); Peter Wagner and Alexi Jones, "State of Phone Justice: Local Jails, State Prisons and Private Phone Providers," Prison Policy Initiative, 2019.

6. Brady, Biradavolu, and Blankenship, "Brokers and the Earnings of Female Sex Workers in India," 1127; John Steinbeck, *The Grapes of Wrath* (New York: Penguin Classics, 2006 [1939]), 38.

7. Matthew Desmond, "Dollars on the Margins," *The New York Times Magazine*, February 23, 2019.

8. George Stigler, "The Economics of Minimum Wage Legislation," *American Economic Review* 36 (1946): 358–65.

9. Charles Brown, Curtis Gilroy, and Andrew Kohen, "The Effect of the Minimum Wage on Employment and Unemployment," *Journal of Economic Literature* 20 (1982): 487–528; Richard Posner, *Economic Analysis of Law*, 9th ed. (New York: Wolters Kluwer, 2014).

10. David Card and Alan Krueger, "Minimum Wages and Employment: A Case Study of the Fast-Food Industry in New Jersey and Pennsylvania," *American Economic Review* 84 (1994): 772–93.

11. 相关整合研究和文献分析，我推荐：Hristos Doucouliagos and Tom Stanley, "Publication Selection Bias in Minimum-Wage Research? A Meta-Regression Analysis," *British Journal of Industrial Relations* 47 (2009): 406–42; David Neumark and Peter Shirley, "Myth or Measurement: What Does the New Minimum Wage Research Say About Minimum Wages and Job Loss in the United States?," National Bureau of Economic Research, Working Paper 28388, May 2021; David Neumark and William Wascher, "Minimum Wages and Employment," *Foundations and Trends in Microeconomics* 3 (2007): 1–182; John Schmitt, *Why Does the Minimum Wage Have No Discernible Effect on Employment?* (Washington, D.C.: Center for Economic and Policy Research, 2013)。

12. 几乎没有证据表明一旦政府要求提高最低工资，雇主就会减少工时。看起来，企业是通过提高价格来弥补损失的。例如，圣何塞市将最低工资提高10%后，餐厅就把菜品价格提高了0.58%。全面审视证据后我们发现，最低工资增加10%后，食品价格上涨不到4%，整体价格上涨不到0.4%。Sylvia

Allegretto and Michael Reich, "Are Local Minimum Wages Absorbed by Price Increases? Estimates from Internet-based Restaurant Menus," Institute for Research on Labor and Employment, Working Paper 124-15, November 21, 2016; Sara Lemos, "A Survey of the Effects of the Minimum Wage on Prices," *Journal of Economic Surveys* 22 (2008): 187–212.

13. Rosenfeld, *You're Paid What You're Worth*, 5. 这种薪酬差异在多个行业都存在。例如，在进行购买力调整后，2018年德国的文员工资比美国高出23%，服务和销售工作人员的工资比美国高出13%；农业工人的工资比美国高出17%。International Labour Organization, "Average Monthly Earnings of Employees by Sex and Occupation—Annual," ILOSTAT, 2020。

14. Jefferson Cowie, *Stayin' Alive: The 1970s and the Last Days of the Working Class* (New York: New Press, 2010), 2; Philip Dray, *There Is Power in a Union: The Epic Story of Labor in America* (New York: Anchor Books, 2010); Melvyn Dubofsky and Foster Rhea Dulles, *Labor in America: A History*, 8th ed. (Malden, Mass.: Wiley, 2010), 337–38; Henry Farber et al., "Unions and Inequality over the Twentieth Century: New Evidence from Survey Data," National Bureau of Economic Research, Working Paper 24587, May 2018 (updated April 2021); Barry Hirsch, David Macpherson, and Wayne Vroman, "Estimates of Union Density by State," *Monthly Labor Review* 124 (2001): 51–55; Lawrence Mishel et al., *The State of Working America*, 12th ed. (Ithaca, N.Y.: Cornell University Press, 2012), 26–27, 184–85, 289–91.

15. "Discrimination by Labor Union Bargaining Representatives Against Racial Minorities," *The Yale Law Journal* 56 (1947): 731–37; Dray, *There Is Power in a Union*, 482–83; Desmond, "Capitalism," 183; Robin Kelley, "Building Bridges: The Challenge of Organized Labor in Communities of Color," *New Labor Forum* 5 (1999): 42–58, 46–48; H. Luke Shaefer and Elizabeth Sammons, "The Development of an Unequal Social Safety Net: A Case Study of the Employer-Based Health Insurance (Non)System," *Journal of Sociology and Social Welfare* 36 (2009): 177–97, 190–91.

16. Cowie, *Stayin' Alive*, 222, 229–33, 246; Dubofsky and Dulles, *Labor in America*, 385–86.

17. Dray, *There Is Power in a Union*, 627, 636, 644–49; Andrew Glass, "Reagan

Fires 11,000 Striking Air Traffic Controllers, Aug. 5, 1981," *Politico*, August 5, 2017; Joseph McCartin, *Collision Course: Ronald Reagan, the Air Traffic Controllers, and the Strike That Changed America* (New York: Oxford University Press, 2011), 295, 301.

18. 《国家劳资关系法》允许雇主发出预告,如果工人组织起来,工厂可能会关门——"如果你们组成工会,工厂可能会倒闭",但法律禁止雇主把关门作为一种威胁:"如果你们组建工会,我们就会关闭工厂。"实际上,雇主这两件事都会做。1995 年,密歇根州 ITT 汽车厂的工会动员期间,老板把 13 辆装满压缩包装设备的卡车停在门口,意思是说,一旦工人投票赞成组工会,公司就会卷铺盖走人。得克萨斯州的鲜果布衣(Fruit of the Loom)工厂的一次组织活动中,老板挂出一个标语,上面写着:"戴上工会牌。失业。"Kate Bronfenbrenner, "We'll Close! Plant Closings, Plant-Closing Threats, Union Organizing and NAFTA," *Multinational Monitor* 18 (1997): 8–14, 8; Kate Boo, "The Churn," *The New Yorker*, March 21, 2004; Thomas Kochan et al., "Worker Voice in America: Is There a Gap Between What Workers Expect and What They Experience?," *ILR Review* 72 (2019): 3–38, 4–5, 7–8, 19–21, 30; Gordon Lafer and Lola Loustaunau, *Fear at Work* (Washington, D.C.: Economic Policy Institute, 2020), 3–7; Celine McNicholas et al., *Unlawful: U.S. Employers Are Charged with Violating Federal Law in 41.5% of All Union Election Campaigns* (Washington, D.C.: Economic Policy Institute, 2019); David Streitfeld, "How Amazon Crushes Unions," *The New York Times Magazine*, March 16, 2021; U.S. Bureau of Labor Statistics, "Union Members Summary" (Economic News Release), January 20, 2022。

19. 2017 年的一项整合研究发现,美国工会对于建筑和教育行业的生产力有促进作用,对制造业的作用在统计学上并不显著。Hristos Doucouliagos, Richard Freeman, and Patrice Laroche, *The Economics of Trade Unions: A Study of a Research Field and Its Findings* (London: Routledge, 2017), 56–59, 67–69, 89, 104–5。另见:John Addison, "The Economics of Trade Unions", *ILR Review* 71 (2018): 273–76。

2004 年的一项综述发现,在竞争更激烈、更注重成本的行业,工会对生产力有更大的促进作用,因为管理者会以提高效率作为对工人组建工会的回应。一些研究发现,工会与建筑公司、私立医院和养老院的生产力提升有关;另有研究发现,在其他行业,如锯木厂和制造业,工会对生产力没有影响，或者有负面影响，部分原因是那些没有组建工会的公司经常采用有助于提高生产力的管理手段。换句话说，工会和生产力之间的负相关关系可能反映出，有工会的公司没能达到最佳生产力水平是由于和工会本身无关的原因。Barry Hirsch, "What Do Unions Do for Economic Performance?," *Journal of Labor Research* 25 (2004): 415–55。

另见：Richard Freeman and James Medoff, *What Do Unions Do?* (New York: Basic Books, 1984); John DiNardo and David Lee, "Economic Impacts of New Unionization on Private Sector Employers: 1984–2001," *Quarterly Journal of Economics* 119 (2004): 1383–441; Brigham Frandsen, "The Surprising Impacts of Unionization: Evidence from Matched Employer-Employee Data," *Journal of Labor Economics* 39 (2021): 861–94。

20. Eric Posner and E. Glen Weyl, *Radical Markets: Uprooting Capitalism and Democracy for a Just Society* (Princeton, N.J.: Princeton University Press, 2018), 11. 另见：Chad Syverson, "Challenges to Mismeasurement Explanations for the US Productivity Slowdown," *Journal of Economic Perspectives* 31 (2017): 165–86。

21. 我说的"普通工人"指的是美国劳工统计局分类中的"生产和非监督工人"，他们占劳动力市场的80%，通常不包括经理和高收入者。Drew Desilver, "For Most U.S. Workers, Real Wages Have Barely Budged in Decades," Pew Research Center, August 7, 2018; John Schmitt, Elise Gould, and Josh Bivens, "America's Slow-Motion Wage Crisis: Four Decades of Slow and Unequal Growth," Economic Policy Institute, 2–3. 另见：U.S. Bureau of Labor Statistics, "Union Members Summary" (Economic News Release), January 20, 2022; Congressional Research Service, *Real Wage Trends, 1979 to 2019* (Washington, D.C.: Congressional Research Service, 2020)。

22. Raj Chetty et al., "The Fading American Dream: Trends in Absolute Income Mobility Since 1940," *Science* 356 (2017): 398–406; Thomas DiPrete, "The Impact of Inequality on Intergenerational Mobility," *Annual Review of Sociology* 46 (2020): 379–98; Michael Hout, "Americans' Occupational Status Reflects the Status of Both of Their Parents," *Proceedings of the National Academy of Sciences* 115 (2018): 9527–32; Xi Song et al., "Long-Term Decline in Intergenerational Mobility in the United States Since the 1850s," *Proceedings of the National Academy of Sciences* 117 (2020): 251–58.

23. 根据美国劳工统计局的定义，贫困劳工指的是生活在贫困线以下，并且一年中至少有一半时间在工作或寻找工作机会的人。在 2018 年，美国大约有 700 万贫困劳工。U.S. Bureau of Labor Statistics, "A Profile of the Working Poor, 2019," May 2021; Matthew Desmond, "Why Work Doesn't Work Anymore," *The New York Times Magazine*, September 11, 2018; Schmitt et al., *America's Slow-Motion Wage Crisis*, figure D。

24. 1980—1981 学年，面向低收入大学生的佩尔助学金预算为 75 亿美元；到了 2020—2021 学年，该预算达到 260 亿美元（以 2020 年的美元计算）。Margaret Cahalan et al., *Indicators of Higher Education Equity in the United States: 2020 Historical Trend Report* (Washington, D.C.: The Pell Institute for the Study of Opportunity in Higher Education, Council for Opportunity in Education, and Alliance for Higher Education and Democracy of the University of Pennsylvania, 2020), 40, 43, 216; Richard Fry and Anthony Cilluffo, "A Rising Share of Undergraduates Are from Poor Families, Especially at Less Selective Colleges," Pew Research Center, May 22, 2019, 3–4; U.S. Census Bureau, Current Population Survey, 2021 Annual Social and Economic Supplement, tables PINC-03 and HINC-01; U.S. Department of Education, National Center for Education Statistics, Integrated Postsecondary Education Data System, Fall 2021, table E12. 另见：Stijn Broecke, Glenda Quintini, and Marieke Vandeweyer, "Wage Inequality and Cognitive Skills: Reopening the Debate," in *Education, Skills, and Technical Change: Implications for Future US GDP Growth*, eds. Charles Hulten and Valerie Ramey (Chicago: University of Chicago Press, 2018), 251–86. 有关国际教育和贫困的数据，见：National Center for Education Statistics, "International Educational Attainment," May 2022; OECD Data, "Poverty Rate。"

25. Thomas Frank, *Listen, Liberal; or, Whatever Happened to the Party of the People?* (New York: Metropolitan Books, 2016), 85–89; David Howell, "Low Pay in Rich Countries: Institutions, Bargaining Power, and Earnings Inequality in the U.S., U.K., Canada, Australia and France," Washington Center for Equitable Growth, December 2021; David Howell and Arne Kalleberg, "Declining Job Quality in the United States: Explanations and Evidence," *RSF: The Russell Sage Foundation Journal of the Social Sciences* 5 (2019): 1–53, 42.

26. Geoffrey Gilbert, "Adam Smith on the Nature and Causes of Poverty," *Review of Social Economy* 55 (1997): 273–91; John Stuart Mill, *Principles of Political Economy*, vol. 1 (New York: Appleton, 1877), bk. 2, chap. 1.

27. Gerald Davis, *The Vanishing American Corporation: Navigating the Hazards of a New Economy* (Oakland, Calif.: Berrett-Koehler, 2016), 144. 另见：Howell and Kalleberg, "Declining Job Quality in the United States," 10, 22; Steven Vallas, "Platform Capitalism: What's at Stake for Workers?," *New Labor Forum* 28 (2019): 48–59.

28. Desmond, "Why Work Doesn't Work Anymore"; Howell and Kalleberg, "Declining Job Quality in the United States," 14; Rosenfeld, *You're Paid What You're Worth*, 234–37; Daisuke Wakabayashi, "Google's Shadow Work Force: Temps Who Outnumber Full-Time Employees," *The New York Times*, May 28, 2019; David Weil, *The Fissured Workplace* (Cambridge, Mass.: Harvard University Press, 2014); David Weil, "Mending the Fissured Workplace," in *What Works for Workers? Public Policies and Innovative Strategies for Low-Wage Workers*, ed. Stephanie Luce et al. (New York: Russell Sage Foundation, 2014), 108–33, 109, 111.

29. Peter Coy, "Why Are Fast Food Workers Signing Noncompete Agreements?," *The New York Times*, September 29, 2021; Rosenfeld, *You're Paid What You're Worth*, 57–67, 74–82; Alan Krueger and Orley Ashenfelter, "Theory and Evidence on Employer Collusion in the Franchise Sector," *Journal of Human Resources* (2021): 1–33; Evan Starr, J. J. Prescott, and Norman Bishara, "Noncompete Agreements in the US Labor Force," *The Journal of Law and Economics* 64 (2021): 53–84.

30. Natasha Bernal, "Uber Has Lost in the Supreme Court. Here's What Happens Next," *Wired*, February 19, 2021; The Center for European Policy Analysis (CEPA), "Gig Workers or Full Timers—Europe's Balancing Act," June 24, 2022; Pieter Haeck, "Uber Drivers Are Employees, Dutch Judge Rules," *Politico*, September 13, 2021; Len Sherman, "Why Can't Uber Make Money?," *Forbes*, December 14, 2017; Vallas, "Platform Capitalism," 48; Steven Vallas and Juliet Schor, "What Do Platforms Do? Understanding the Gig Economy," *Annual Review of Sociology* 46 (2020): 273–94. 关于零工经济的增长，见：Lawrence

Katz and Alan Krueger, "The Rise and Nature of Alternative Work Arrangements in the United States, 1995–2015," *ILR Review* 72 (2019): 382–416。

31. 游说投入金额相关数据来自 Open Secrets，这是一家追踪政界资金的非党派研究机构。见：Neil Bradley, "U.S. Chamber Letter on H.R. 582, the 'Raise the Wage Act,'" U.S. Chamber of Commerce, July 11, 2019; Lee Drutman, *The Business of America Is Lobbying: How Corporations Became Politicized and Politics Became More Corporate* (New York: Oxford University Press, 2015); Lee Drutman, "How Corporate Lobbyists Conquered American Democracy," *The Atlantic*, April 20, 2015; Sean Redmond, "Union Membership Drops to Previous Low in 2021," U.S. Chamber of Commerce, January 26, 2022; Vallas, "Platform Capitalism," 54。

32. Desmond, "Capitalism"; Jodi Kantor and Arya Sundaram, "The Rise of the Worker Productivity Score," *The New York Times*, August 14, 2022; Lamar Pierce, Daniel Snow, and Andrew McAfee, "Cleaning House: The Impact of Information Technology Monitoring on Employee Theft and Productivity," *Management Science* 61 (2015): 2299–319; Steven Vallas, Hannah Johnston, and Yana Mommadova, "Prime Suspect: Mechanisms of Labor Control at Amazon's Warehouses," *Work and Occupations* 49 (2022): 421–56; Alex Wood, *Despotism on Demand: How Power Operates in the Flexible Workplace* (Ithaca, N.Y.: Cornell University Press, 2020).

33. Suresh Naidu, Eric Posner, and Glen Weyl, "Antitrust Remedies for Labor Market Power," *Harvard Law Review* 132 (2018): 536–601; Suresh Naidu, Eric Posner, and Glen Weyl, "More and More Companies Have Monopoly Power over Workers' Wages. That's Killing the Economy," *Vox*, April 6, 2018.

34. U.S. Government Accountability Office, *Federal Social Safety Net Programs: Millions of Full-Time Workers Rely on Federal Health Care and Food Assistance Programs, GAO-21-45* (Washington, D.C.: Government Accountability Office, 2020), 9–10.

35. 补充营养援助计划的数据截至 2020 年 2 月，其中包括年龄在 19~64 岁的有工作的成年人。使用联邦医疗补助的人包括年龄在 19~64 岁的非残障、非老年人士。U.S. Government Accountability Office, *Federal Social Safety Net Programs*, 38, 41, 59, 65; Jane Little, "Largest N.C. Employers," *Triad Business*

*Journal*, July 30, 2020; Sean McFadden and Hilary Burns, "The Largest Employers in Massachusetts," *Boston Business Journal*, July 30, 2020; Oklahoma Department of Commerce Policy, Research and Economic Analysis Division, *Oklahoma's Largest Employers* (Oklahoma City, Okla.: Oklahoma Department of Commerce, 2020), 1。

36. 劳动所得税抵免是近几十年来美国福利制度变革的象征，对接近贫困线的人口和贫困劳工的支持增加，而对深度贫困和失业者的支持减少。现在与20年前相比，在贫困线上下的家庭得到的政府援助明显增加，但远低于贫困线的家庭得到的援助则明显减少（Moffitt, "Deserving Poor," 741）。见：Center on Budget and Policy Priorities, "Policy Basics: The Earned Income Tax Credit," December 10, 2019; Congressional Research Service, *Earned Income Tax Credit (EITC)*; Zachary Parolin, Matthew Desmond, and Christopher Wimer, "Inequality Below the Poverty Line Since 1967: The Role of U.S. Welfare Policy," Princeton University, Working Paper, March 2022。

37. "Brown Introduces Bill to Boost Free Tax Preparation and Filing Services to Help Ohioans Get Full Return," Office of U.S. Senator Sherrod Brown, January 27, 2017; The Institute for a Competitive Workforce, *Community Building Through the Earned Income Tax Credit (EITC)* (Washington, D.C.: U.S. Chamber of Commerce, 2007); Steven Greenhouse, "How Walmart Persuades Its Workers Not to Unionize," *The Atlantic*, June 8, 2015; Robert Greenstein, "Greenstein: Assessing the Tax Provisions of the Bipartisan Budget and Tax Deals," Center on Budget and Policy Priorities, December 16, 2015; Pamela Herd and Donald Moynihan, *Administrative Burden: Policymaking by Other Means* (New York: Russell Sage Foundation, 2019), 205; National Restaurant Association, "Statement on the Introduction of the Raise the Wage Act of 2021," January 26, 2021; National Restaurant Association, "How to Help the Working Poor; and Problems of the Working Poor," hearings before the Subcommittee on Human Resources, 101st Congress (1989); National Restaurant Association, "National Restaurant Association Statement on Today's Labor Activities," Restaurant News Resource, September 4, 2014; Rosenfeld, *You're Paid What You're Worth*, 249; Walmart, "Walmart Foundation Teams Up with United Way and One Economy to Provide Free Tax Preparation and Filing Services," February 10, 2009.

38. Rosenfeld, *You're Paid What You're Worth*, 117, 143; Hiroko Tabuchi, "Walmart Stock Sinks After a Warning on Sales," *The New York Times*, October 14, 2015; Phil Wahba, "Walmart Takes $20 Billion Hit as Weak Forecast Scares Investors," *Fortune*, October 14, 2015. 关于劳工成本和企业利润之间的联系，见：John Abowd, "The Effect of Wage Bargains on the Stock Market Value of the Firm," *American Economic Review* 79 (1989): 774–800; Mirko Draca, Stephen Machin, and John Van Reenen, "Minimum Wages and Firm Profitability," *American Economic Journal: Applied Economics* 3 (2011): 129–51。

39. Neil Bhutta et al., *Changes in U.S. Family Finances from 2016 to 2019: Evidence from the Survey of Consumer Finances* (Washington, D.C.: Board of Governors of the Federal Reserve System, 2020), 18, 40; Thorstein Veblen, *Absentee Ownership: Business Enterprise in Recent Times: The Case of America* (New Brunswick, N.J.: Transaction Publishers, 2009 [1923]); Edward Wolff, "Household Wealth Trends in the United States, 1962 to 2016: Has Middle Class Wealth Recovered?," National Bureau of Economic Research, Working Paper 24085, November 2017.

40. Juliet Schor and William Attwood-Charles, "The 'Sharing' Economy: Labor, Inequality, and Social Connections on For-Profit Platforms," *Sociology Compass* 11 (2017): 1–16, 9; Kaitlyn Tiffany, "In Amazon We Trust—But Why?," *Vox*, October 25, 2018.

41. Accountable.US, "Corporate Donations Tracker"; Valerie Wilson and William Darity, Jr., "Understanding Black-White Disparities in Labor Market Outcomes Requires Models That Account for Persistent Discrimination and Unequal Bargaining Power," *Economic Policy Institute*, March 25, 2022, 10.

42. Lindsey Rose Bullinger, "The Effect of Minimum Wages on Adolescent Fertility: A Nationwide Analysis," *American Journal of Public Health* 107 (2017): 447–52; Ellora Derenoncourt and Claire Montialoux, "Minimum Wages and Racial Inequality," *The Quarterly Journal of Economics* 136 (2021): 169–228; Kelli Komro et al., "The Effect of an Increased Minimum Wage on Infant Mortality and Birth Weight," *American Journal of Public Health* 106 (2016): 1514–16; Paul Leigh, Wesley Leigh, and Juan Du, "Minimum Wages and Public Health: A Literature Review," *Preventive Medicine* 118 (2019): 122–34; Kerri Raissian and Lindsey Rose Bullinger, "Money Matters: Does the Minimum Wage Affect Child

Maltreatment Rates?," *Children and Youth Services Review* 72 (2017): 60–70; Joseph Sabia, M. Melinda Pitts, and Laura Argys, "Are Minimum Wages a Silent Killer? New Evidence on Drunk Driving Fatalities," *Review of Economics and Statistics* 101 (2019): 192–99; Tsu-Yu Tsao et al., "Estimating Potential Reductions in Premature Mortality in New York City from Raising the Minimum Wage to $15," *American Journal of Public Health* 106 (2016): 1036–41.

43. "Tobacco Industry Marketing," American Lung Association, December 10, 2020; Leigh et al., "Minimum Wages and Public Health"; Kelly McCarrier et al., "Associations Between Minimum Wage Policy and Access to Health Care: Evidence from the Behavioral Risk Factor Surveillance System, 1996–2007," *American Journal of Public Health* 101 (2011): 359–67; Tsao et al., "Estimating Potential Reductions in Premature Mortality in New York City from Raising the Minimum Wage to $15."

## 第四章

1. Charles Tilly, *Durable Inequality* (Berkeley: University of California Press, 1998); Wright, *Class Counts*, chap. 1. 一个人应该拥有选择，如果别无选择，就会遭遇不公平对待——这种看法既不激进，也不极端。社会主义者乔治·奥威尔说，穷人不会主动行动，而是被动等待状况发生；持与社会主义相反立场的弗里德里希·哈耶克则指出，"当我们知道无论做什么样的努力都不能改变现状时，现状就变得最难以忍受"——奥威尔和哈耶克其实表达的是同一个意思。Friedrich Hayek, *The Road to Serfdom* (New York: Routledge, 2005 [1944]), 98; Orwell, *Road to Wigan Pier*, 49。

2. Elizabeth Blackmar, *Manhattan for Rent, 1785–1850* (Ithaca, N.Y.: Cornell University Press, 1989), 199; Matthew Desmond and Nathan Wilmers, "Do the Poor Pay More for Housing? Exploitation, Profit, and Risk in Rental Markets," *American Journal of Sociology* 124 (2019): 1090–1124; Lewis Mumford, *The Culture of Cities* (New York: Harcourt, Brace, 1938), 82–86; Lewis Mumford, *The City in History: Its Origins, Its Transformations, and Its Prospects* (New York: MJF Books, 1961), 417; Riis, *How the Other Half Lives*, 11.

3. Arnold Hirsch, *Making the Second Ghetto: Race and Housing in Chicago, 1940–1960* (New York: Cambridge University Press, 1983), 29; Beryl Satter,

*Family Properties: How the Struggle over Race and Real Estate Transformed Chicago and Urban America* (New York: Metropolitan Books, 2009), 5; Allan Spear, *Black Chicago: The Making of a Negro Ghetto, 1890–1920* (Chicago: University of Chicago Press, 1967), 148; Thomas Sugrue, *The Origins of the Urban Crisis: Race and Inequality in Postwar Detroit* (Princeton, N.J.: Princeton University Press, 2005 [1996]), 54; Isabel Wilkerson, *The Warmth of Other Suns: The Epic Story of America's Great Migration* (New York: Vintage, 2010), 270–71.

4. Marx, "The Eighteenth Brumaire of Louis Bonaparte"; Wright, *Interrogating Inequality*, 49.

5. U.S. Census Bureau, American Community Survey, 1985–2022; U.S. Department of Housing and Urban Development, "40th Percentile Fair Market Rent, 1985–2022."

6. Abha Bhattarai, Chris Alcantara, and Andrew Van Dam, "Rents Are Rising Everywhere. See How Much Prices Are Up in Your Area," *The Washington Post*, April 21, 2022; U.S. Census Bureau, "Housing Vacancies and Homeownership (CPS/HVS)," table 4.

7. 在2011—2017年，多户型房产（至少有5户）的业主租金收入增加了24%，但他们的开销仅增加了18%。在2012—2018年，主要位于贫困社区、房屋估值属于市场最低25%的房屋，租金增加了47%，但相关运营费用只上涨了14%。上述数字来自笔者根据2012年和2018年美国人口普查局的《租赁住房财务调查》做出的计算。

8. Desmond and Wilmers, "Do the Poor Pay More for Housing?" 我们参考的《租赁住房财务调查》没有包括单间出租房。最近的《租赁住房财务调查》（2018）在把这样的房产算进来后，仍然显示贫困社区的房东赚取的利润更高。

9. 这里所说的贫困社区指的是贫困率超过27%的人口普查区，富裕社区的贫困率低于8%，中产社区的贫困率在两者之间。

10. 和富裕社区的房东相比，在经济拮据的社区，房东要面临更高的维修成本，租客拖欠租金的情况也更常见。预料到这些风险的房东就可能提高租金，就像是已经承担过损失的房东可能会让新租客付更多的钱，以弥补之前的房客带来的损失，以此分摊风险。长期以来，人们对市场风险的预期和消费者剥削都是相辅相成的。联邦住房管理局对黑人社区施行"红线政策"时，给出的理由是在这些社区给按揭贷款提供担保的风险太高。典当行、支票兑现店、发薪日贷款机构和租购业务也是同样的道理。这些行业面向低收入消费者，并以预期风险为理由来解释为什么要收取如此高昂的利息。当一个弱势群体被贴上有风险的标签，并被迫付出社会层面的代价时，消费者剥削就会形成。David Caplovitz, *The Poor Pay More: Consumer Practices of Low-Income Families* (New York: Free Press, 1967 [1963]); Satter, *Family Properties*; Sugrue, *Origins of the Urban Crisis*。

人们眼里的风险帮助推高了贫困社区房屋租赁的利润，也可能通过阻止投资人涌向这个领域来帮助确保利润不会降下来。通常当一个市场的利润较高，而门槛又比较低的时候，企业家就会想办法进入这个市场。随着时间的推移，他们一开始觉得有利可图的地方可能逐渐就不那么容易赚钱了。然而，无论是新加入租赁市场的房东，还是运作在城市非贫困社区的有经验的投资人，往往都不知道从弱势社区的租户那里能够获得更高的利润。传统经验认为在贫困社区租房的风险较高，却很少谈回报，而那些从中获利的人也没有什么必要去纠正大众的这种误解。在贫困社区能挣大钱，也是因为这样的生意很多人不愿意做。即使投资者看到了这个机会，很多人也不愿意投身到这个充满挑战、可能让人良心上过不去的生意中来。一位房地产投资人直言不讳地说："是的，在糟糕的社区确实能挣到钱，但你也需要面对一些文明人不应该面对的问题。相比之下，还不如在一个很好的社区找一座破房子来投资。" Carleton Sheets, *Real Estate: The World's Greatest Wealth Builder* (Chicago: Bonus Books, 1998), 232。

11. U.S. Census Bureau, American Community Survey 2019 5-Year Estimates, tables B25031 and B17020. 另见：Geoff Boeing and Paul Waddell, "New Insights into Rental Housing Markets Across the United States: Web Scraping and Analyzing Craigslist Rental Listings," *Journal of Planning Education and Research* 37 (2017): 457–76。

12. Philip Garboden, "Amateur Real Estate Investing," *Journal of Urban Affairs* (2021): 1–20; Devin Rutan and Matthew Desmond, "The Concentrated Geography of Eviction," *The Annals of the American Academy of Political and Social Science* 693 (2021): 64–81.

13. Desmond, *Evicted*, part 3. Hope Harvey et al., "Forever Homes and Temporary Stops: Housing Search Logics and Residential Selection," *Social Forces* 98

(2020): 1498–523.

14. Lincoln Quillian, John Lee, and Brandon Honoré, "Racial Discrimination in the US Housing and Mortgage Lending Markets: A Quantitative Review of Trends, 1976–2016," *Race and Social Problems* 12 (2020): 13–28. 另见：Maria Krysan and Kyle Crowder, *Cycle of Segregation: Social Processes and Residential Stratification* (New York: Russell Sage Foundation, 2017); Douglas Massey, "Racial Discrimination in Housing: A Moving Target," *Social Problems* 52 (2005): 148–51。

15. 根据房地产网站 realtor.com 的数据，拉基亚·希格比的房子在 2021 年秋季估值为 93 900 美元。为了估算她每个月需要付多少按揭，包括税费，我做了这样的假设：拉基亚支付 7% 的首付，选择 30 年的固定按揭，利率为 3.5%，我没有询问她的信用分数，暂且假设她的分数在 700~719。但即使她的信用分数更低（620~639），她每个月算上税费也只需要付 622 美元，这仍然比她的租金低得多。Matthew Desmond, " 'The Mora- torium Saved Us. It Really Did,' " *The New York Times*, September 30, 2021。

16. Jacob Faber, "Segregation and the Geography of Creditworthiness: Racial Inequality in a Recovered Mortgage Market," *Housing Policy Debate* 28 (2018): 215–47; Desmond, "House Rules"; Baradaran, *Color of Money*, 106–9; Matthew Goldstein, "Where a Little Mortgage Goes a Long Way," *The New York Times*, August 2, 2020; Linna Zhu and Rita Ballesteros, "Making FHA Small-Dollar Mortgages More Accessible Could Make Homeownership More Equitable," *Urban Wire*, Urban Institute, April 22, 2021.

17. Mehrsa Baradaran, *How the Other Half Banks* (Cambridge, Mass.: Harvard University Press, 2015), 103–7; Caplovitz, *The Poor Pay More*, xv; John Caskey, *Fringe Banking: Check-Cashing Outlets, Pawnshops, and the Poor* (New York: Russell Sage Foundation, 1994), 13; Rudolf Goldscheid, "A Sociological Approach to Problems of Public Finance," in *Classics in the Theory of Public Finance*, eds. Richard Musgrave and Alan Peacock (London: Macmillan, 1958), 202–13; Melanie Tebbutt, *Making Ends Meet: Pawnbroking and Working-Class Credit* (New York: St. Martin's Press, 1983), 2.

18. Caskey, *Fringe Banking*, 87–89; Peter Smith, Shezal Babar, and Rebecca Borné, *Banks Must Stop Gouging Consumers During the COVID-19 Crisis* (Washing-

ton, D.C.: Center for Responsible Lending, 2020).

19. Baradaran, *How the Other Half Banks*, 141–43; Matthew Goldberg, "Survey: Free Checking Accounts on the Rise as Total ATM Fees Fall," Bankrate, October 20, 2021.

20. Baradaran, *How the Other Half Banks*, 5–12; Emily Flitter, " 'Banking While Black': How Cashing a Check Can Be a Minefield," *The New York Times*, June 18, 2020; Laurie Goodman and Bing Bai, "Traditional Mortgage Denial Metrics May Misrepresent Racial and Ethnic Discrimination," *Urban Wire: Housing and Housing Finance*, Urban Institute, August 23, 2018; Raheem Hanifa, "High-Income Black Homeowners Receive Higher Interest Rates Than Low-Income White Homeowners," Harvard Joint Center for Housing Studies, February 16, 2021; Jacob Rugh and Douglas Massey, "Racial Segregation and the American Foreclosure Crisis," *American Sociological Review* 75 (2010): 629–51.

21. Federal Deposit Insurance Corporation, *How America Banks: Household Use of Banking and Financial Services*, 2019 FDIC Survey, October 2020, 12–13. 另见：Lisa Servon, *The Unbanking of America: How the New Middle Class Survives* (New York: Houghton Mifflin Harcourt, 2017).

22. Mario Small et al., "Banks, Alternative Institutions and the Spatial-Temporal Ecology of Racial Inequality in US Cities," *Nature Human Behaviour* (2021): 1–7; Frederick Wherry and Parijat Chakrabarti, "Accounting for Credit," *Annual Review of Sociology* 48 (2022): 131–47.

23. Tony Armstrong, "The Cost of Being Unbanked: Hundreds of Dollars a Year, Always One Step Behind," NerdWallet, September 13, 2016; Baradaran, *How the Other Half Banks*, 1, 138–39; Caskey, *Fringe Banking*; Meghan Greene et al., *The FinHealth Spend Report 2021: What Financially Coping and Vulnerable Americans Pay for Everyday Financial Services* (Chicago: Financial Health Network, 2021), table 6; Lisa Servon, "RiteCheck 12," Public Books, July 10, 2013; Walmart, "Check Cashing," Walmart.com. 由于新冠疫情的原因，2020年的情况不同寻常，但支票兑现行业的收入与前一年大致相当（16.6亿美元）。2018年，人们在支票兑现上花费了17.3亿美元。金融健康网络中心研究主任梅根·格林在2021年11月11日通过私人通信与我分享了相关数据。

24. Tara Siegel Bernard, "Apps Will Get You Paid Early, for a Price," *The New York Times*, October 2, 2020; Laurence Darmiento, "The Hidden Costs Behind the Cash Advance App Dave," *Los Angeles Times*, May 19, 2022; Emily Stewart, "Buy Now, Pay Later Sounds Too Good to Be True Because It Is," *Vox*, August 11, 2022; Evan Weinberger, "Earned-Wage Access Products Face Fresh Scrutiny from CFPB, States," *Bloomberg Law*, February 3, 2022.

25. 据估计，一共有4 500万消费者属于"信用隐形"或者没有信用评分的情况，这一数字来自：Kenneth Brevoort, Philipp Grimm, and Michelle Kambara, *Data Point: Credit Invisibles* (Washington, D.C.: Consumer Financial Protection Bureau, May 2015). 更为近期的数字来自信用评分公司Experian，该公司的研究使用了另一种统计方法，估计出共有4 900万消费者属于上述情况。见：Experian, *2022 State of Alternative Credit Data* (Costa Mesa, Calif.: Experian, 2022)。

    为什么这么多人没有信用评分呢？因为穷人支付的许多费用都没有被信用评级机构纳入追踪范围。按时付房贷可以提高一个人的信用分数，但按时付房租基本上对提升信用没有什么帮助。支付汽车贷款和信用卡账单会计入信用分数，但交水电费和手机费一般都不计入。然而，如果你哪次没交房租、水电或电话费，房东、水电公司和电话运营商就可能把你的账单交给讨债公司，这样你的信用就会受到影响。也就是说，信用评级机构似乎只有在穷人交不上钱的时候才会注意到他们。见：Consumer Financial Protection Bureau, "Your Tenant and Debt Collection Rights," September 23, 2021; Consumer Financial Protection Bureau, "CFPB Study Shows Financial Product Could Help Consumers Build Credit," July 13, 2020; Caroline Ratcliffe et al., "Delinquent Debt in America," Urban Institute, July 30, 2014, 1–2, 4, 7–8; Michele Scarbrough, "Who Are the Credit Invisible?," Consumer Financial Protection Bureau, December 12, 2016; Lisa Stifler and Leslie Parrish, "Debt Collection and Debt Buying" in *The State of Lending in America and Its Impact on Households* (Durham, N.C.: Center for Responsible Lending, 2014), 2–4, 6; Frederick Wherry, Kristin Seefeldt, and Anthony Alvarez, *Credit Where It's Due: Rethinking Financial Citizenship* (New York: Russell Sage Foundation, 2019), 2, 25。

26. Barbara Kiviat, "The Art of Deciding with Data: Evidence from How Employers Translate Credit Reports into Hiring Decisions," *Socio-Economic Review* 17

(2019): 283–309; Barbara Kiviat, "The Moral Limits of Predictive Practices: The Case of Credit-Based Insurance Scores," *American Sociological Review* 84 (2019): 1134–58; Marion Fourcade, "Ordinal Citizenship," *The British Journal of Sociology* 72 (2021): 154–73.

27. Baradaran, *How the Other Half Banks*, 109; Center for Responsible Lending, "Map of U.S. Payday Interest Rates," March 23, 2021. 发薪日贷款机构的数量在 2005 年左右达到高峰，有约 24 000 家；随着业务逐步转移到网上（现在这种贷款约有一半是通过网络进行的），同时一些州加强了法规，机构的数量剩下约 13 700 家，但这一数字仍超过了富国银行和美国银行网点的总和。还有大约 4 000 家商店提供汽车抵押贷款，但不提供发薪日贷款。Bureau of Consumer Financial Protection, "Pay-day Vehicle Title, and Certain High-Cost Installment Loans," 12 CFR Part 1041, Docket No. CFPB-2019-0006, July 2020, 8; Pew Charitable Trusts, "Auto Title Loans: Market Practices and Borrowers' Experiences," March 2015; Statista, "Leading Banks in the United States in 2021, by Number of Branches," May 2022。

28. Consumer Financial Protection Bureau, "What Are the Costs and Fees for a Payday Loan?," last reviewed January 17, 2022; Consumer Financial Protection Bureau, "What Is a Payday Loan?," June 2, 2017; Pew Charitable Trusts, "Payday Loan Facts and the CFPB's Impact," May 2016.

29. Kathleen Burke et al., "Data Point: Payday Lending," CFPB Office of Research, 2014; Pew Charitable Trusts, "Payday Loan Facts." 另见：Baradaran, *How the Other Half Banks*, 101–12; Jeannette Bennett, "Fast Cash and Payday Loans," Economic Research, FRED, Federal Reserve Bank of St. Louis, April 2019; Consumer Financial Protection Bureau, "Consumer Use of Payday, Auto Title, and Pawn Loans," May 5, 2021; Pew Charitable Trusts, "Payday Lending in America: Who Borrows, Where They Borrow, and Why," 2021; Susan Urahn et al., "Fraud and Abuse Online: Harmful Practices in Internet Payday Lending," Pew Charitable Trusts, 2014。

30. Nick Bourke, "Momentum Is Building for Small-Dollar Loans," Pew Charitable Trusts, September 12, 2018; Pew Charitable Trusts, "Standards Needed for Safe Small Installment Loans from Banks, Credit Unions," February 15, 2018.

31. 皮尤慈善信托基金"消费者金融项目"主管亚历克斯·霍罗威茨在 2021 年

11 月 9 日通过私人通信与我分享了相关数据。Pew Charitable Trusts, "Payday Lending in America: Policy Solutions," October 30, 2013, 18, 28; Pew Charitable Trusts, "Trial, Error, and Success in Colorado's Payday Lending Reforms," December 2014, tables 1 and 3。

32. 这里我使用"最高达 98 亿"这一说法，这个数字是单笔发薪日贷款的预估收入（45 亿）和发给"经济状况脆弱"家庭的贷款收入（53 亿）相加得来的，这里我假定发放给这种家庭的所有贷款都属于发薪日贷款，实际情况可能达不到这么多。真实数字应该在 45 亿和 98 亿之间，可能更接近 98 亿，因为许多发薪日贷款都是通过多笔业务完成的。公布这些数字的机构"金融健康网络"有一套自己的统计方法，以 8 项指标判断一个家庭是否属于"经济状况脆弱"的范畴，比如信用评分是否良好，是否按时还款，债务水平如何。这些指标相加，最高为 100 分，低于 40 分就属于"经济状况脆弱"。见：Greene et al., *The FinHealth Spend Report 2021*, table A1. 另见：Bennett, "Fast Cash and Payday Loans"; Pew Charitable Trusts, "Payday Loan Facts and the CFPB's Impact: Fact Sheet," January 14, 2016; Peter Smith, Shezal Babar, and Rebecca Borné, *Banks Must Stop Gouging Consumers During the COVID-19 Crisis*; James Baldwin, *Nobody Knows My Name* (New York: Dial Press, 1961), 59。

33. Keeanga-Yamahtta Taylor, *Race for Profit: How Banks and the Real Estate Industry Undermined Black Homeownership* (Chapel Hill: University of North Carolina Press, 2019). 另见：Baradaran, *How the Other Half Banks*, 3; Tressie McMillan Cottom, "Where Platform Capitalism and Racial Capitalism Meet: The Sociology of Race and Racism in the Digital Society," *Sociology of Race and Ethnicity* 6 (2020): 441–49; Nathaniel Popper, "Big Banks Play Key Role in Financing Payday Lenders," *Los Angeles Times*, September 15, 2010; Wherry et al., *Credit Where It's Due*, 102.

34. 吉利安·斯利在普林斯顿大学读博期间与我合著了一篇论文，其中她使用了"被迫拿着一手烂牌做选择"这一说法。我征得她的同意后在此借用。

35. Sumit Agarwal, Brent Ambrose, and Moussa Diop, "Do Minimum Wage Increases Benefit Intended Households? Evidence from the Performance of Residential Leases," Federal Reserve Bank of Philadelphia, Working Paper 19-28, July 2019. 另见：Atsushi Yamagishi, "Minimum Wages and Housing Rents: Theory and Evid-

ence," *Regional Science and Urban Economics* 87 (2021): 1–13. 关于工资上涨后房东很快就涨房租的历史，参见：Blackmar, *Manhattan for Rent*; Mumford, *City in History*。

36. Tommy Orange, *There There* (New York: Alfred A. Knopf, 2018), 104.
37. 社会科学对此也负有责任。在很长时间里，贫困研究领域以及相关的大部分公共政策，都着眼于搜集穷人的个体信息，特别是通过大规模的、长达数年的问卷调查来搜集。通过这些单方面的数据，我们建立了一套关于不平等的证据基础，但这套基础缺乏对权力和剥削的严肃的实证研究——个体层面的信息反映不出来这些问题。比如，如果你让我判断一个人有多大的可能性被驱逐出门，我可以去查阅我们最翔实的社会科学数据，建这些数据库花了巨额资金；然后我会通过对比人们的种族、性别和家庭状况来回答你的问题——好像这些人是自己驱逐自己的一样。耶鲁法学院教授哈罗德·科赫说："当人们无法对重要的事物做出衡量时，就会把能够衡量的事物说得特别重要。"当前的社会科学对脆弱人群的个体变量做了衡量，把这些信息的重要程度排在了第一位。我希望下一代研究不平等的学者能够把权力、所有权和剥削的相关数据放在更加中心的位置。见：Harold Koh, "The Just, Speedy, and Inexpensive Determination of Every Action?," *University of Pennsylvania Law Review* 162 (2014): 1525–42。

## 第五章

1. Matthew Desmond, "Can America's Middle Class Be Saved from a New Depression?," *The New York Times Magazine*, May 26, 2020; Dylan Matthews, "The Coronavirus Unemployment Insurance Plan, Explained," *Vox*, March 29, 2020.
2. Peter Ganong, Pascal Noel, and Joseph Vavra, "US Unemployment Insurance Replacement Rates During the Pandemic," *Journal of Public Economics* 191 (2020): 1–12; U.S. Chamber of Commerce, "U.S. Chamber Calls for Ending $300 Weekly Supplemental Unemployment Benefits to Address Labor Shortages," May 7, 2021; Matthews, "The Coronavirus Unemployment Insurance Plan, Explained."
3. Patrick Cooney and H. Luke Shaefer, "Material Hardship and Mental Health Following the COVID-19 Relief Bill and American Rescue Plan Act," Poverty Solutions, University of Michigan, May 2021; John Creamer et al., "Poverty in

the United States: 2021" (Washington: U.S. Bureau of the Census, 2022), table B-2; Jason DeParle, "Pandemic Aid Programs Spur a Record Drop in Poverty," *The New York Times*, July 28, 2021; Dylan Matthews, "How the US Won the Economic Recovery," *Vox*, April 30, 2021; Laura Wheaton, Linda Giannarelli, and Ilham Dehry, "2021 Poverty Projections: Assessing the Impact of Benefits and Stimulus Measures," Urban Institute, July 28, 2021.

4. Adam Chandler, "No, Unemployment Benefits Don't Stop People from Returning to Work," *The Washington Post*, May 13, 2021; "Stories from the Great American Labor Shortage," *The New York Times, The Daily*, August 3, 2021; Jillian Kay Melchior, "Covid Unemployment Relief Makes Help Impossible to Find," *The Wall Street Journal*, April 23, 2021.

5. 这些数字不包括农业领域的就业。阿拉斯加州从2021年6月开始不再每周发放300美元的失业保险金，但保留了疫情期间出台的其他福利。Sarah Chaney Cambon and Danny Dougherty, "States That Cut Unemployment Benefits Saw Limited Impact on Job Growth," *The Wall Street Journal*, September 1, 2021; Ben Casselman, "Cutoff of Jobless Benefits Is Found to Get Few Back to Work," *The New York Times*, August 20, 2021; Kyle Coombs et al., "Early Withdrawal of Pandemic Unemployment Insurance: Effects on Earnings, Employment and Consumption," Columbia University, Working Paper, August 2021; U.S. Bureau of Labor Statistics, "State Employment and Unemployment Summary," August 20, 2021。

6. 确实有一项研究发现，在2021年夏季，那些削减福利的州的就业率提升更快，但作用并不显著。Joseph Altonji et al., "Employment Effects of Unemployment Insurance Generosity During the Pandemic," Yale University, July 14, 2020; David Autor, "Good News: There's a Labor Shortage," *The New York Times*, September 4, 2021; Alexander Bartik et al., "Measuring the Labor Market at the Onset of the COVID-19 Crisis," National Bureau of Economic Research, Working Paper 27613, July 2020; Arindrajit Dube, "The Impact of the Federal Pandemic Unemployment Compensation on Employment: Evidence from the Household Pulse Survey," University of Massachusetts, Amherst, Working Paper, July 31, 2020; Michele Evermore and Marokey Sawo, "Unemployed Workers and Benefit 'Replacement Rate': An Expanded Analysis," National

Employment Law Project and Groundwork Collaborative, August 2020。

7. Joseph Townsend, *A Dissertation on the Poor Laws, By a Well-Wisher of Mankind* (Berkeley: University of California Press, 1971 [1786]), 13–14.

8. Karl Polanyi, *The Great Transformation: The Political and Economic Origins of Our Time* (Boston: Beacon Press, 2001 [1944]), 81, 114, 147. 另见：Des-mond, "Capitalism"; Robin Einhorn, "Slavery and the Politics of Taxation in the Early United States," *Studies in American Political Development* 14 (2000): 156–83; Paul Finkelman, *Supreme Injustice: Slavery in the Nation's Highest Court* (Cambridge, Mass.: Harvard University Press, 2018); Mark Graber, *Dred Scott and the Problem of Constitutional Evil* (New York: Cambridge University Press, 2006); Thomas Malthus, *An Essay on the Principle of Population*, McMaster University Archive for the History of Economic Thought, 1798; Paul Starr, *Entrenchment: Wealth, Power, and the Constitution of Democratic Societies* (New Haven, Conn.: Yale University Press, 2019)。

9. "Text of President Clinton's Announcement on Welfare Legislation," *The New York Times*, August 1, 1996; Council of Economic Advisers, *Expanding Work Requirements in Non-Cash Welfare Programs* (Washington, D.C.: The White House, July 2018); Dray, *There Is Power in a Union*; University of Chicago, General Social Survey, NORC, 2018; Martin Gilens, *Why Americans Hate Welfare: Race, Media, and the Politics of Antipoverty Policy* (Chicago: University of Chicago Press, 1999), 8; Nancy Fraser and Linda Gordon, "A Genealogy of Dependency: Tracing a Keyword of the U.S. Welfare State," *Signs: Journal of Women in Culture and Society* 19 (1994): 309–36; Josh Levin, *The Queen: The Forgotten Life Behind an American Myth* (New York: Back Bay Books, 2019), 85, 87; Charles Murray, *Losing Ground: American Social Policy*, 1950–1980 (New York: Basic Books, 1985), 9; Margaret Somers and Fred Block, "From Poverty to Perversity: Ideas, Markets, and Institutions over 200 Years of Welfare Debate," *American Sociological Review* 70 (2005): 260–87.

10. Jazmin Brown-Iannuzzi et al., "Wealthy Whites and Poor Blacks: Implicit Associations Between Racial Groups and Wealth Predict Explicit Opposition Toward Helping the Poor," *Journal of Experimental Social Psychology* 82 (2019): 26–34; General Social Survey, "Hard Working—Lazy," 2021; Gilens, *Why*

Americans Hate Welfare; John Levi Martin and Matthew Desmond, "Political Position and Social Knowledge," *Sociological Forum* 25 (2010): 1–26; University of Chicago, General Social Survey, NORC, 1990–2018; Suzanne Mettler, *The Government-Citizen Disconnect* (New York: Russell Sage Foundation, 2018), 76; Rosenthal, "Submerged for Some?," 4.

11. Malthus, quoted in Somers and Block, "From Poverty to Perversity," 273; *The New Yorker, Politics and More Podcast*, "The Child Tax Credit: One Small Step Toward Universal Basic Income?" September 6, 2021.

12. Arcenis Rojas and Ann Foster, "Program Participation and Spending Patterns of Families Receiving Government Means-Tested Assistance," *Monthly Labor Review*, U.S. Bureau of Labor Statistics, January 2018; U.S. Bureau of Labor Statistics, "Table 1101. Quintiles of Income Before Taxes: Annual Expenditure Means, Shares, Standard Errors, and Coefficients of Variation, Consumer Expenditure Surveys, 2020," September 2021; Thorstein Veblen, *The Theory of the Leisure Class* (London: Macmillan, 1912 [1899]), 44.

13. Stacia West et al., *Preliminary Analysis: SEED's First Year* (Stockton, Calif.: Stockton Economic Empowerment Demonstration, 2021). 为应对经济衰退，联邦政府在 2009 年 4 月扩大了补充营养援助计划的规模，作为《美国复苏与再投资法案》的一部分。平均来看，每位补充营养援助计划受助人的食品券福利从每个月大约 100 美元增加到 125 美元，这是该计划历史上最大幅度的单次增长。一夜之间，一个四口之家每月增加了 100 美元的食品券收入。他们如何使用这笔收入呢？主要用其来购买更多的食品杂货，并把省下来的收入用于改善住房和投资那些能够增强社会流动性的机会（比如报名社区大学）。没有证据表明，收到更多补充营养援助计划福利后，人们会拿钱去购买烟草和酒精。Jiyoon Kim, "Do SNAP Participants Expand Non-Food Spending When They Receive More SNAP Benefits?—Evidence from the 2009 SNAP Benefits Increase," *Food Policy* 65 (2016): 9–20. 其他研究发现，当劳动所得税抵免额度扩大时，低收入在职父母往往会增加储蓄和偿还债务。Lauren Jones and Katherine Michelmore, "The Impact of the Earned Income Tax Credit on Household Finances," *Journal of Policy Analysis and Management* 37 (2018): 521–45; H. Luke Shaefer, Xiaoqing Song, and Trina Williams Shanks, "Do Single Mothers in the United States Use the Earned

Income Tax Credit to Reduce Unsecured Debt?," *Review of Economics of the Household* 11 (2013): 659–80。

14. 瓦内塔为化名。

15. Mary Jo Bane and David Ellwood, *Welfare Realities: From Rhetoric to Reform* (Cambridge, Mass.: Harvard University Press, 1994), 33, 40, 95–96; Greg Duncan, Martha Hill, and Saul Hoffman, "Welfare Dependence Within and Across Generations," *Science* 239 (1988): 467–71; LaDonna Pavetti, *The Dynamics of Welfare and Work: Exploring the Process by Which Women Work Their Way Off Welfare*, PhD Dissertation (Cambridge, Mass.: Harvard University, 1993), 29.

16. Desmond, "House Rules"; Jay Shambaugh, Lauren Bauer, and Audrey Breitwieser, "Who Is Poor in the United States? Examining the Characteristics and Workforce Participation of Impoverished Americans," Brookings Institution, October 2017, 1–10.

17. Gilbert Crouse and Suzanne Macartney, *Welfare Indicators and Risk Factors: Eighteenth Report to Congress* (Washington, D.C.: U.S. Department of Health and Human Services, 2021), 21; Internal Revenue Service, "EITC Participation Rate by States Tax Years 2011 Through 2018," January 15, 2021; Jennifer Haley et al., "Medicaid/CHIP Participation Reached 93.7 Percent Among Eligible Children in 2016," *Health Affairs* 37 (2018): 1194–99, 1194; Pamela Herd and Donald Moynihan, *Administrative Burden: Policymaking by Other Means* (New York: Russell Sage Foundation, 2019), 6–7; Sarah Lauffer and Alma Vigil, *Trends in Supplemental Nutrition Assistance Program Participation Rates: Fiscal Year 2016 to Fiscal Year 2018* (Washington, D.C.: U.S. Department of Agriculture, 2021), 3.

18. Mettler, *Government-Citizen Disconnect*, 49; Robert Moffitt, "An Economic Model of Welfare Stigma," *American Economic Review* 73 (1983): 1023–35.

19. 得出这些金额的前提是：那些符合条件但未领取福利的家庭平均应领取的金额与那些已经领取福利的家庭相同。新冠疫情期间，一些项目发生了改变，人们的参与情况也有所改变，我这里使用的参与人数和申领金额是新冠疫情前的统计数字。劳动所得税抵免的参与率来自2018纳税年度；项目参与情况和平均福利金额来自2019纳税年度。补充营养援助计划的参与率和平均福利金额来自2018纳税年度。"政府医疗保险"指的是2019年联邦医疗补助或儿童健康保险计划（即儿童联邦医疗补助）的参与率；福利金额中位数也是 2019 年的数字，但不包括儿童健康保险计划；报名人数来自 2019 年 12 月，其中包括公布了报名者年龄情况的 49 个州的数据。成人联邦医疗补助的参与率是通过 2019 年参与联邦医疗补助或儿童健康保险计划的家长的人数估计出来的；福利金额中位数来自 2019 年，涵盖对象为 65 岁以下、不属于联邦医疗补助扩大补助范围的非残障成年人；报名人数来自 2019 年 12 月，其中包括公布了报名者年龄情况的 49 个州的数据。有残障的成年人、老年人以及那些符合联邦医疗补助扩大补助范围条件的人士，他们人均开支的中位数更高，这就意味着，实际上未被领取的政府医疗保险金额比估计出来的更多。失业保险申领率是通过 2002—2015 年的平均数字估计出来的；申领金额用的是 2019 年的数字。在上述时期，申领率呈下降趋势，也就是说我估计出来的金额应该也比实际金额要少。补充保障收入的申领率用的是 2016 年的数字，报名人数和平均福利金额来自 2019 年。我在这里将调查数据和行政统计数据加在了一起，这样做可能会过高估计申领率，也就是说我这里计算出来的未被申领的福利金额应该属于比较保守的。见：Stéphane Auray and David Fuller, "Eligibility, Experience Rating, and Unemployment Insurance Take-Up," *Quantitative Economics* 11 (2020): 1059–107, 1061; Centers for Medicare and Medicaid Services, "Medicaid Per Capita Expenditures," October 2021; Centers for Medicare and Medicaid Services, "Medicaid and CHIP Enrollment Trends Snapshot Through June 2020," August 31, 2020; Crouse and Macartney, *Welfare Indicators and Risk Factors*, 23; Herd and Moynihan, *Administrative Burden*, 6; Internal Revenue Service, "Statistics for Tax Returns with the Earned Income Tax Credit (EITC)—2019 Tax Returns Processed in 2020 by State with EITC Claims," March 10, 2022; Internal Revenue Service, "EITC Participation Rate by States Tax Years 2011 to 2018," March 10, 2022; Jennifer Haley et al., "Uninsurance Rose Among Children and Parents in 2019," Urban Institute, 2021, table B.1; Sarah Lauffer and Alma Vigil, *Trends in Supplemental Nutrition Assistance Program Participation Rates: Fiscal Year 2016 to Fiscal Year 2018* (Washington, D.C.: U.S. Department of Agriculture, 2021), xiii; Social Security Administration, "SSI Monthly Statistics, 2019," January 2020, table 1; U.S. Department of Agriculture, "SNAP Data Tables," August 12, 2022; Ben Sommers et al., *Understanding Participation Rates in Medicaid: Implications for the Affordable Care Act* (Washington, D.C.: Department of Health and Human Services, 2012), 4–5; U.S. Department of Labor, "Monthly Program and Financial Data," July 7, 2022。

20. Arthur Delaney and Michael McAuliff, "Paul Ryan Wants 'Welfare Reform Round 2,' " *Huffington Post*, March 20, 2012.

21. 这里说的"业主补贴"指的是房贷利息抵税（247.3亿美元）、自住房享受的州和地方财产税抵免（64.5亿美元）、资本得利税免除（394.5亿美元），以及应付租金免除（1232.1亿美元），上述数据来自2020财年。Office of Management and Budget, *Analytical Perspectives: Budget of the U.S. Government Fiscal Year 2022* (Washington, D.C.: Office of Management and Budget, 2021), 109; Office of Management and Budget, "Historical Tables," table 3.2. 另见：Desmond, "House Rules"; Joint Committee on Taxation, *Estimates of Federal Tax Expenditures for Fiscal Years 2020–2024* (Washington, D.C.: Joint Committee on Taxation, 2020), 27–35。

22. Mettler, *Government-Citizen Disconnect*, 4, 45, 48. 另见：Christopher Howard, *The Welfare State Nobody Knows: Debunking Myths About US Social Policy* (Princeton, N.J.: Princeton University Press, 2008), chap. 1. 关于各国福利体系对比，见：Irwin Garfinkel, Lee Rainwater, and Timothy Smeeding, *Wealth and Welfare States: Is America a Laggard or Leader?* (New York: Oxford University Press, 2010); Jacob Hacker, *The Divided Welfare State: The Battle over Public and Private Social Benefits in the United States* (New York: Cambridge University Press, 2002); Jacob Hacker, "Bringing the Welfare State Back In: The Promise (and Perils) of the New Social Welfare History," *Journal of Policy History* 17 (2005): 125–54。

23. Mettler, *Government-Citizen Disconnect*, 67, 71; Heather McGhee, *The Sum of Us: What Racism Costs Everyone and How We Can Prosper Together* (New York: One World, 2021), 45.

24. Congressional Budget Office, *Federal Subsidies for Health Insurance Coverage for People Under 65: 2022 to 2032* (Washington, D.C.: Congress of the United States, June 2022); Congressional Research Service, *Worker Participation in Employer-Sponsored Pensions: Data in Brief* (Washington, D.C.: U.S. Government Printing Office, 2021), 4; Gilens, *Why Americans Hate Welfare*, 3;

Jonathan Gruber, "The Tax Exclusion for Employer-Sponsored Health Insurance," *National Tax Journal* 64 (2011): 511–30; Kaiser Family Foundation, *Health Insurance Coverage of the Total Population* (Washington, D.C.: Kaiser Family Foundation, 2019); Mettler, Government-Citizen Disconnect, 4, 37, 58–61, 63; Mettler, *Submerged State*, 10; Nicholas Turner, "Tax Expenditures for Education," Department of the Treasury, Office of Tax Analysis, Working Paper 113, November 2016, table 1.

25. Congressional Budget Office, *The Budget and Economic Outlook: 2021 to 2031* (Washington, D.C.: Congress of the United States, 2021), 19–20; Congressional Budget Office, *Health Care* (Washington, D.C.: Congress of the United States, 2021); Kaiser Family Foundation, *Health Insurance Coverage of the Total Population*; Social Security Administration, *FY 2021 Congressional Justification* (Washington, D.C.: Social Security Administration, 2021); "Gross Domestic Product for Russian Federation," FRED, Federal Reserve Bank of St. Louis, 2022.

26. 这里说的"中产家庭"指的是将全国收入水平分为 5 份，处在中间 1/5 的家庭。见：Congressional Budget Office, *The Distribution of Major Tax Expenditures in 2019* (Washington, D.C.: Congress of the United States, 2021). 2023 财年的军事和国防预算预计将超过 8 380 亿美元。Congressional Budget Office, "Congressional Budget Office Cost Estimate: H.R. 7900, National Defense Authorization Act for Fiscal Year 2023, at a Glance," July 6, 2022。

27. Congressional Budget Office, *The Budget and Economic Outlook: 2021 to 2031*, 19–20; Congressional Budget Office, *Health Care*; Kaiser Family Foundation, *Health Insurance Coverage of the Total Population*; Social Security Administration, *FY 2021 Congressional Justification*; Congressional Budget Office, *Distribution of Major Tax Expenditures in 2019*; Congressional Research Service, *Worker Participation in Employer-Sponsored Pensions*, 4; Molly Michelmore, *Tax and Spend: The Welfare State, Tax Politics, and the Limits of American Liberalism* (Philadelphia: University of Pennsylvania Press, 2012), 1; Richard Reeves, *Dream Hoarders: How the American Upper Middle Class Is Leaving Everyone Else in the Dust, Why That Is a Problem, and What to Do About It* (Washington, D.C.: Brookings Institution, 2017).

28. Emmanuel Saez and Gabriel Zucman, *The Triumph of Injustice: How the Rich*

*Dodge Taxes and How to Make Them Pay* (New York: Norton, 2019), 13–16; Internal Revenue Service, *IRS Provides Tax Inflation Adjustments for Tax Year 2020* (Washington, D.C.: U.S. Department of the Treasury, 2019).

29. Howard, *Welfare State Nobody Knows*; Christopher Howard, *The Hidden Welfare State* (Princeton, N.J.: Princeton University Press, 1999); Suzanne Mettler, "Making What Government Does Apparent to Citizens: Policy Feedback Effects, Their Limitations, and How They Might be Facilitated," *The Annals of the American Academy of Political and Social Science* 685 (2019): 30–46, 35; Mettler, *Submerged State*, 42–43.

30. Mettler, "Making What Government Does Apparent to Citizens," 40–41, 45; Mettler, *Submerged State*, 18.

31. Reeves, *Dream Hoarders*, 5–6.

32. Daniel Kahneman and Amos Tversky, "Prospect Theory: An Analysis of Decision Under Risk," *Econometrica* 47 (1979): 263–92.

33. Monica Prasad, "Filing Your Taxes Is an Expensive Time Sink. That's Not an Accident," *The Atlantic*, April 4, 2019.

34. 按照奥肯的理论，我们可以把税务减免和福利补贴都视为"负所得税"，因为这两者实际上都是政府通过发钱来刺激私人消费。*Equality and Efficiency*, 99。

35. 在普林斯顿大学"驱逐实验室"研究人员雅各布·哈斯的帮助下，我通过以下资料调取了2018年的相关数据：Congressional Budget Office's report, *The Distribution of Household Income, 2018*, Supplemental Data, August 4, 2021. 我们把人口按照上缴税款和接受福利之前的收入分为5个群体（每个群体是1/5），中间1/5收入群体里的典型家庭年收入为63 900美元。这里的收入指的是"市场收入"，包括劳动所得、经商所得、资本所得（包括资本得利）、退休所得，以及其他非来自政府的收入。社会保险福利包括：社保（老年、遗属和残障保险）、联邦医疗保险（以政府提供这些福利需要承担的平均成本计算）、失业保险，以及劳工保险。有准入门槛的转移支付包括联邦政府、州政府和地方政府提供的现金和非现金援助。联邦税包括个人所得税、薪资税、企业税以及工商税。（在这项研究中，某一年的税负指的是一个家庭在该年度根据其收入应该缴纳的税款，无论这笔税款实际上是在什么时间上缴的。）2018财年，上述4种税收占联邦收入的93%。尚未分配给美国家庭的其余联邦税收来源包括各州给失业保险的存款、遗产及赠予税、联邦储备银行的净收入、海关关税以及各种杂费和罚款。有鉴于此，这项研究复刻了梅特勒根据 2011 年的数据所做的研究（*Government-Citizen Disconnect*, table 3.2）。

36. 这些数字是把美国主要的社会项目、税收优惠和高等教育补贴相加估算出来的，相关数据分别来自 2018、2019 和 2016 年国会预算办公室的记录。见：Congressional Budget Office, *The Distribution of Household Income, 2018* (Washington, D.C.: Congressional Budget Office, 2021), Supplemental Data tables 1 and 3; Congressional Budget Office, *The Distribution of Major Tax Expenditures in 2019* (Washington, D.C.: Congressional Budget Office, 2021), figure 2; Congressional Budget Office, *The Budget and Economic Outlook: 2019 to 2029* (Washington, D.C.: Congressional Budget Office, 2019), figure 4-4; Congressional Budget Office, *Distribution of Federal Support for Students Pursuing Higher Education in 2016* (Washington, D.C.: Congressional Budget Office, 2018), table 5。

这里包含了有准入门槛的转移支付项目、社会保险福利和税务支出。我计算的社会保险福利包括：社保（老年、遗属和残障保险），联邦医疗保险（以政府提供这些福利需要承担的平均成本计算），失业保险，以及劳工保险。我还计算了有准入门槛的转移支付，包括联邦政府、州政府和地方政府提供的现金和非现金援助。我还考虑了以下税收支出：政府给以雇佣关系为基础的健康保险提供的税收免除、给养老金和退休储蓄账户提供的税收免除、给资本得利和股息收入提供的净优惠税率、子女税收抵免、劳动所得税抵免、保费税收抵免、慈善捐助税收抵免、合格营业收入扣除、死亡时转移资产的资本得利税免除、社会保障和铁路退休福利税收免除、出售主要住宅的增值免税、业主自住房按揭贷款利息免税，以及州和地方税务减免。关于高等教育项目，我计算了佩尔助学金、联邦补充教育机会补助金、学生贷款补贴、退伍军人福利、勤工俭学项目、教育支出税收抵免、教育支出的个人免税额度以及学生贷款利息和学杂费的税务抵免。收入分配数据和家庭数量来自 2018 年的统计，税务支出数据来自 2019 年。2018 年国会预算办公室的统计把家庭收入按照 20%一个档分为 5 个档，这里把 2019 年的税务支出和 2016 年的高等教育相关数据除以每个档里面的家庭数量，计算出相关结果。

国会预算办公室的数据包含了政府为低收入家庭提供的大部分援助以及大部分的税收支出，但并不全面。具体来说，这些数据大约包含了84%的所得税支出。同时，有几项主要为低收入人群服务的项目并未包括在内，比如"就业工作团"和"启蒙教育计划"。有准入门槛的项目数据大约占据联邦政府对低收入家庭支出的87%（税务支出不包括在内），相关数据见：Congressional Research Service, *Federal Spending on Benefits and Services for People with Low Income: FY2008–FY2018* (Washington, D.C.: Congressional Research Service, 2021). 因此，富裕家庭和贫困家庭收到的政府补贴应该都是被低估的，被低估的程度也是相似的。

37. Desmond, "Why Work Doesn't Work Anymore"; Seth Holmes, " 'Oaxacans Like to Work Bent Over': The Naturalization of Social Suffering Among Berry Farm Workers," *International Migration* 45 (2007): 39–68.

38. 今天，人们探讨贫困时常听到的说辞是在20世纪30年代出现的，是为了回应罗斯福新政对银行和企业的监管以及给贫困和脆弱人群提供的支持。1947年，《密尔沃基哨兵报》的一篇社论写道："在新政之下，从自由企业式私人消费向极权式政府支出的转变一直在稳步进行。在自由企业制度之下，公民希望用自己的钱来过他自己想要的生活。而在集体主义的暴政之下，政府通过税收把公民口袋里大部分的钱都拿走了，然后由政府去花钱。"这篇社论的作者不仅对我们共同拥有、相互依赖的社群视而不见，还大肆贬低它。

历史学家劳伦斯·格利克曼在《自由企业》一书中写道："自由企业一词是一套披着商界体面外衣的反动话语。"首先，它使用末日话术，说新政不仅会扩大美国的福利体系，还会导致"暴政"、"农奴制"或是"极权式政府支出"。其次，它把反贫困项目说成对处在包围之下的自由企业制度的正面攻击。再次，它迫使你做出非此即彼的选择：要么选资本主义，要么选社会主义；要么选自由，要么选暴政。没有中间选项。新政虽然得以出台，但具有讽刺意味的是，随着新政创造的社会保障项目越来越受欢迎，最早用来攻击这些项目的反对大政府的话术也越来越受欢迎。到了今天，那些反对扩大福利支出的人还在使用极化的语言：2020年，一位福克斯新闻频道的评论员说，进步派的民主党人认为"在美国结束贫困的唯一方法就是毁掉这个让美国成为世界上最强大、最繁荣的国家的经济制度"。还有四面楚歌式的语言：参议院少数派领袖米奇·麦康奈尔最近说共和党是"阻止美国变成社会主义的防火墙"。还有煽动性的语言：福克斯新闻频道的评论员肖恩·汉尼蒂曾说，参议员伯尼·桑德斯的政治纲领是"激进版的苏维埃式社会主义，有且只有一个目的，那就是政府要掌控和夺走我们生活的方方面面"。这套话术用一个词来形容就是：政治宣传。

"Your Money and Your Freedom," *Milwaukee Sentinel*, November 17, 1947; Lawrence Glickman, *Free Enterprise: An American History* (New Haven, Conn.: Yale University Press, 2019), 7, 14, 44, 81–82, 87, 100, 107, 235; Justin Haskins, "Sanders, AOC and Other Socialists Are Wrong—Socialism Is a Cause of Poverty, Not the Cure," Fox News, February 8, 2020; Sean Hannity, "Bernie Sanders Isn't a Socialist, He's a Marxist," Fox News, February 25, 2020; Kelsey Snell, "McConnell's 2020 Plan: Cast GOP as 'Firewall' Against Socialism," National Public Radio, April 11, 2019.

39. Pew Research Center, "Most Americans Point to Circumstances, Not Work Ethic, for Why People Are Rich or Poor," March 2, 2020; Spencer Piston, *Class Attitudes in America: Sympathy for the Poor, Resentment of the Rich, and Political Implications* (New York: Cambridge University Press, 2018), 3, 33, 46; Leslie McCall, *The Undeserving Rich: American Beliefs About Inequality, Opportunity, and Redistribution* (New York: Cambridge University Press, 2013), 7, 99, 119, 152–54.

40. Congressional Budget Office, *The Distribution of Major Tax Expenditures in 2019* (Washington, D.C.: Congressional Budget Office, 2021), figure 2; Desmond, "House Rules"; Christopher Ellis and Christopher Faricy, *The Other Side of the Coin: Public Opinion Toward Social Tax Expenditures* (New York: Russell Sage Foundation, 2021), 37; Joint Committee on Taxation, *Estimates of Federal Tax Expenditures for Fiscal Years 2020–2024*, JCX-23-20 (Washington, D.C.: Joint Committee on Taxation, November 5, 2020), 42–43; Barbara Ransby, *Ella Baker and the Black Freedom Movement: A Radical Democratic Vision* (Chapel Hill: University of North Carolina Press, 2003), 305.

## 第六章

1. Paul Krugman, "For Richer," *The New York Times*, October 20, 2002; "City Life in the Second Gilded Age," *The New York Times Magazine*, October

14, 2007. 一些作家对不平等的批判已经不再局限于美国最富有的人。见：Reeves, *Dream Hoarders*; Matthew Stewart, *The 9.9 Percent: The New Aristocracy That Is Entrenching Inequality and Warping Our Culture* (New York: Simon & Schuster, 2021)。

2. Bhutta et al., *Changes in U.S. Family Finances from 2016 to 2019*, 16; Thomas Colson, "English Homes Are Nearly a Third of the Size of American Homes," *Business Insider*, October 14, 2017; National Marine Manufacturers Association, "U.S. Boat Sales Reached 13-Year High in 2020, Recreational Boating Boom to Continue Through 2021," January 6, 2021; Debbie Phillips-Donaldson, "US Pet Food Sales Rose 10% in 2020, 5% Projected for 2021," Petfood Industry, March 26, 2021; Joe Pinsker, "Why Are American Homes So Big?," *The Atlantic*, September 12, 2019; U.S. Travel Association, "Travel: The Hardest-Hit U.S. Industry," June 11, 2021.

3. 约翰·梅纳德·凯恩斯于1930年写下了题为《我们后代在经济上的可能性》的著名论文，其中预测在不久的将来（即我们现在所处的时代），科学和经济增长将使我们摆脱"紧迫的经济担忧"，我们的焦点会转向"如何消磨（我们的）闲暇时间"的问题。而比凯恩斯更早一代的经济学家索尔斯坦·凡勃伦的预测则要悲观得多。按照凡勃伦的理解，无论经济或技术多么进步，闲暇都是属于特定阶级的，即有产阶级，而不是普罗大众。凡勃伦在《有闲阶级论》一书第22页写道："在文化演变的过程中，有闲阶级的出现与所有权的开始相吻合。"凡勃伦认为，如果世界上存在一个服务型经济，那么就必须有人来提供服务。见：Daniel Bell, *The Coming of Post-Industrial Society: A Venture in Social Forecasting* (New York: Basic Books, 1973), 456–74; John Maynard Keynes, *Essays in Persuasion* (London: Palgrave Macmillan, 1930), 321–32。

4. Scholastica (Gay) Cororaton, "The Impact of Russia-Ukraine Tensions on the U.S. Housing Market," National Association of Realtors, March 7, 2022; Brenda Medina, "Are Oligarchs Hiding Money in US Real Estate? Ownership Information Is a Missing Link, Researchers Say," *International Consortium of Investigative Journalists*, April 1, 2022; Tom Namako, "New York City's Mayor Says He's Not Sure What to Do About Rich Russians Buying Up All the Nice Apartments," *BuzzFeed News*, October 27, 2021.

5. Stuart Middleton, "'Affluence' and the Left in Britain, c. 1958–1974," *The English Historical Review* 129 (2014): 107–38.
6. John Kenneth Galbraith, *The Affluent Society* (Boston: Houghton Mifflin, 1998 [1958]), 64, 186–99.
7. 同上，chap. 17。
8. Monica Prasad, *Starving the Beast: Ronald Reagan and the Tax Cut Revolution* (New York: Russell Sage Foundation, 2018), 1; Eric Scorsone and Nicolette Bateson, *Long-Term Crisis and Systemic Failure: Taking the Fiscal Stress of America's Older Cities Seriously* (East Lansing: Michigan State University Extension, 2011).
9. 这里的全国数据已经根据个人消费支出价格指数去除了通胀因素。U.S. Bureau of Economic Analysis, "Real Personal Income [RPI]," FRED, Federal Reserve Bank of St. Louis; Office of Management and Budget, "Historical Tables," table 1.3; Office of Management and Budget, "Historical Tables," table 3.2. 在各州数据中，个人收入数据是根据消费价格指数去除通胀因素的，而非个人消费支出价格指数，这样做是为了和全国教育数据中心（NCES）的数据保持一致。全国教育数据中心的数据分别来自1989—1990年和2017—2018年，以2020—2021年的美元为单位计算当前的小学和中学教育支出。National Center for Education Statistics, "Digest of Education Statistics," 2020, table 236.25; U.S. Bureau of Economic Analysis, "Personal Income by State," Interactive Data Tables; U.S. Bureau of Economic Analysis, "Personal Consumption Expenditures: Chain-type Price Index [PCEPI]," FRED, Federal Reserve Bank of St. Louis; U.S. Bureau of Labor Statistics, "Consumer Price Index for All Urban Consumers: All Items in U.S. City Average [CPIAUCSL]," FRED, Federal Reserve Bank of St. Louis。
10. U.S. Bureau of Economic Analysis, "Shares of Gross Domestic Product: Government Consumption Expenditures and Gross Investment," FRED, Federal Reserve Bank of St. Louis, 1950–2021; U.S. Bureau of Economic Analysis, "Shares of Gross Domestic Product: Personal Consumption Expenditures," FRED, Federal Reserve Bank of St. Louis, 1950–2021; U.S. Bureau of Economic Analysis, "Shares of Gross Domestic Product: Gross Private Domestic Investment," FRED, Federal Reserve Bank of St. Louis, 1950–2021.

11. Committee for a Responsible Federal Budget, "Is President Trump's Tax Cut the Largest in History Yet?," October 25, 2017; Prasad, *Starving the Beast*, 2, 137–45; Alex Schwartz, *Housing Policy in the United States*, 4th ed. (New York: Routledge, 2021); Jerry Tempalski, *Revenue Effects of Major Tax Bills, Updated Tables for All 2012 Bills* (Washington, D.C.: Office of Tax Analysis, Department of the Treasury, 2013).

12. Ben Christopher, "Why Do We Keep Voting on This? Exploring Prop. 13's 'Tax Revolt Family Tree,'" *Cal Matters*, October 21, 2020; Thomas Edsall with Mary Edsall, *Chain Reaction: The Impact of Race, Rights, and Taxes on American Politics* (New York: Norton, 1991), 18, 129–31; Clyde Haberman, "The California Ballot Measure That Inspired a Tax Revolt," *The New York Times*, October 16, 2016; Prasad, *Starving the Beast*, 5. 减税这项议题是不分党派的，更多相关论述见：Isaac Martin, *The Permanent Tax Revolt: How the Property Tax Transformed American Politics* (Stanford, Calif.: Stanford University Press, 2008), 23。

13. Edsall and Edsall, *Chain Reaction*, 130; Haberman, "The California Ballot Measure That Inspired a Tax Revolt."

14. Edsall and Edsall, *Chain Reaction*, 5–6, 13–14, 135; Kevin Kruse, *White Flight: Atlanta and the Making of Modern Conservatism* (Princeton, N.J.: Princeton University Press, 2005), 106–7; McGhee, *The Sum of Us*, 38.

15. Georgia Department of Education, *Atlanta Public Schools (761) Enrollment by Ethnicity/Race, Fiscal Year 2022—Data Report*; Kruse, *White Flight*, 106, 15, 123–25, 169–71, 178, 239–40; McGhee, *The Sum of Us*, 28; U.S. Census Bureau, "Quick Facts: Atlanta City, Georgia."另见：Dan Carter, *The Politics of Rage: George Wallace, the Origins of the New Conservatism, and the Transformation of American Politics*, 2nd ed. (Baton Rouge: Louisiana State University Press, 2000 [1995]); Michael Goldfield, *The Color of Politics: Race and the Mainsprings of American Politics* (New York: New Press, 1997).
这种情况在大迁徙（1940—1970）时期就有所显现，当时随着黑人从南方迁往北方，北方的白人纷纷从原来的社区搬走。见：Ellora Derenoncourt, "Can You Move to Opportunity? Evidence from the Great Migration," *American Economic Review* 112 (2022): 369–408. 而在那之前，杜波依斯就写道，美

国内战后的重建时期（1860—1880）体现出一些美国工业精英"追求的不是国家的福祉，而是个人的收益……通过巨额资本投入赚取巨额利润"。W.E.B. Du Bois, *Black Reconstruction in America*, 1860–1880 (New York: Free Press, 1998 [1935]), 586。

16. 有些讽刺的是，那些要把资金不足的公立机构私有化的提案往往会失败，因为那些机构已经破败不堪。如保罗·皮尔逊在其经典著作《拆散福利国家》一书中指出，在20世纪80年代，英国首相撒切尔夫人之所以能够将英国的公共住房私有化，是因为大部分房屋都处于良好状态，但美国的里根总统则无法做到这件事，因为没有人愿意购买那些破败的公共住房。与此同时，那些美国的有钱人更为依赖的公立机构（比如联邦航空管理局），既不会缺少资金，也没有人呼吁将其私有化。

17. David Grusky and Alair MacLean, "The Social Fallout of a High-Inequality Regime," *The Annals of the American Academy of Political and Social Science* 663 (2016): 33–52; Charles Varner, Marybeth Mattingly, and David Grusky, "The Facts Behind the Visions," *Pathways*, Spring 2017, 3–8.

18. Congressional Budget Office, *The Budget and Economic Outlook: 2018 to 2028* (Washington, D.C.: Congress of the United States, 2018), 106; Conor Dougherty, "California's 40-Year-Old Tax Revolt Survives a Counterattack," *The New York Times*, November 10, 2020.

19. 我第一次读到"机会囤积"这一说法是在查尔斯·蒂利的著作《持久性不平等》的第五章：Charles Tilly, *Durable Inequality* (Berkeley: University of California Press, 1998)。有关不同城市公共投资的差异，见：Jessica Trounstine, "Segregation and Inequality in Public Goods," *American Journal of Political Science* 60 (2016): 709–25。

20. 有关"搬到机会充沛的地方"政策的结果，见：Xavier de Souza Briggs, Susan Popkin, and John Goering, *Moving to Opportunity: The Story of an American Experiment to Fight Ghetto Poverty* (New York: Oxford University Press, 2010); Raj Chetty, Nathaniel Hendren, and Lawrence Katz, "The Effects of Exposure to Better Neighborhoods on Children: New Evidence from the Moving to Opportunity Experiment," *American Economic Review* 106 (2016): 855–902; William Clark, "Intervening in the Residential Mobility Process: Neighborhood Outcomes for Low-Income Populations," *Proceedings of the National Academy of Sciences* 102

(2005): 15307–12。

21. Alexander Sahn, "Racial Diversity and Exclusionary Zoning: Evidence from the Great Migration," Princeton University Center for the Study of Democratic Politics, Working Paper, November 23, 2021; Brentin Mock, "The Housing Proposal That's Quietly Tearing Apart Atlanta," *Bloomberg*, November 22, 2021; Jessica Trounstine, *Segregation by Design: Local Politics and Inequality in American Cities* (New York: Cambridge University Press, 2018).

22. Emily Badger and Quoctrung Bui, "Cities Start to Question an American Ideal: A House with a Yard on Every Lot," *The New York Times*, June 18, 2019; Nico Calavita and Alan Mallach, eds., *Inclusionary Housing in International Perspective* (Cambridge, Mass.: Lincoln Institute of Land Policy, 2010); Justin Fox, "Single Family Zoning Is Weird," *Bloomberg*, January 18, 2020; Sonia Hirt, "To Zone or Not to Zone: Comparing European and American Land-use Regulation," PNDonline, 2019, 1–14, 4–5, 7–8; Sahn, "Racial Diversity and Exclusionary Zoning."《美国社区调查》（2015—2019）提供了对单户住宅区划的影响力的另一套评估方法，发现单户住宅占美国全部房屋的62%。

23. Edward Glaeser and Joseph Gyourko, "The Economic Implications of Housing Supply," *Journal of Economic Perspectives* 32 (2018): 3–30; Joseph Gyourko, Albert Saiz, and Anita Summers, "A New Measure of the Local Regulatory Environment for Housing Markets: The Wharton Residential Land Use Regulatory Index," *Urban Studies* 45 (2008): 693–721; Matthew Kahn, "Do Liberal Cities Limit New Housing Development? Evidence from California," *Journal of Urban Economics* 69 (2011): 223–28; Sahn, "Racial Diversity and Exclusionary Zoning," 31.

24. 民主党人对环境主义的执着不足以解释这一发现。Jerusalem Demsas, "60 Percent of Likely Voters Say They're in Favor of Public Housing. So Why Isn't There More of It?," *Vox*, January 26, 2021; William Marble and Clayton Nall, "Where Self-Interest Trumps Ideology: Liberal Homeowners and Local Opposition to Housing Development," *The Journal of Politics* 83 (2021): 1747–63. 另见：Demis Glasford, "The Privileged Liberal Principle-Implementation Gap: How the Personal Behavior of Privileged Liberals Contributes to Social Inequality," *Journal of Applied Social Psychology* 52 (2022): 865–85。

25. Edsall and Edsall, *Chain Reaction*, 12, 282–83; Lily Geismer, *Don't Blame Us: Suburban Liberals and the Transformation of the Democratic Party* (Princeton, N.J.: Princeton University Press, 2015), 173–200; Kruse, *White Flight*, 106–7, 125, 178, 196–204.

26. McGhee, *The Sum of Us*, chap. 1. 另见：Du Bois, *Black Reconstruction*, chaps. 1 and 2; Anne Case and Angus Deaton, *Deaths of Despair and the Future of Capitalism* (Princeton, N.J.: Princeton University Press, 2020); Jonathan Metzl, *Dying of Whiteness: How the Politics of Racial Resentment Is Killing America's Heartland* (New York: Basic Books, 2019)。

27. 2021年，亚特兰大北部高档社区巴克海德的居民听说市政府正在制定一项提案，以便能够在几个社区里增建多户住宅。于是巴克海德的居民组成了一个委员会，要从亚特兰大市脱离出来。见：Mock, "The Housing Proposal That's Quietly Tearing Apart Atlanta." 牢固的、种族融合的社区虽然比以前更常见了，但它们仍然是种族隔离规则下的例外情况，见：Kyle Crowder, Jeremy Pais, and Scott South, "Neighborhood Diversity, Metropolitan Constraints, and Household Migration," *American Sociological Review* 77 (2012): 325–53。

28. 关于学校和课堂贫困对教育成果的影响，已有大量研究，其中我想强调三点。第一，那些仅通过破除课堂上的阶层壁垒来提升贫困学生机会的政策，即仅接纳贫困学生在开学期间进入"墙内"，而不去解决这些学生在家庭和社区所面临的贫困问题的政策，注定只能取得有限的效果。第二，如果一个学生自己聪明而且积极努力，或者其父母非常重视教育，或者两个条件都满足，那么即便是在全国最贫困的学校读书，这样的学生仍然能够在课堂上（和标准化测试中）取得出色的成绩，这一点是这些学校里最优秀的教师可以证实的。但在这里我要强调第三点，那就是在美国，仅仅是成绩出色并不足以让一个孩子进入大学；真正能帮助孩子进入大学的，是在一所富裕的高中就读。见：David Armor, Gary Marks, and Aron Malatinszky, "The Impact of School SES on Student Achievement: Evidence from U.S. Statewide Achievement Data," *Educational Evaluation and Policy Analysis* 40 (2018): 613–30; Douglas Downey, *How Schools Really Matter: Why Our Assumptions About Schools and Inequality Is Mostly Wrong* (Chicago: University of Chicago Press, 2019); Jennifer Jennings et al., "Do Differences in School Quality Matter More Than We Thought? New Evidence on Educational Opportunity in the Twenty-first Century,"

*Sociology of Education* 88 (2015): 56–82; Douglass Lee Lauen and S. Michael Gaddis, "Exposure to Classroom Poverty and Test Score Achievement: Contextual Effects or Selection?," *American Journal of Sociology* 118 (2013): 943–79; Ann Owens, "Income Segregation Between School Districts and Inequality in Students' Achievement," *Sociology of Education* 91 (2017): 1–27; Robert Sampson, Patrick Sharkey, and Stephen Raudenbush, "Durable Effects of Concentrated Disadvantage on Verbal Ability Among African-American Children," *Proceedings of the National Academy of Sciences* 105 (2008): 845–52。

在发给我的邮件中，莱斯大学教育社会学家露丝·洛佩兹·特利使用了"维持社会地位的机器"这一说法。在这里征得她的允许，我借用了这一表达。

29. Tressie McMillan Cottom, *Thick and Other Essays* (New York: New Press, 2019), 106.

## 第七章

1. Leo Tolstoy, *What Then Must We Do?*, trans. Aylmer Maude (Ford House, Hartland, UK: Green Books, 1991 [1886]), 1, 63.

2. 同上，63。

3. Bhutta et al., *Changes in U.S. Family Finances from 2016 to 2019*, 18, 40; Edward Glaeser, Joseph Gyourko, and Raven Saks, "Why Have Housing Prices Gone Up?," *American Economic Review* 95 (2005): 329–33; Jennifer Surane et al., "Bank Overdraft Fees Are Costing American Consumers $8 Billion," *Bloomberg*, July 26, 2022.

4. John Guyton et al., "Tax Evasion at the Top of the Income Distribution: Theory and Evidence," National Bureau of Economic Research, Working Paper 28542, March 2021.

5. "财富陷阱"一词来自加里·索伦的文章：Gary Solon, "What We Didn't Know About Multigenerational Mobility," *Ethos*, February 14, 2016。

6. Sampson, *Great American City*; Patrick Sharkey and Jacob Faber, "Where, When, Why, and for Whom Do Residential Contexts Matter? Moving Away from the Dichotomous Understanding of Neighborhood Effects," *Annual Review of Sociology* 40 (2014): 559–79; Wilson, *Truly Disadvantaged*.

7. 我们有时会忘记，凡勃伦的"炫耀性消费"概念与他那不太为人所知的"掠夺性生活"概念始终密切相关。Veblen, *Theory of the Leisure Class*, 43, 57。

8. Okun, *Equality and Efficiency*, 16.

9. Janet Currie, "The Take-up of Social Benefits," in *Public Policy and the Income Distribution*, ed. Alan Auerbach, David Card, and John Quigley (New York: Russell Sage Foundation, 2006), 80–148; Moffitt, "Economic Model of Welfare Stigma," 1023–24. 有关各州的补充营养援助计划参与率数据，见：USDA, Food and Nutrition Service, *SNAP Participation Rates by State, All Eligible People* (Washington, D.C.: U.S. Department of Agriculture, 2021). 补充营养援助计划申领率是结合该项目参与人数的行政数据和针对有资格申领人群的调查问卷估算出来的，这种估算是不够准确的。但类似的估算均存在不准确的问题。尽管具体每个州的申领数据可能不够准确，但各州之间的差异仍然值得关注。见：Stacy Dickert-Conlin et al., "The Downs and Ups of the SNAP Caseload: What Matters?," *Applied Economic Perspectives and Policy* 43 (2021): 1026–50; Peter Ganong and Jeffrey Liebman, "The Decline, Rebound, and Further Rise in SNAP Enrollment: Disentangling Business Cycle Fluctuations and Policy Changes," *American Economic Journal: Economic Policy* 10 (2018): 153–76; Caroline Ratcliffe, Signe-Mary McKernan, and Kenneth Finegold, "Effects of Food Stamp and TANF Policies on Food Stamp Receipt," *Social Service Review* 82 (2008): 291–334; U.S. Department of Agriculture, *State Options Report*, 14th ed. (Washington, D.C.: U.S. Department of Agriculture, 2018), 6–33, 49。

10. Raj Chetty and Emmanuel Saez, "Teaching the Tax Code: Earnings Responses to an Experiment with EITC Recipients," *American Economic Journal: Applied Economics* 5 (2013): 1–31; Manasi Deshpande and Yue Li, "Who Is Screened Out? Application Costs and the Targeting of Disability Programs," *American Economic Journal: Economic Policy* 11 (2019): 213–48, 232–33; Colin Gray, "Leaving Benefits on the Table: Evidence from SNAP," *Journal of Public Economics* 179 (2019): 1–15; Tatiana Homonoff and Jason Somerville, "Program Recertification Costs: Evidence from SNAP," National Bureau of Economic Research, Working Paper 27311, June 2020, 3. 一项研究发现，行为学方面的微小改变对申领率并未造成影响，见：Elizabeth Linos et al., "Can Nudges Increase Take-up of the EITC? Evidence from Multiple Field Experiments,"

National Bureau of Economic Research, Working Paper 28086, 2020。

11. Saurabh Bhargava and Dayanand Manoli, "Psychological Frictions and the Incomplete Take-Up of Social Benefits: Evidence from an IRS Field Experiment," *American Economic Review* 105 (2015): 3489–529; Amy Finkelstein and Matthew Notowidigdo, "Take-Up and Targeting: Experimental Evidence from SNAP," *The Quarterly Journal of Economics* 134 (2019): 1505–556.

12. 2020 年，有 729 万个美国家庭生活在贫困中，平均每个家庭需要 11 318 美元的收入才能摆脱官方认定的贫困状态。想让这些家庭脱贫，需要 825.5 亿美元。另有 1 192 万名"无亲属关系个体"，即那些不与家人同住的人，他们平均每人需要 7 802 美元才能摆脱贫困状态，总计需要 929.7 亿美元。还有 143 000 个贫困的"无亲属关系亚家庭"——政府用这个奇怪的说法来描述两个没有亲属关系的家庭同住一个屋檐下的情况，平均每个家庭还需要 11 731 美元才能摆脱贫困状态。想帮助他们脱贫，还要花费 16.8 亿美元。把上述情况加起来，一共需要 1 772 亿美元。美国人口普查局的"当前人口调查"每年公布"社会和经济补充数据"，其中包括在贫困线以下的家庭的数量及其与贫困线之间的距离的估算。U.S. Census Bureau, Current Population Survey, 2021 Annual Social and Economic Supplement, CPS Detailed Tables for Poverty, POV-28. 所有数据均以 2020 年美元计算，我基于马特·布吕尼希的一篇文章中的分析进行了更新和拓展：Matt Bruenig, "How Much Money Would It Take to Eliminate Poverty in America?," *The American Prospect*, September 24, 2013.

13. 美国食品药品监督管理局（FDA）估计，2010 年有价值 1 610 亿美元的食物被白白浪费。我们假设这一损失率保持不变，那么将通胀纳入考量后，2020 年这一数字将达到 1 916.7 亿美元。U.S. Food and Drug Administration, "Food Loss and Waste," November 19, 2021. 其他研究也支持了这一发现，见：Zach Conrad, "Daily Cost of Consumer Food Wasted, Inedible, and Consumed in the United States, 2001–2016," *Nutrition Journal* 19 (2020): 1–9。

14. Alan Rappeport, "Tax Cheats Cost the U.S. $1 Trillion Per Year, I.R.S. Chief Says," *The New York Times*, October 13, 2021.

15. Guyton et al., "Tax Evasion at the Top of the Income Distribution"; Saez and Zucman, *Triumph of Injustice*, 60–62; Gabriel Zucman and Gus Wezerek, "This Is Tax Evasion, Plain and Simple," *The New York Times*, July 7, 2021. 另见：Tax

Justice Network, *The State of Tax Justice 2021* (Bristol, England: Tax Justice Network, 2021), 27。

16. Heather Boushey, *Unbound: How Inequality Constricts Our Economy and What We Can Do About It* (Cambridge, Mass.: Harvard University Press, 2019), 91, 94–95, 104.

17. Emmanuel Saez and Gabriel Zucman, "How to Tax Our Way Back to Justice," *The New York Times*, October 11, 2019; Tax Policy Center, "Historical Highest Marginal Income Tax Rates," February 9, 2022; Tax Policy Center, "Corporate Top Tax Rate and Bracket," February 14, 2022.

18. Boushey, *Unbound*, chap. 3; Ross Douthat, *The Decadent Society: How We Became the Victims of Our Own Success* (New York: Avid Reader, 2020).

19. The Editorial Board, "The Democrats' Wealth-Tax Mirage," *The Wall Street Journal*, October 25, 2021.

20. 奥肯曾说，公共政策的一条核心戒律就是："一样东西一旦已经给出去了，就不应该再收回来。"（*Equality and Efficiency*, 59）的确，如果政府已经把某项福利给出去了，那么无论这项福利多么偏向富人、多么不合理，它都很难再被收回。然而，政府在针对穷人的援助方面往往会打破这一戒律。联邦政府先是帮助扩大了工会的权力，随后又削弱了这种权力；先是修建了鳞次栉比的公共房屋，随后又将其爆破；先是扩充了现金福利项目，随后又突然叫停。同时，我们也可以考虑一下新冠疫情期间政府提供的救济措施。疫情暴发后，政府出台了大胆的救济举措帮助低收入人群，比如扩大了失业保险、增加了子女税收抵免。但当疫情开始缓和后，政府又撤回了这些援助。在我看来，奥肯所说的戒律更多地适用富人享受的福利，但即便是这些福利也并不是板上钉钉的。当我开始为了平价住房在华盛顿特区进行倡议时，许多同行告诉我，没有哪个民选官员会触碰房贷利息抵税这项福利政策。他们说，这是政治上绝对不能碰的高压线，是不可能改革的。但在特朗普总统任内第一年，国会就改革了这项政策。为了缓解由2017年的《减税和就业法案》造成的赤字，特朗普政府将房贷利息抵税的上限从100万美元降低到75万美元，这是自由派住房权益活动人士多年来一直希望通过游说而争取的改变。从那以后，我就对那种斩钉截铁地说"不可能改革"的声音持怀疑态度。正如纽约市律师权联盟的组织者苏珊娜·布兰克利曾对我说的："任何事情在做到之前都是不可能的。"

21. Chye-Ching Huang and Brandon Debot, "Corporate Tax Cuts Skew to Shareholders and CEOs, Not Workers as Administration Claims," Center on Budget and Policy Priorities, August 16, 2017; Congressional Budget Office, *Options for Reducing the Deficit: 2021 to 2030* (Washington, D.C.: Congressional Budget Office, 2020), 75, 77; Lucas Goodman et al., "How Do Business Owners Respond to a Tax Cut? Examining the 199A Deduction for Pass-through Firms," National Bureau of Economic Research, Working Paper 28680, April 2021, 8; Samantha Jacoby, "Repealing Flawed 'Pass-Through' Deduction Should Be Part of Recovery Legislation," Center on Budget and Policy Priorities, June 1, 2021; Joint Committee on Taxation, *Estimates of Federal Tax Expenditures for Fiscal Years 2020–2024* (Washington, D.C.: Joint Committee on Taxation, 2020), 28, 42; Chuck Marr, "JCT Highlights Pass-Through Deduction's Tilt Toward the Top," Center on Budget and Policy Priorities, April 24, 2018; Gordon Mermin et al., *An Updated Analysis of Former Vice President Biden's Tax Proposals* (Washington, D.C.: Tax Policy Center, 2020), 9; Saez and Zucman, *Triumph of Injustice*, 19; Tax Policy Center, "T20-0137—Tax Benefit of the Preferential Rates on Long-Term Capital Gains and Qualified Dividends, Baseline: Current Law, Distribution of Federal Tax Change by Expanded Cash Income Percentile, 2019," April 22, 2020.

22. Abby Goodnough, "As Some Get Free Health Care, Gwen Got Squeezed: An Obamacare Dilemma," *The New York Times*, February 19, 2018.

23. Sarah Donovan, *Universal Basic Income Proposals for the United States* (Washington, D.C.: Congressional Research Services, 2018); Hillary Hoynes and Jesse Rothstein, "Universal Basic Income in the US and Advanced Countries," National Bureau of Economic Research, Working Paper 25538, February 2019, 2, 5–6, 13–14, 17.

24. "EITC Fast Facts," Internal Revenue Service, January 14, 2022; Robert Greenstein, *Targeting, Universalism, and Other Factors Affecting Social Programs' Political Strength* (Washington, D.C.: The Hamilton Project, June 2022), 1–8, 10.

25. john a. powell, Stephen Menendian, and Wendy Ake, *Targeted Universalism: Policy and Practice* (Berkeley, Calif.: Haas Institute for a Fair and Inclusive

Society, 2019). 另见: Theda Skocpol, *Social Policy in the United States: Future Possibilities in Historical Perspective* (Princeton, N.J.: Princeton University Press, 2020 [1995]), chap. 8.

26. Justin Elliott, Patricia Callahan, and James Bandler, "Lord of the Roths," *ProPublica*, June 24, 2021; Harrington, *Other America*, 157–58.

27. Thomas Blanchet, Emmanuel Saez, and Gabriel Zucman, "Real-Time Inequality," National Bureau of Economic Research, Working Paper 30229, July 2022, 4, 25; Bernard Yaros et al., *Global Fiscal Policy in the Pandemic* (New York: Moody's Analytics, 2022).

28. Desmond, "'The Moratorium Saved Us'"; U.S. Department of Housing and Urban Development, *Fiscal Year 2020: Budget in Brief* (Washington, D.C.: U.S. Department of Housing and Urban Development, 2020); Kay Jowers et al., "Housing Precarity and the COVID-19 Pandemic: Impacts of Utility Disconnection and Eviction Moratoria on Infections and Deaths Across US Counties," National Bureau of Economic Research, Working Paper 28394, January 2021; Jasmine Rangel et al., "Preliminary Analysis: 11 Months of the CDC Moratorium," The Eviction Lab, August 21, 2021.

29. Chris Arnold and Kenny Malone, "The Rent Help Is Too Damn Slow," *Planet Money*, October 1, 2021; Annie Nova, "Just a Sliver of Assistance Has Reached Renters, with Eviction Ban About to Expire," July 13, 2021; Ron Lieber, "Why Do We Make Things So Hard for Renters?," *The New York Times*, August 6, 2021.

30. 有关驱逐申请的数据来自"驱逐实验室"的"驱逐跟踪系统"的估计，该系统由彼得·赫伯恩和勒妮·路易斯开发。Emily Benfer et al., "The COVID-19 Eviction Crisis: An Estimated 30–40 Million People in America Are at Risk," Aspen Institute, August 7, 2020; U.S. Department of the Treasury, *Emergency Rental Assistance Program (ERA1) Interim Report*, January 1–November 30, 2021。

31. Gromis et al., "Estimating Eviction Prevalence Across the United States."

32. Walter Brueggemann, *The Prophetic Imagination*, 40th Anniversary ed. (Minneapolis: Fortress Press, 2018 [1978]), 4, 39.

33. "Evaluating the Success of the Great Society," *The Washington Post*, May 17, 2014; "A Short History of SNAP," U.S. Department of Agriculture, Food and Nutrition Service, 2018; Melody Barnes and Julian Zelizer, "What Democrats Can

Learn from Lyndon Johnson's Great Society," CNN, February 3, 2020; Economic Opportunity Act of 1964, Pub. L. No. 88-452, 78 Stat. 508 (1964); Lucy Danley, "A Brief History and Overview of the Head Start Program," First Five Years Fund, October 16, 2020.

34. Guyton et al., "Tax Evasion at the Top of the Income Distribution," 4.
35. 1959 年，有 22.4% 的美国人生活在官方划定的贫困线以下。到 1970 年，这一比例显著降低到 12.6%，这是市场和政府共同作用的结果。政府对穷人的支出大幅度增加。首先，社会保障范围扩大了，1950 年只有 16% 的美国老年人领取社保，到 1965 年，这一比例攀升至 75%。在 20 世纪 60 年代，国会增加了社会保障支出，老年人的贫困率大幅下降。通过"向贫困宣战"和"伟大社会"运动，国会还推出了其他形式的重大援助：1965—1970 年，联邦政府在健康、教育和福利方面的投资增加了两倍多。至关重要的是，这发生在一个经济持续增长的时期，普通美国劳动者的收入有所提高。1960—1973 年，美国男性的年收入中位数从 37 600 美元增加到了 53 300 美元。广泛的收入增长加上更多的政府支持，让数百万美国人摆脱了贫困。但是，在 1973 年之后，工资增长开始停滞，劳动市场的减贫力量逐渐衰弱，使得今天的经济增长并没有带来广泛的繁荣，同时增加的政府支出也未能显著减少贫困。

Rebecca Blank, "Why Were Poverty Rates So High in the 1980s?," in *Poverty and Prosperity in the USA in the Late Twentieth Century*, eds. Dimitri Papadimitriou and Edward Wolff (London: Macmillan, 1993), 25–26; Martha Bailey and Sheldon Danziger, eds., *Legacies of the War on Poverty* (New York: Russell Sage Foundation, 2013); Ajay Chaudry et al., *Poverty in the United States: 50-Year Trends and Safety Net Impacts* (Washington, D.C.: U.S. Department of Health and Human Services, 2016), 4–5; Sheldon Danziger and Peter Gottschalk, *America Unequal* (New York: Russell Sage Foundation, 1995), 102–3; Gary Engelhardt and Jonathan Gruber, "Social Security and the Evolution of Elderly Poverty," National Bureau of Economic Research, Working Paper 10466, May 2004; Eli Ginzberg and Robert Solow, *The Great Society: Lessons for the Future* (New York: Basic Books, 1974); Kathleen McGarry, "The Safety Net for the Elderly," in *Legacies of the War on Poverty*, eds. Martha Bailey and Sheldon Danziger (New York: Russell Sage Foundation, 2013), 181–88; Semega et al., *Income and Poverty in the United*

*States: 2019*, 61, table B-5; U.S. Census Bureau, Current Population Survey, Historical Poverty Tables: People and Families—1959 to 2020, table 2; Wimer et al., "Progress on Poverty?," Jane Waldfogel, "Presidential Address: The Next War on Poverty," *Journal of Policy Analysis and Management* 35 (2016): 267–78, 267.

36. Jaime Dunaway-Seale, "U.S. Rent Prices Are Rising 4x Faster Than Income (2022 Data)," Real Estate Witch, May 16, 2022. 另见：Alicia Mazzara, "Rents Have Risen More Than Incomes in Nearly Every State Since 2001," Center on Budget and Policy Priorities, December 10, 2019.

37. 有证据显示，劳动所得税抵免会抑制工资，尤其是对于受教育程度最低的劳动者来说。没有孩子的劳动者获得的福利更少，这项税收政策对他们的伤害更大。见：Margot Crandall-Hollick, *The Earned Income Tax Credit (EITC): A Brief Legislative History* (Washington, D.C.: Congressional Research Service, 2018 [2020]); Andrew Leigh, "Who Benefits from the Earned Income Tax Credit? Incidence Among Recipients, Coworkers and Firms," *The B.E. Journal of Economic Analysis and Policy* 10 (2010): 1–41; Jesse Rothstein, "Is the EITC as Good as an NIT? Conditional Cash Transfers and Tax Incidence," *American Economic Journal: Economic Policy* 2 (2010): 177–208; Jesse Rothstein and Ben Zipperer, "The EITC and Minimum Wage Work Together to Reduce Poverty and Raise Incomes," *Economic Policy Institute Report* (2020): 1–10。

也有证据显示，在同类型的社区和房屋中，持有租房券的家庭比没有租房券的家庭交的房租要高得多。Robert Collinson and Peter Ganong, "How Do Changes in Housing Voucher Design Affect Rent and Neighborhood Quality?," *American Economic Journal: Economic Policy* 10 (2018): 62–89; Matthew Desmond and Kristin Perkins, "Are Landlords Overcharging Housing Voucher Holders?," *City and Community* 15 (2016): 137–62。

**第八章**

1. Xavier de Souza Briggs and Russell Jackson, "How a $15 Minimum Wage Could Help Restaurants and Other Hard-Hit Small Businesses," Brookings Institution, February 22, 2021; U.S. Bureau of Labor Statistics, *Characteristics of Minimum Wage Workers*, 2020 (Washington, D.C.: BLS Reports, February 2021); Drew DeSilver, "The U.S. Differs from Most Other Countries in How It Sets Its

Minimum Wage," Pew Research Center, May 20, 2021; One Fair Wage, *The Key to Saving the Restaurant Industry Post–COVID 19*, 2022.

2. Desmond, "Dollars on the Margins"; Leigh et al., "Minimum Wages and Public Health."

3. Sharon Block and Benjamin Sachs, *Clean Slate for Worker Power: Building a Just Economy and Democracy* (Cambridge, Mass.: Labor and Worklife Program, Harvard Law School, 2020), 2, 16–18; Desmond, "Capitalism," 181–83; Dray, *There Is Power in a Union*, 184; Rayford Whittingham Logan, *The Betrayal of the Negro: From Rutherford B. Hayes to Woodrow Wilson* (New York: Collier, 1965 [1954]), 142.

4. 具体来说，大多数工会运动并没有达成新合同。一项研究分析了1999—2004年进行的工会活动，发现递交给国家劳资关系委员会的请愿书只有大约1/5在选举认证后的两年内成功达成了合同。John-Paul Ferguson, "The Eyes of the Needles: A Sequential Model of Union Organizing Drives, 1999–2004," *ILR Review* 62 (2008): 3–21。

5. Block and Sachs, *Clean Slate for Worker Power*, section 3B; Farber et al., "Unions and Inequality over the Twentieth Century"; Gordon Lafer and Lola Loustaunau, *Unlawful*.

6. Kate Andrias, "The New Labor Law," *The Yale Law Journal* 126 (2016): 1–100; Block and Sachs, *Clean Slate for Worker Power*, section 3B; David Rolf, *A Roadmap to Rebuilding Worker Power* (New York: The Century Foundation, 2018).

7. DeSilver, "The U.S Differs from Most Other Countries in How It Sets Its Minimum Wage."

8. Kate Andrias, "Union Rights for All: Toward Sectoral Bargaining in the United States," in *The Cambridge Handbook of U.S. Labor Law for the Twenty-First Century*, Richard Bales and Charlotte Garden, eds. (New York: Cambridge University Press, 2020), chap. 6; Block and Sachs, *Clean Slate for Worker Power*, section 3B; Martin Rama, "Bargaining Structure and Economic Performance in the Open Economy," *European Economic Review* 38 (1994): 403–15. 对美国语境下行业谈判的批判研究，见：Veena Dubal, "Sectoral Bargaining Reforms: Proceed with Caution," *New Labor Forum* 31 (2022): 11–14。

9. Orwell, *Road to Wigan Pier*, 227.
10. Sonya Acosta and Erik Gartland, "Families Wait Years for Housing Vouchers Due to Inadequate Funding," Center on Budget and Policy Priorities, July 22, 2021; U.S. Department of Housing and Urban Development, *Picture of Subsidized Housing*, 2020 (Washington, D.C.: HUD, 2021).
11. Wells Dunbar, "No Room at the Complex," *The Austin Chronicle*, September 14, 2007; Michael Kimmelman, "In a Bronx Complex, Doing Good Mixes with Looking Good," *The New York Times*, September 26, 2011.
12. Jacqueline Chiofalo et al., "Pediatric Blood Lead Levels Within New York City Public Versus Private Housing, 2003–2017," *American Journal of Public Health* 109 (2019): 906–11; Andrew Fenelon et al., "The Impact of Housing Assistance on the Mental Health of Children in the United States," *Journal of Health and Social Behavior* 59 (2018): 447–63; Jeehee Han and Amy Ellen Schwartz, "Are Public Housing Projects Good for Kids After All?," Annenberg Institute, Brown University, Working Paper 21-437, July 2021; Henry Pollakowski et al., "Childhood Housing and Adult Outcomes: A Between-Siblings Analysis of Housing Vouchers and Public Housing," *American Economic Journal: Economic Policy* 14 (2022): 235–72.
13. Alanna McCargo et al., "The MicroMortgage Marketplace Demonstration Project," Urban Institute, December 2020.
14. Alanna McCargo, Bing Bai, and Sarah Strochak, "Small-Dollar Mortgages: A Loan Performance Analysis," Urban Institute, December 2020, 1, 6; McCargo et al., "The MicroMortgage Marketplace Demonstration Project," 8; National Rural Housing Coalition, "Rural Housing Success Story: Section 502 Direct Loans," January 2011. 还有一些资料是通过2022年3月15日与美国农业部发言人的邮件沟通获得。
15. Matthew Desmond, "The Tenants Who Evicted Their Landlord," *The New York Times Magazine*, October 13, 2020.
16. Amanda Huron, *Carving Out the Commons: Tenant Organizing and Housing Cooperatives in Washington, DC* (Minneapolis: University of Minnesota Press, 2018), 77–78; Ronald Lawson, ed., *The Tenant Movement in New York City, 1904–1984* (New Brunswick, N.J.: Rutgers University Press, 1986),

221–22.

17. Huron, *Carving Out the Commons*, 2–3, 55.
18. Bhattarai et al., "Rents Are Rising Everywhere." 有关无家可归的学童人数估计，见：Advocates for Children in New York, "New Data Show Number of NYC Students Who Are Homeless Topped 100,000 for Fifth Consecutive Year," December 2020; National Center for Homeless Education, *Federal Data Summary, School Years 2016–17 Through 2018–19* (Greensboro, N.C.: National Center for Homeless Education, April 2021)。
19. Baradaran, *How the Other Half Banks*, 141–43; Aluma Zernik, "Overdrafts: When Markets, Consumers, and Regulators Collide," *Georgetown Journal on Poverty Law and Policy* 26 (2018): 1–45, 4.
20. Neil Bhutta, Jacob Goldin, and Tatiana Homonoff, "Consumer Borrowing After Payday Loan Bans," *The Journal of Law and Economics* 59 (2016): 225–59; Jialan Wang and Kathleen Burke, "The Effects of Disclosure and Enforcement on Payday Lending in Texas," *Journal of Financial Economics* 145 (2022): 489–507.
21. Bhutta et al., "Consumer Borrowing After Payday Loan Bans"; Consumer Federation of America, "Payday Loan Information for Consumers," 2022; Wang and Burke, "The Effects of Disclosure and Enforcement on Payday Lending in Texas," 489–507.
22. Jonathan Macey, "Fair Credit Markets: Using Household Balance Sheets to Promote Consumer Welfare," *Texas Law Review* 100 (2022): 683–745; Frederick Wherry, "Payday Loans Cost the Poor Billions, and There's an Easy Fix," *The New York Times*, October 29, 2015.
23. Martha Bailey, "Reexamining the Impact of Family Planning Programs on US Fertility: Evidence from the War on Poverty and the Early Years of Title X," *American Economic Journal: Applied Economics* 4 (2012): 62–97; Thomas Carper, Andrea Kane, and Isabel Sawhill, "Following the Evidence to Reduce Unplanned Pregnancy and Improve the Lives of Children and Families," *The Annals of the American Academy of Political and Social Science* 678 (2018): 199–205; Jocelyn Finlay and Marlene Lee, "Identifying Causal Effects of Reproductive Health Improvements on Women's Economic Empowerment

Through the Population Poverty Research Initiative," *The Milbank Quarterly* 96 (2018): 300–322; Lawrence Finer and Mia Zolna, "Declines in Unintended Pregnancy in the United States, 2008–2011," *New England Journal of Medicine* 374 (2016): 843–52; Stefanie Fischer, Heather Royer, and Corey White, "The Impacts of Reduced Access to Abortion and Family Planning Services on Abortions, Births, and Contraceptive Purchases," *Journal of Public Economics* 167 (2018): 43–68; Claudia Goldin, "The Quiet Revolution That Transformed Women's Employment, Education, and Family," *American Economic Review* 96 (2006): 1–21.

24. Kathryn Kost, Isaac Maddow-Zimet, and Ashley Little, "Pregnancies and Pregnancy Desires at the State Level: Estimates for 2017 and Trends Since 2012," Guttmacher Institute, September 2021; Margot Sanger-Katz, "Set It and Forget It: How Better Contraception Could Be a Key to Reducing Poverty," *The New York Times*, December 18, 2018; Upstream USA, Delaware Contraceptive Access Now.

25. Roberts, *Killing the Black Body*; Sanger-Katz, "Set It and Forget It"; Kim Severson, "Thousands Sterilized, a State Weighs Restitution," *The New York Times*, December 9, 2011.

26. Diana Greene Foster, *The Turnaway Study: Ten Years, a Thousand Women, and the Consequences of Having—or Being Denied—an Abortion* (New York: Simon & Schuster, 2021); Diana Greene Foster et al., "Comparison of Health, Development, Maternal Bonding, and Poverty Among Children Born After Denial of Abortion vs. After Pregnancies Subsequent to an Abortion," *JAMA Pediatrics* 172 (2018): 1053–60; Diana Greene Foster et al., "Socioeconomic Outcomes of Women Who Receive and Women Who Are Denied Wanted Abortions in the United States," *American Journal of Public Health* 108 (2018): 407–13; Sarah Miller, Laura Wherry, and Diana Greene Foster, "The Economic Consequences of Being Denied an Abortion," National Bureau of Economic Research, Working Paper 26662, January 2020.

27. "Employers Are Begging for Workers. Maybe That's a Good Thing," *The Ezra Klein Show*, June 8, 2021; C. Wright Mills, *The Power Elite* (New York: Oxford University Press, 1956 [2000]), 335.

28. 为工会成员设立的福利组织 Union Plus 列出了一份名单，记录有工会的企业制造的商品。另见：Sarah Reinhardt, "During Pandemic, It's All Tricks and No Treats for Mars Wrigley Workers," Union of Concerned Scientists, October 26, 2020; Mercedes Streeter, "UPS Is Winning the Delivery Wars with Its Unionized Workers," *Jalopnik*, November 8, 2021。

29. Lawrence Glickman, *Buying Power: A History of Consumer Activism in America* (Chicago: University of Chicago Press, 2009), 5–6, 14–15, 31–32, 69–71, 306, 390.

30. James Bessen, "Everything You Need to Know About Occupational Licensing," *Vox*, November 18, 2014; Jamie Lauren Keiles, "The Man Who Turned Credit-Card Points into an Empire," *The New York Times Magazine*, January 5, 2021; Scott Schuh, Oz Shy, and Joanna Stavins, "Who Gains and Who Loses from Credit Card Payments? Theory and Calibrations," Federal Reserve Bank of Boston, Discussion Paper 10-3, November 2010.

31. Elizabeth Levy Paluck and Donald Green, "Deference, Dissent, and Dispute Resolution: An Experimental Intervention Using Mass Media to Change Norms and Behavior in Rwanda," *American Political Science Review* 103 (2009): 622–44; Elizabeth Levy Paluck and Donald Green, "Prejudice Reduction: What Works? A Review and Assessment of Research and Practice," *Annual Review of Psychology* 60 (2009): 339–67.

32. James Alm, Kim Bloomquist, and Michael McKee, "When You Know Your Neighbour Pays Taxes: Information, Peer Effects and Tax Compliance," *Fiscal Studies* 38 (2017): 587–613; Jörg Paetzold and Hannes Winner, "Tax Evasion and the Social Environment," Center for Economic Policy Research, December 17, 2016.

33. Gallup, "Labor Unions," 2021.

34. B Lab, "Best for the World 2022: Workers"; Teamsters Local 332, "Union Made."

35. James Baldwin, "Fifth Avenue, Uptown," *Esquire*, July 1960.

## 第九章

1. Raj Chetty and Nathaniel Hendren, "The Impacts of Neighborhoods on Intergenerational Mobility I: Childhood Exposure Effects," *The Quarterly Journal*

of Economics 133 (2018): 1107–62; Raj Chetty, Nathaniel Hendren, and Lawrence Katz, "The Effects of Exposure to Better Neighborhoods on Children: New Evidence from the Moving to Opportunity Experiment," *American Economic Review* 106 (2016): 855–902; Eric Chyn, "Moved to Opportunity: The Long-Run Effects of Public Housing Demolition on Children," *American Economic Review* 108 (2018): 3028–56; Patrick Sharkey, *Stuck in Place: Urban Neighborhoods and the End of Progress Toward Racial Equality* (Chicago: University of Chicago Press, 2013).

2. Friedrich Nietzsche, *Thus Spoke Zarathustra*, trans. R. J. Hollingdale (London: Penguin UK, 1974), 2.

3. Ryan Enos, *The Space Between Us: Social Geography and Politics* (New York: Cambridge University Press, 2017).

4. Derrick Bell, *Silent Covenants: Brown v. Board of Education and the Unfulfilled Hopes for Racial Reform* (New York: Oxford University Press, 2004); Mary Pattillo, "Black Middle-Class Neighborhoods," *Annual Review of Sociology* 31 (2005): 305–29. 樱桃山镇的数据来自笔者 2022 年 3 月 25 日与公平份额住房中心的亚当·戈登的通信。

5. Nikole Hannah-Jones, "Choosing a School for My Daughter in a Segregated City," *The New York Times Magazine*, June 9, 2016; Rucker Johnson, *Children of the Dream: Why School Integration Works* (New York: Basic Books, 2019), chap. 2.

6. Richard Kahlenberg, "From All Walks of Life: New Hope for School Integration," *American Educator*, Winter 2012–13, 4–5; Heather Schwartz, *Housing Policy Is School Policy: Economically Integrative Housing Promotes Academic Success in Montgomery County, Maryland* (Washington, D.C.: The Century Foundation, 2010).

另见：Kendra Bischoff and Ann Owens, "The Segregation of Opportunity: Social and Financial Resources in the Educational Contexts of Lower-and Higher-Income Children, 1990–2014," *Demography* 56 (2019): 1635–64; Ann Owens, Sean Reardon, and Christopher Jencks, "Income Segregation Between Schools and School Districts," *American Educational Research Journal* 53 (2016): 1159–97; Jennifer Jennings et al., "Do Differences in School Quality Matter More Than We

Thought? New Evidence on Educational Opportunity in the Twenty-First Century," *Sociology of Education* 88 (2015): 56–82; Ann Owens, "Income Segregation Between School Districts and Inequality in Students' Achievement," *Sociology of Education* 91 (2017): 1–27.

7. Ann Owens, "Inequality in Children's Contexts: Income Segregation of Households with and without Children," *American Sociological Review* 81 (2016): 549–74; Owens, Reardon, and Jencks, "Income Segregation Between Schools and School Districts," 1159–97; Sean Reardon et al., "Has Income Segregation Really Increased? Bias and Bias Correction in Sample-Based Segregation Estimates," *Demography* 55 (2018): 2129–60; Sean Reardon and Ann Owens, "60 Years After Brown: Trends and Consequences of School Segregation," *Annual Review of Sociology* 40 (2014): 199–218.

8. Grounded Solutions Network, *Inclusionary Housing*, 2022; Emily Hamilton, "Inclusionary Zoning and Housing Market Outcomes," *Cityscape* 23 (2021): 161–94; Office of Policy Development and Research, *Inclusionary Zoning and Mixed-Income Communities* (Washington, D.C.: U.S. Department of Housing and Urban Development, Spring 2013).

9. Calavita and Mallach, *Inclusionary Housing in International Perspective*, 8, 11.

10. Len Albright, Elizabeth Derickson, and Douglas Massey, "Do Affordable Housing Projects Harm Suburban Communities? Crime, Property Values, and Taxes in Mount Laurel, NJ," *City and Community* 12 (2013): 89–112; Mai Nguyen, "Does Affordable Housing Detrimentally Affect Property Values? A Review of the Literature," *Journal of Planning Literature* 20 (2005): 15–26.

11. Richard Rothstein, *The Color of Law: A Forgotten History of How Our Government Segregated America* (New York: Liveright, 2017), 201.

12. Katherine Levine Einstein, David Glick, and Maxwell Palmer, *Neighborhood Defenders: Participatory Politics and America's Housing Crisis* (New York: Cambridge University Press, 2019), 36, 97, 106; Alexis de Tocqueville, *Democracy in America*, ed. J. P. Mayer, trans. George Lawrence (New York: Perennial Classics, 2000 [1835]), 511; Jesse Yoder, "Does Property Ownership Lead to Participation in Local Politics? Evidence from Property Records and Meeting Minutes," *American Political Science Review* 114 (2020): 1213–29.

13. Einstein, Glick, and Palmer, *Neighborhood Defenders*, 4–5, 17, 106.
14. 感谢密歇根大学的亚历山德拉·墨菲,是她最早向我展示了这份宣传册。
15. H. Robert Outten et al., "Feeling Threatened About the Future: Whites' Emotional Reactions to Anticipated Ethnic Demographic Changes," *Personality and Social Psychology Bulletin* 38 (2012): 14–25; Lincoln Quillian, "Prejudice as a Response to Perceived Group Threat: Population Composition and Anti-Immigrant and Racial Prejudice in Europe," *American Sociological Review* 60 (1995): 586–611; Rachel Wetts and Robb Willer, "Privilege on the Precipice: Perceived Racial Status Threats Lead White Americans to Oppose Welfare Programs," *Social Forces* 97 (2018): 793–822; Clara Wilkins and Cheryl Kaiser, "Racial Progress as Threat to the Status Hierarchy: Implications for Perceptions of Anti-White Bias," *Psychological Science* 25 (2014): 439–46.
16. Larry Bartels, *Unequal Democracy* (Princeton, N.J.: Princeton University Press, 2016); Derek Brown, Drew Jacoby-Senghor, and Isaac Raymundo, "If You Rise, I Fall: Equality Is Prevented by the Misperception That It Harms Advantaged Groups," *Science Advances* 8 (2022): 1–18; Piston, *Class Attitudes in America*, 6, 56–62; McCall, *Undeserving Rich*, 35, 47, 217.
17. Jenny Schuetz, *Fixer-Upper: How to Repair America's Broken Housing Systems* (Washington, D.C.: Brookings Institution Press, 2022); Neil Smith and Peter Williams, eds., *Gentrification of the City* (London: Routledge, 2013).
18. Greenstein, *Targeting, Universalism, and Other Factors Affecting Social Programs' Political Strength*, 17.
19. Oliver Cromwell Cox, *Caste, Class, and Race: A Study in Social Dynamics* (New York: Doubleday, 1948), 345. 另见:Desmond, "Capitalism"; Du Bois, *Black Reconstruction*。
20. 这一概念也受到其他大萧条时代经济学家的推崇。见:Stuart Chase, *The Economy of Abundance* (New York: MacMillan, 1934); Albert Newman, *Enough for Everybody* (Indianapolis: Bobbs-Merrill, 1933)。
21. Desmond, "The Tenants Who Evicted Their Landlord"; Robin Wall Kimmerer, "The Serviceberry: An Economy of Abundance," *Emergence Magazine*, December 10, 2020; E. P. Thompson, "The Moral Economy of the English Crowd in the Eighteenth Century," *Past and Present* 50 (1971): 76–136.

22. James Baldwin, "Faulkner and Desegregation," in *The Price of the Ticket: Collected Nonfiction, 1948–1985* (New York: St. Martin's Press, 1985), 147.
23. Martin Luther King, *Why We Can't Wait* (New York: Penguin, 1964), 65.
24. Kimmerer, "Serviceberry"; Franklin D. Roosevelt, "State of the Union Message to Congress," January 11, 1944.
25. "Happiness Among Americans Dips to Five-Decade Low," *UChicago News*, June 16, 2020.
26. Alex Bell et al., "Who Becomes an Inventor in America? The Importance of Exposure to Innovation," *The Quarterly Journal of Economics* 134 (2019): 647–713; Plato, *The Republic* (New York: Penguin Classics, 1987), 312.
27. 反贫困领域的投资通常受到更广泛的国家关切所驱动。1946 年，曾在二战期间负责监督兵役委员会的将军刘易斯·赫尔希在国会作证时表示，在战争期间陆军每 6 名新兵就有一人体检不达标，其中 40%~60% 与营养不良或食物短缺有关。由于国家不重视国民的饮食健康，美国严重影响了自己建立一支常备军队的能力。赫尔希将军对国会表示，食物短缺和营养不良给民主和国家带来了风险。作为回应，联邦政府建立了全国学校午餐计划，该计划如今为数千万儿童提供膳食，其中许多儿童来自低收入家庭。军队也聘请了营养师，进行了大量关于人体生理学的研究，并制作了关于健康饮食的宣传片。这些努力催生了如"推荐膳食摄入量"（包括热量计算和每日维生素计划），甚至"食物金字塔"之类的知识。当美国解决了一个主要影响低收入人群的问题时，整个国家的健康和知识水平都因此得到提升。Peter Hinrichs, "The Effects of the National School Lunch Program on Education and Health," *Journal of Policy Analysis and Management* 29 (2010): 479–505; Hannah Findlen LeBlanc, *Nutrition for National Defense: American Food Science in World War II and the Cold War*, PhD Dissertation (Stanford, Calif.: Stanford University, 2019)。

## 结语

1. 改革者就像登山者，他们规划出一条路线，然后尝试一步一个脚印攀登到顶峰。有些人则宁愿留在大本营，围着篝火坐下，高谈阔论怎么去把这座大山炸掉。大本营里的人说，所有通向顶峰的道路都是腐败的。但是，正如索尔·阿林斯基说的，"生活就是一个腐败的过程"，"最不道德的手段莫过于袖手旁观"。Saul Alinsky, *Rules for Radicals: A Pragmatic Primer for Realistic Radicals* (New York: Vintage, 1971), 24, 26。

2. Dray, *There Is Power in a Union*, 192, 255, 383, 433–46; Nelson Lichtenstein, *State of the Union* (Princeton N.J.: Princeton University Press, 2013), 25, 35–36, 39.

3. James Farmer, *Freedom—When?* (New York: Random House, 1965), 40–41; Lyndon B. Johnson, "Special Message to the Congress: The American Promise," March 15, 1965; Lawson, ed., *The Tenant Movement in New York City, 1904–1984*, 20; Frances Fox Piven and Richard Cloward, *Poor People's Movements: Why They Succeed, How They Fail* (New York: Vintage, 1977), 244–46, 254–55; Julian Zelizer, *The Fierce Urgency of Now: Lyndon Johnson, Congress, and the Battle for the Great Society* (New York: Penguin, 2015), chaps. 1–2.

4. Desmond, "The Tenants Who Evicted Their Landlord"; Poor People's Campaign, "About the Poor People's Campaign: A National Call for Moral Revival."

5. Desmond, "Capitalism," 185; Dray, *There Is Power in a Union*, 183–84.

6. The Reverend Dr. William Barber II, *The Third Reconstruction: How a Moral Movement Is Overcoming the Politics of Division and Fear* (Boston: Beacon Press, 2016), chap. 9; Alicia Garza, *The Purpose of Power: How We Can Come Together When We Fall Apart* (New York: One World, 2020), 216; George Goehl, "If Progressives Don't Try to Win Over Rural Areas, Guess Who Will," *The New York Times*, October 19, 2019.

7. Amina Dunn, "Most Americans Support a $15 Federal Minimum Wage," Pew Research Center, April 22, 2021; Amina Dunn and Ted Van Greed, "Top Tax Frustrations for Americans," Pew Research Center, April 30, 2021; Ruth Igielnik and Kim Parker, "Most Americans Say the Current Economy Is Helping the Rich, Hurting the Poor and Middle Class," Pew Research Center, December 11, 2019.

8. U.S. Census Bureau, Current Population Survey, 2021 Annual Social and Economic Supplement, HINC-01. 另见：PolicyLink, *100 Million and Counting*.

9. Amartya Sen, *Development as Freedom* (New York: Anchor Books, 1999), chap. 4.